디지털경제론

윤상철

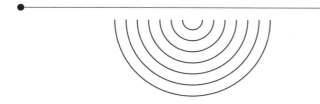

박영사

머리말

오늘날 디지털 전환(digital transformation)은 원자(atom)를 최소 단위로 하는 물질의 세계가 비트(bit)로 구성된 정보의 세계로 전환되어 새로운 가상공간을 창출하는 기술혁명을 바탕으로 전개되고 있다. 그 결과 실재세계와 가상세계의 통합으로 언제 어디서나 물질의 흐름과 정보의 흐름을 통합할 수 있는 유비쿼터스(ubiquitous) 세계로 점증적으로 발전하고 있다. 이와 함께 경제의 전체 구조에서 중대한 변화, 즉 심대한 구조적 조정(DSAs)이라고 불리는 변화를 초래하고 있다.

디지털경제론은 범용기술(GPT)로서 디지털 기술혁명이 경제 전반에 미치는 영향과 그에 따른 경제 패러다임의 변화를 설명하고 이해하려는 새로운 학문 분야이다. 현재 진행되고 있는 복잡한 디지털경제 현상을 간단한 이론으로 일관되게 설명하는 것은 사실상 가능한 일이 아니다. 다만 디지털경제 현상의 복잡함 속에 숨어 있는 기본 원리를 찾아 이해하려 노력할 뿐이다. 이 책에서는 지금까지 다양하고 심도 있게 이루어진 디지털경제에 관한 연구 업적 중 가장 중요하다고 생각되는 이론들을 중심으로 내용을 구성하였다. 총 4편으로 구성된 이 책에서 디지털경제 관련 주요 이슈들을 가급적 체계적으로 정리하고자 하였다.

제 I 편에선 디지털경제의 기본 원리에 대해 살펴본다. 디지털재는 그 특성상 두 번째 단위 이후의 생산에는 비용이 거의 들지 않는다. 내재적으로 비경합적인 디지털재는 한 번 생산하면 영구적으로 존재하며 수정 또는 보완하기가 매우 편리한 특성을 지닌다. 디지털경제는 인터넷과 같은 네트워크를 통해 연결되므로 네트워크 외부성은 디지털경제를 이해하는 데 가장 중요한 경제 원리가 되고 있다. 이러한 네트워크 외부성으로 인해 초기진입자우위(first-mover advantage)의 발생 가능성이 높고, 호환성(compatibility) 및 표준화(standardization)

가 중요하다. 네트워크 효과가 나타날 때에는 티핑(tipping)과 잠김(lock-in)이 주요 쟁점으로 등장하고 전환비용(switching cost)이 발생한다.

제Ⅱ편에선 디지털재의 가격 결정 방식에 대해서 분석한다. 디지털재의 비용 구조상 단일 가격의 책정으로는 생산비용을 회수할 수 없게 되는 경우 가격차별(price discrimination)이 필요해진다. 디지털재는 보완성을 갖는 상품들이 하나의 시스템을 이루어 기능을 수행하기 때문에 묶음판매(bundling) 및 끼워 팔기(tying)가 자연스럽게 이루어진다. 구매 이외에도 디지털재의 경우에는 공유(sharing)나 대여(renting)의 방식으로도 소비가 이루어진다. 더 나아가 한계비용 제로 사회로의 전환으로 협력적 공유사회(collaborative commons)라는 새로운 경제 시스템의 등장도 예견된다. 무언가 디지털화할 수 있는 것은 결국 공짜 버전이 되는 현상을 피할 수 없게 되면서, 가격에 의해 규정되지 않고 사회적 관계의 복잡한 조합에 의해 규정되는 공유경제(sharing economy)가 등장하고 있다.

제Ⅲ편에선 디지털 전환과 경제성장에 대해서 고찰한다. 애덤 스미스는 분업과 특화에 의한 기술 진보가 경제성장의 원천이라고 갈파했다. 외생적인 기술 진보율에 따라 경제성장이 이루어진다는 신고전주의 이론과는 달리, 내생적 경제성장이론에서는 지식의 비경쟁적 요소와 함께 파급효과의 중요성을 강조한다. 범용기술(GPT)로서 디지털 기술은 경제 전반에 걸쳐 그 용도의 다양성과 그들이 생산하는 경제적 산출량의 극적인 증가로 훨씬 더 복잡한 기술로 진화하고 있다. 여기서는 구조주의자-진화모형의 분석 틀을 활용하여 오늘날 디지털 전환에 따른 새로운 정책적 도전들과 혁신적 기회들에 대해서 고찰한다.

제Ⅳ편에선 디지털경제의 동력에 대해서 조명한다. 지적재산권 제도는 다양한 지적 재화의 창조를 장려함으로써 디지털경제의 동력으로서 기술 진보에 기여한다. 디지털 전환으로 국경을 초월한 서비스 공급이 쉬워져 서비스들은 그들 자신의 권리로 점점 더 많이 거래되는 반면, 상품 생산에 중요한 투입물로서도 역할을 한다. 초연결 디지털 무역은 기회와 편익을 포괄하는 글로벌 시너지를 실현하고 공유함으로써 디지털경제의 주요한 동력으로 작용한다.

필자는 지난 20년 동안 강의한 디지털경제론의 주요 내용들을 토대로 최근의 주요한 변화들을 담아서 본서를 출간하게 되었다. 부족하지만 이 책이 디지털경제에 대해서 관심을 갖고 있는 학부생과 대학원생들뿐만 아니라 일반 독자들에게도 유익한 도움이 될 수 있기를 바란다.

이 책의 출간을 독려해준 박영사의 장규식 차장님과 편집을 담당해준 강진홍 님을 비롯한 편집부 관계자 여러분께 깊은 감사를 드린다. 끝으로 이 책의 모든 부족한 부분은 전적으로 필자의 몫이며, 앞으로 독자들의 많은 지도와 편달을 통해 꾸준히 개선해나갈 것임을 밝혀둔다.

2021년 9월
윤상철

차례
CONTENTS

PART

디지털재의 가격 결정 방식

PART

디지털 전환과 경제성장

차례

PART

IV

디지털경제의 동력

I

디지털경제의 기본 원리

디지털경제의 의의

오늘날 디지털 전환은 아톰(atom)을 최소 단위로 하는 물질의 세계가 비트(bit)로 구성된 정보의 세계로 전환되어 새로운 가상공간을 창출하는 기술혁명을 바탕으로 전개되고 있다. 이에 따라 디지털경제는 시간과 공간의 제약을 동시에 넘은 커뮤니케이션 혁명과 함께, 생산과 동시에 소비되던 서비스 산업이 시간과 공간의 한계를 벗어나 새롭게 발전하는 서비스 혁명에 의해서 크게 구현되고 있다. 아울러 디지털 네트워크의 전 지구적 초연결로 규모의 경제가 점증적으로 실현되면서 글로벌 시너지 효과가 미래 발전을 견인하고 있다.

여기서는 디지털경제의 정의와 함께 기술혁명, 소통 혁명, 서비스 혁명, 그리고 초연결 시너지 혁명으로서의 디지털경제의 의의에 대하여 살펴보고자 한다.

1. 디지털경제의 정의

디지털경제는 1995년 니콜라스 네그로폰테(Nicholas Negroponte)가 최초로 물질의 최소 처리 단위인 원자(atom)에서 정보 최소 처리 단위인 비트(bit)로 이전되는 양상을 설명하면서 은유적으로 사용되었다. 네그로폰테는 질량, 물질, 교통과 같은 부분에서 발생하는 단점이 디지털경제의 도입과 함께 무중력, 가상, 글로벌한 형태로 변화하면서 장점화될 가능성을 제시하였다. 이런 새로운 경제에서 디지털 네트워킹과 커뮤니케이션 기반 기술을 통해 글로벌 전략을 고안하고 교류하고 의사소통하며 정보 검색도 할 수 있게 됐다. 디지털화된 다양한 제품의 예로는 데이터베이스, 뉴스와 정보, 책, 잡지 등을 들 수 있다.

(1) 디지털경제의 정의

디지털경제는 보는 관점에 따라 서로 다르게 규정할 수 있다. 먼저 디지털경제란 재화와 서비스 등 생산물 시장과 자본과 노동 등의 생산 요소 시장을 통한 가계, 기업, 정부와 외국 등 경제 주체 간의 상호작용 등 주요 경제활동 전반이 크게 디지털화되고 네트워크화됨으로써 지식(정보)이라는 생산 요소에 크게 의존하는 경제라 할 수 있다.

한편으로는 디지털 기술의 혁신적 발전과 더불어 새롭게 창출되는 디지털 상품 및 서비스가 전체 경제에서 차지하는 비중이 커지는 경제를 말한다. 디지털 기술의 발달로 세계적 네트워크를 통해 생산과 소비, 유통의 새로운 질서를 확보하고 시간과 공간을 뛰어넘는 새로운 경제 패러다임이 확산되고 있다. 다른 한편으로는 기존의 모든 경제활동이 디지털화된 환경에서 이루어지는 것을 의미하기도 한다.

최근 점증적인 정보통신기술(ICT) 산업의 발달로 정보처리 비용이 낮아지고 정보 전달에 한계가 없어짐으로써 경제 주체 간 새로운 지식·기술·정보·시장의 급속한 확산과 공유가 가능해지면서 경제활동의 기본 방식도 급속히 변화하고 있다.

다른 시각에서 디지털경제는 디지털 방식으로 힘을 얻고 전 세계적으로 통합된 서비스 경제로서 초연결성에 의해 시너지가 발생하는 경제라 말할 수 있다. 보다 구체적으로는 ① 디지털 방식으로 힘을 얻는 경제(digitally empow－ered economy), ② 글로벌 통합 경제(globally integrated economy), ③ 서비스 경제(services economy), ④ 초연결 시너지 경제(hyperconnected synergy economy)로 세분해 볼 수 있다.

(2) 다양한 명칭

디지털경제는 강조하는 측면과 포괄하는 범위에 따라 그 명칭이 매우 다양하게 표출되고 있다. 정보기술 측면을 강조한 명칭으로는 디지털경제(Digital economy)와 e－경제(E－conomy)를 들 수 있고, 네트워크를 강조한 명칭으로는 인터넷 경제(Internet economy), 웹 경제(Web economy), 그리고 네트워크 경제(Network economy)를 꼽을 수 있다. 내용을 강조한 명칭으로는 지식 기반 경제

(Knowledge－based economy), 지식경제(Knowledge economy), 그리고 정보경제 (Information economy) 등을 들 수 있다. 그 밖에 지식경제의 특성을 강조한 명 칭으로 무중량의 경제(Weight－less economy), 비물질화된 경제(Dematerialized economy), 신경제(New economy), 다음의 경제(Next economy), 혁신경제(Innovation economy), 서비스경제(Service economy) 등이 있다(Asgeirsdottir, 2006; Brynjolfsson and Kahin, 2000; David, 2002; OECD, 2000, 2005; Quah, 2001; Shy, 2001).

2. 디지털경제의 의의

최근 세계는 급격히 변화하고 있고, 그 동인은 본질적으로 디지털 전환이 다. 글로벌 경제는 정신없이 빠른 속도로 디지털 전환을 겪고 있다. 디지털경 제는 매일 사람들, 사업들, 장치들, 데이터와 프로세스들 사이의 수십억의 온라 인 연결로부터 연유되는 경제적 활동이다. 디지털경제의 근간은 인터넷, 모바 일 기술과 사물인터넷(IoT)에서 연유하는 사람들, 조직들과 기계들의 성장하는 상호 연결성을 의미하는 초연결성이다.

디지털경제가 구체화되면서 사업들이 어떻게 구성되며, 기업들이 어떻게 상호작용하고, 소비자들이 서비스와 정보와 상품을 어떻게 획득하는가에 대한 전통적인 개념들을 약화시키고 있다. 특히 데이터의 공격적인 사용이 사업 모 델을 전환하고, 새로운 제품과 서비스 제공을 용이하게 하며, 더 큰 효용을 창 출하고 새로운 경영문화를 유도하고 있다고 할 수 있다.

최근 세계 최대 택시회사 우버(Uber)는 자동차를 소유하지 않으며, 최대 가치를 지닌 리테일러 알리바바(Alibaba)는 재고가 없고, 세계 최대 숙박업자 에어비앤비(Airbnb)는 실물 부동산을 가지고 있지 않다. 디지털경제는 디지털 기술의 발전과 이를 활용한 기술 혁신에 기초하고 있으며, 그 의의는 다음과 같이 매우 광범위하고 깊다고 할 수 있다.

(1) 디지털 기술혁명(digital technology revolution)

디지털경제는 디지털 기술을 통해 가상공간을 새롭게 창출함으로써 물리공 간과 가상공간의 결합을 가능하게 하는 정보기술 혁신에 의해서 추진되고 있다.

디지털(digital)의 의미는 모든 자연적인 아날로그 정보를 0과 1의 조합으로 나타내는 기술적인 개념이다. 디지털 기술의 발달에 따라 여러 가지 신호를 동일한 기기로 처리할 수 있게 되었고, 정보의 가공과 변형이 용이하게 되었으며, 복제하거나 반복하여 사용하더라도 원형을 그대로 유지할 수 있게 되었다. 소리, 영상, 그림, 문자 등 모든 자연적인 아날로그 정보가 0과 1의 조합으로 이루어진 디지털 정보로 변환됨에 따라 정보의 전달, 처리, 활용 등에서 획기적인 발전을 이루게 된 것이다(<그림 1> 참조).

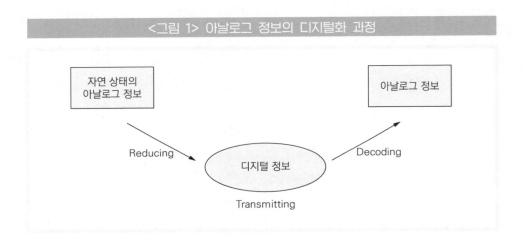

<그림 1> 아날로그 정보의 디지털화 과정

이에 따라 아톰(atom)을 최소 단위로 하는 물질의 세계가 비트(bit)로 구성된 정보의 세계로 전환되어 새로운 가상공간을 창출하는 기술의 획기적 진보이다. 물질의 세계(atoms)가 가상의 세계(bits)로 변환됨에 따라 물리공간과 가상공간의 결합을 초래한다. 그 결과로 디지털 상태하에서는 아날로그의 경계가 무너지고 각기 다른 영역들이 상호 통합됨으로써 물리공간과 가상공간의 결합이 가능하게 된다.

이러한 디지털 기술혁명은 데이터의 처리 속도와 정보의 저장 역량의 급속한 발전에 크게 힘입고 있다. 무어의 법칙(Moore's Law)은 1960년대에 반도체 시대가 시작되면서 인텔의 공동 설립자인 고든 무어(Gordon Moore)가 제시한 이론이다. 집적회로(integrated circuit)의 집적도가 12개월마다 2배씩 증가하며, PC가 주도적 역할을 담당한다는 내용이다. 이 법칙은 기술혁신이 발전을 주도

한다고 보았다. 황의 법칙(Hwang's Law)은 2002년 ISSCC(The International Solid-State Circuit Conference)에서 삼성전자 사장 황창규가 제시한 이론이다. 반도체 메모리 용량이 12개월마다 2배씩 증가하며 모바일 기기와 디지털 가전제품 등이 주도적 역할을 담당한다는 내용이다. 이 법칙은 시장 수요가 발전을 주도한다는 메모리 신성장론이다(<표 1> 참조).

　　메모리 집적 기술은 지속적으로 빠르게 발전하고 있으며, 미세 공정기술의 발달로 메모리 집적도와 성능은 더욱 향상되고 있다. 특히 인공지능(AI) 및 5G 모바일 기술이 발전하여 기하급수적으로 늘어나는 데이터로 인한 반도체 메모리 소자의 고집적화와 전력 소모 확대 문제들을 해결하기 위한 차세대 메모리 반도체 기술이 큰 주목을 받고 있다.

〈표 1〉 무어의 법칙과 황의 법칙의 비교

비교	무어의 법칙(Moore's Law)	황의 법칙(Hwang's Law)
발표 시기	1965년 『일렉트로닉스』에 실린 논문	2002년 ISSCC 학회 기조연설에서 발표
주요 내용	- 1975년까지 10년 동안 집적회로 (integrated circuit)의 집적도가 12개월마다 2배씩 증가 - PC가 주도적 역할을 담당	- 반도체 메모리의 용량이 1년마다 2배씩 증가 - 모바일 기기와 디지털 가전제품 등이 주도적 역할을 담당
예측 근거	집적회로가 발명된 1958년 이후부터 1965년까지의 발전 추세를 바탕으로 그와 같은 지수적 성장이 향후 10년간 지속될 것이라고 예측	모바일 기기의 향후 메모리 사용 용량에 대한 시뮬레이션을 통해 3세대 통신 이후 메모리 수요에 따른 용량 증가가 이뤄질 것으로 예측했는데 현재까지 지속되고 있고 5G 상용화로 향후 10년 이상 지속할 것으로 예상
실증/ 수정 이력	인텔의 마이크로 프로세서 기술을 통해 법칙을 실증: 당초 제시한 시기보다 적용 시기가 연장되었으며, 기술적 한계에 대한 논란이 지속됨. 기술이 점점 발전하면서 지수적 발전 속도가 2배/12개월에서 2배/18개월, 2배/24개월로 점점 둔화	- 낸드 플래시 개발을 통해 법칙을 실증: 2000년 512M, 2001년 1G, 2002년 2G, 2003년 4G, 2004년 8G, 2005년 16G, 2006년 32G, 2007년 64G 제품을 개발하여 이론을 실증. 2010년부터 CTF 기술을 적용하여 24단에서 2020년 176단까지 개발했으며 향후 지속적 개발 예상 - 새로운 응용처 및 시장 발굴과 이를 뒷받침할 기술적 돌파구 마련으로 지속될 것으로 전망
적용	- PC 중심(특정 기기)	- 모바일, 디지털 컨슈머 등(다양한 기기)

분야	– CPU의 처리 속도	– 메모리의 용량
혁신의 추동력	기술혁신이 발전을 리드	시장 수요와 이를 뒷받침할 다양한 분야(3D, 신재료 설계)의 기술혁신이 발전을 리드
전략	Technoloy Push	Market Pull

자료: 황창규, 2021.

(2) 커뮤니케이션 혁명(communication revolution)

디지털경제는 시간과 공간의 제약을 동시에 넘은 커뮤니케이션 혁명(communication revolution)에 크게 힘입고 있다. 시간과 공간의 조합에 따른 커뮤니케이션의 유형은 <그림 2>에 나타나 있는 바와 같다.

인간의 의사소통은 선사시대의 오랜 기간 동안 시간과 공간이 일치해야만 하는 대면적 소통에 머물러 있었다(Mode Ⅰ). 그 후 문자의 사용으로 시간의 제약을 넘어서 의사소통을 하게 되면서 인류의 경험은 기록으로 후세에 전해지면서 역사시대에 접어들게 된다(Mode Ⅱ). 인류의 문자 사용은 시간의 제약을 넘어 의사소통을 가능케 한 역사적 사건이다. 광범위한 문자의 사용으로 인한 2~3세기의 변화는 그전의 2,000~3,000년의 변화를 능가한 것으로 평가된다. 1870년대에 전화기가 발명되어 공간의 제약을 넘어선 의사소통이 가능해졌다(Mode Ⅲ). 최근에는 인터넷의 사용으로 시간과 공간의 제약을 넘어서 의사소통이 가능해졌다(Mode Ⅳ).

<그림 2> 시간과 공간의 조합에 따른 커뮤니케이션 유형

	동시 (Synchronous)	비동시 (Asynchronous)
동공간 (Local)	Mode I (Talk face-to-face)	Mode II (Leave note on desk)
비동공간 (Remote)	Mode III (Talk by telephone)	Mode IV (Send e-mail)

자료: Mitchell, 1999.

소통혁명의 또 다른 역사적 사례로는 프로테스탄트 혁명(Protestant Revolution)을 들 수 있다. 이는 인쇄 혁명으로도 불리는데, 저비용의 인쇄된 팸플릿을 통해 민중에게 직접적으로 호소하여 성직자들에 의한 소수의 라틴어 필사본 성경의 독점이 반전되어 성공하게 된 종교혁명이다. 최근의 예로는 오렌지 혁명으로도 불리는 모바일 혁명(Mobile Revolution)을 들 수 있는데, 2004년 우크라이나 대통령 선거 때 야당을 상징하는 오렌지색으로 여당의 부정 선거를 규탄하여 결국 재선거를 치르게 했던 시민 혁명을 말한다

인터넷과 모바일 등 디지털 기술이 확산하여 물리적 공간의 한계를 넘어서 가상공간을 형성함으로써 시간과 공간의 제약을 동시에 넘은 의사소통의 방식이 보편화됨에 따라 커뮤니케이션 방식이 획기적으로 변화하고 있다.[1] 따라서 생각하는 방법, 일하는 방법, 노는 방법 등 인간 생활의 모든 면에 걸쳐 새로운 획기적인 변화를 가져오게 된다.

디지털경제하에서는 언제 어디서나 물질의 흐름과 정보의 흐름을 통합할 수 있는 새로운 사회가 창출된다. 현실에 있는 거의 모든 물질적인 존재가 온라인상에서 존재하는 가상적인 존재로 변할 수 있다. 앞으로 인간 생활의 모든 면에서 디지털화가 진행되면서 경제의 조직과 구성뿐만 아니라 정치, 사회, 문화 등 그 밖의 인간 활동의 모든 면에서도 큰 변화를 가져올 것으로 예상된다.

특히 경제 주체들은 이러한 가상공간을 통해 생산 과정에서 분업 및 협업의 범위를 더욱 확장시킬 수 있게 되었다.

인터넷과 모바일 등 뉴미디어가 빠르게 보급되면서 TV로 방송 콘텐츠를 즐기는 사람이 줄었다. 신문이나 도서 등의 출판물들도 웹사이트 기술에 맞춰 새롭게 구현되었는데, 블로그나 RSS 등과 같은 형태로 독자들에게 서비스되었다.[2] 인터넷에 의해 사람들의 소통 방식도 인스턴트 메시지, 인터넷 포럼, SNS 등으로 진화해나갔다. 아웃렛이나 소규모 상인, 도매상의 영역에서도 온라인

---

[1] 인터넷은 표준 인터넷 프로토콜 집합(TCP/IP)을 사용해 전 세계 수십억 명의 사용자들에게 제공되는 지구 전체의 컴퓨터 네트워크 시스템이다. 인터넷은 개인, 학교, 기업, 정부 네트워크 등을 한정적 지역에서 전체 영역으로 유선, 무선, 광케이블 기술 등을 통해 연결하여 구성한 네트워크들의 네트워크이다. 인터넷은 하이퍼텍스트 마크업 언어(HTML)나 전자우편을 지원하는 기반 기술 등을 통해 광대한 범위의 정보 자원과 서비스들을 운반한다.

[2] RSS는 really simple syndication 또는 rich site summery의 약자로 '매우 간단한 배급' 또는 '풍부한 사이트 요약'으로 설명된다.

쇼핑몰이 거대한 변화를 가져왔다. 인터넷을 통한 기업 간 거래와 금융 서비스 등에 의해 전체 유통 체계도 영향을 받게 되었다.

(3) 서비스 혁명(services revolution)

디지털경제는 생산과 동시에 소비되던 서비스 산업이 시간과 공간의 한계를 벗어나 새롭게 발전하는 서비스 혁명에 의해서 크게 구현되고 있다.

문자, 영상, 음성 등의 상호 융합과 연계로 인해서 디지털의 세계에서는 인식 가능한 모든 대상이 디지털 부호라는 공통 언어로 표현될 수 있다.

<그림 3> Smile 곡선

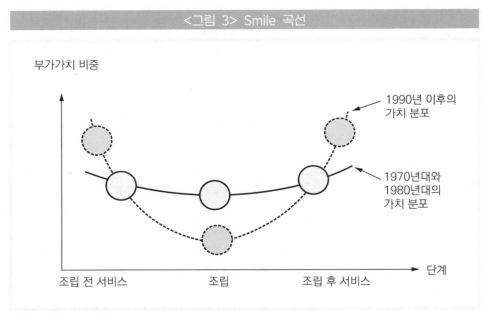

자료: Baldwin, 2016.

1) 스마일 곡선은 새로운 글로벌화에 의해 산출된 주요 변화 중 일부를 개별 제품 수준으로 보여주는 손쉬운 방법이다.
2) 도표에서 일반적인 가치사슬은 단지 3단계의 제조 전 활동(설계, 금융, 조직 서비스 등), 제조 활동(공장 내 작업) 및 제조 후 활동(마케팅, 판매 후 서비스 등)으로 이루어져 있는 것이 특징이다.
3) 그 예시된 변화의 배후에 관한 주장은 제조 단계가 개발도상국에서 제

품화되고 저비용 위치로 이동하기 때문에 가치가 떨어지고 있다는 것이다. 지분이 100%가 되어야 하기 때문에, 제조 전 단계와 제조 후 단계의 가치가 상승하면서 제조 단계의 부가가치 하락이 나타난다. 특히 제작 전후의 직업은 G7 국가의 도시로 가는 경향이 있다.

4) 이 스마일 곡선은 제조업(제조 단계)에서 총부가가치는 하락하고 서비스업에서 부가가치는 상승하고 있어 제조업의 '서비스화'라는 흐름과도 일치한다.

디지털의 세계에서는 인식 가능한 물질세계의 모든 대상이 디지털 부호라는 공통 언어로 전환되고 유통되어 복원 가능케 됨으로써 생산과 동시에 소비되던 서비스가 디지털화되어 새로운 거래의 객체로 등장하게 된다. 그 결과로 지금까지 시간과 공간의 제약 속에서 갇혀 있던 서비스 산업이 이제 시간과 공간의 한계를 벗어나 비약적으로 발전하기 시작한 것이다.

지식 기반 서비스가 새롭게 교역이 가능해지면서 서비스 산업에 있어서 규모의 경제가 확대되고 경쟁이 격화되어 서비스 산업의 분업화 및 전문화가 비약적으로 확대되고 있다. 그 결과로 서비스 분야가 더욱 성장하고 보다 특화되어 종전 제조업 부문 가운데 서비스 기능의 아웃소싱이 활발하게 촉진되고 있다.

이에 따라 기업들의 수익원이 점차 서비스 분야로 이동하게 되는데, 이러한 움직임은 스마일 곡선으로 표현될 수 있다. <그림 3>에 나타나 있는 바와 같이, 스마일 곡선은 수익원이 가치사슬(value chain)의 양단, 즉 CPU나 운영체제(operation system) 등의 핵심 부품 제조 전 단계 서비스 영역과 유지·보수, 대고객 서비스 창구 운영 등의 제조 후 단계 서비스 영역에서 높게 나타남을 의미한다(Boldwon, 2016).

(4) 초연결 시너지 혁명(hyperconnected synergy revolution)

초연결성(hyperconnectivity)은 네트워크를 통해 통신할 수 있거나 통신해야 하는 모든 것들이 네트워크를 통해 통신하는 컴퓨터 네트워킹의 트렌드이기도 하다. 여기에는 사람 대 사람, 사람 대 기계 및 기계 대 기계 통신이 포함된다. 이러한 추세는 네트워크를 사용하는 새로운 애플리케이션과 장치의 복잡성, 다양성 및 통합으로 인해 대역폭 수요와 통신의 변화를 크게 증가시키고 있다.

디지털경제는 디지털화와 플랫폼화를 통하여 데이터 기반의 현실-가상 연계 시스템에 의해서 구현되며, 현실세계에서 데이터를 수집하여(데이터 확보), 가상세계에서 분석하고 지식을 추출하여(데이터 분석), 이를 다시 현실세계에 활용(현실에 적용)하는 방식으로 가치를 창출한다. 이러한 디지털 전환은 통합 수렴된 지식 정보의 전 세계적 상호 연결성으로 인해 글로벌 시너지 효과를 구현할 수 있다.

디지털 전환의 진전으로 기업은 다국적기업에서 진정한 글로벌기업으로 변모하고 있다. 통합된 정보와 결합된 디지털 기술을 통해 비즈니스는 로컬 시너지 효과를 유지하면서 글로벌 시너지 효과를 얻을 수 있다. 이들 기업은 재무, HR 및 제조 및 설계와 같은 핵심 기능에 대한 글로벌 공유 서비스의 이점을 누리고 있다. 글로벌 공유 서비스는 효율성을 높이고 위험을 감소시키며, 심지어 글로벌 유연성을 촉진한다.

1776년 『국부론』에서 애덤 스미스(Adam Smith)는 규모의 경제(economies of scale)가 창출할 수 있는 노동 분업의 이익에 대한 체계적 분석을 제시하였다. 이 무렵에 우리나라에서도 정약용은 『여유당전서(與猶堂全書)』 중 기예론(技藝論)에서 "사람이 모이면 모일수록 그 기예(技藝)는 정치해지며 시대가 지나면 지날수록 그 기예는 교묘해지는 것이니, 이는 사세가 필연적으로 그렇게 만드는 것이다. 그러므로 촌리(村里)의 사람들은 현읍(縣邑)의 공작(工作)을 따르지 못하고, 현읍의 사람들은 명성(名城)과 대도(大都)의 기교(技巧)를 따르지 못하며, 명성과 대도의 사람들은 한양의 신식(新式)·묘제(妙制)를 따르지 못한다"라고 평가하고 있다(역사학회, 1976).

디지털 네트워크의 전 지구적 초연결로 글로벌 수준의 규모의 경제가 점차 실현되면서, 경쟁과 협력의 시너지 효과가 경제의 글로벌화를 촉진하고 미래 발전을 견인하고 있다.

디지털 생태계는 디지털 네트워크가 만들어내는 다양한 플랫폼을 통하여 개인, 기업, 정부, 시민사회 등이 접점을 공유하여 초연결 환경을 이룬, 일종의 유사 생태계이다. 여기서 말하는 플랫폼은 사람들이 자발적으로 모이는 곳을 의미하고 이에 기반한 플랫폼 사업 모델은 지속 가능성을 갖기 때문에 생태계라는 용어를 사용한다. 디지털 생태계의 핵심 요소는 빅데이터, 호혜성 등이다.

참고문헌

역사학회, 1976, 『실학연구입문』, 일조각.

황창규, 2021, 『빅 컨버세이션』, 시공사.

Asgeirsdottir, B., 2006, "OECD Work on Knowledge and the Knowledge Economy", In Kahin, B. and D. Foray eds., *Advancing Knowledge and the Knowledge Economy*, The MIT Press.

Baldwin, R., 2016, *The Great Convergence: Information Technology and The New Globalization*, Cambridge, Massachusetts: The Belknap Press of Harvard University Press.

Brynjolfsson, E. and B. Kahin eds., 2000, *Understanding the Digital Economy: Data, Tools, and Research*, The MIT Press.

David, P. A., 2002, Public Dimensions of the Knowledge—driven Economy, OECD/CERI Project Overview.

Mitchell, W. J., 1999, *e—topia*, The MIT Press.

Negroponte, N., 1995, *Being Digital.*, Knopf. Vintage Books.

OECD, 2000, A New Economy?: The Changing Role of Innovation and Information Technology in Growth, Paris: OECD.

OECD, 2005, The Service Economy in OECD Countries, STI Working Paper, Paris: OECD.

Quah, D., 2001, The Weightless Economy in Economic Development. In M. Pohjola ed., *Information Technology, Productivity, and Economic Growth*, Oxford Univ. Press.

Shy, O., 2001, *The Economics of Network Industries*, Cambridge University Press.

Smith, Adam, 1776, *An Inquiry into the Nature and Causes of the Wealth of Nations.*, Oxford: Clarendon Press.

디지털경제의 특징

디지털경제는 무형적인 지식과 정보를 생산하고 이를 디지털화하여 쉽게 전송, 배포하는 행위가 경제의 중심부를 차지하고 있다. 따라서 가치 창출에서 무형의 창의력과 네트워크(network)가 중요하며 주로 수요 측면에서의 규모의 경제가 작동된다. 아울러 유연성과 대응성이 높은 스마트 경제(smart economy)로 인해 고객의 요구에 맞춘 주문 생산이 쉬워지고 있다. 또한 디지털 수렴 (digital convergence)을 통한 산업의 융·복합 현상으로 전통적 산업들 간의 경계를 붕괴시키고 새로운 제품과 서비스의 유통 구조를 창출하고 있다.

디지털경제는 실재사회와 가상사회의 통합으로 언제 어디서나 물질의 흐름과 정보의 흐름을 통합할 수 있는 유비쿼터스(ubiquitous) 사회로 점증적으로 발전해갈 것으로 전망된다. 디지털 플랫폼을 통한 일의 유연성과 노동시장의 변동성 확대로 긱 경제(gig economy)가 활성화될 것으로 예상된다.

여기서는 디지털경제의 주요 특징으로 지식(정보)과 네트워크의 중요성 및 유연성과 대응성이 높은 스마트 경제와 디지털 수렴 현상을 고찰하고, 디지털 경제의 미래를 전망해보고자 한다.

1. 지식과 정보의 중요성

디지털경제의 주된 특징은 지식(knowledge)과 정보(information)의 중요성이다. OECD(1996)에 의하면 현재 선진국 GDP의 절반 이상이 지식에 기반을 두고 있는 것으로 분석되고 있다. 산업혁명 이후 지식은 항상 장기적인 경제성장의 주요 원인이었으나, 최근 진행되고 있는 디지털경제에서는 무형적인 지식과 정보를 생산하고 이를 디지털화하여 쉽게 전송, 배포하는 행위가 경제의 중심부를 차지하고 있다. 즉 디지털경제에서는 무형의 창의력이 가치 창출의 가장 중요한 요인이 된 것이다. 이를테면 앙리 마티스(Henri Matisse)의 그림과 어느 무명 화가의 그림의 엄청난 가격의 차이는 재료비의 차이가 아니라 무형 투입물의 가치의 차이, 즉 창의력의 차이인 것이다.

디지털경제는 두 가지 특징을 지니고 있다. 1) 보다 많은 지식이 디지털 형태로 저장되어 전송 가능하고, 2) 물질적인 것보다 아이디어에 기초한 무형재(intangible good)의 생산이 증가하고 있다. Weightless economy, dematerial-ized economy라는 용어가 등장하였는데, 이와 관련하여 전 미연방준비위원회 의장 앨런 그린스펀(Alan Greenspan)은 2000년 현재 미국 생산물의 총중량은 100년 전의 그것과 거의 같으나, 총가치는 20배 증가하였다는 사실을 지적하고 있다.

그러나 농업 생산물과 산업 생산물의 구분은 명확한 데 반해, 물질적 생산물(physical product)과 정보 생산물(information product)의 경우에는 구분이 모호하다. 자동차와 같은 물질적 재화의 경우에도 무형 투입재(intangible inputs)의 비중이 70%를 상회하고 있고, 최근 IT의 옷을 갈아 입으면서 '달리는 컴퓨터'로 진화하고 있다.

(1) 데이터에 대한 의존성

디지털경제는 개인 데이터 수집에 크게 의존한다. 1995년 데이터 보호 지침(GDPR)은 데이터를 "그의 식별 번호 또는 특정 정보에 의해 식별될 수 있는 자연인과 관련된 모든 정보"로 정의했다.[1]

당시 이 규정은 유럽 시장 통합의 필요성에 대응해 등장했다. EU는 유럽의 공통 데이터 보호 표준을 채택함으로써 유럽의 상거래를 방해하는 무역장벽으로 부상하고 있던 상충되는 국가법을 조화시킬 수 있었다. 이러한 이유로 GDPR과 그 전신은 내부 시장 수단으로 간주되어, 전체 공통 시장 내에서 데이터의 자유로운 흐름을 허용함으로써 디지털 단일 시장의 창출을 촉진하였다.

공급과 수요 사이의 정보 비대칭성을 메울 수 있는 능력 때문에, 데이터는

---

[1] GDPR(General Data Protection Regulation)은 유럽연합(EU)과 유럽경제지역(EEA)의 데이터 보호 및 프라이버시에 관한 EU 법률의 규정이다.

이제 경제적인 가치를 가진다. 플랫폼은 개인 데이터를 축적할 때 선호도와 관심사를 수집해 기업이 광고를 통해 소비자에게 표적 행동을 할 수 있도록 한다. 알고리즘은 개인의 행동을 더 잘 예측하기 위해 선호도를 분류, 참조하고 우선순위를 지정한다.

개인 데이터 수집의 대가로 플랫폼에 자유롭게 접근함으로써, 그들은 그 콘텐츠를 비경합적으로 만든다. 따라서 디지털 공공 공간을 만드는 공공의 이익을 위해 콘텐츠의 무형성은 모든 사람이 접근할 수 있는 이 정보에 집단적인 자연적 측면을 부여하는 경향이 있다. 아울러 빅데이터를 활용하여 ① 데이터를 사용할 수 있는 능력을 갖춘 이해 당사자들이 보다 쉽게 제시간에 데이터에 접근할 수 있도록 함으로써 투명성을 확보하고, ② 실험으로 성과의 변동성을 분석하고 그 근본 원인을 파악할 수 있는 성과를 관리하며, ③ 제품 및 서비스를 주문 제작하기 위하여 세분화하고, ④ 인간의 의사결정을 자동화된 알고리즘으로 대체하거나 지원함으로써 의사결정을 개선하고, ⑤ 새로운 비즈니스 모델, 제품 및 서비스를 개발, 개선함으로써 비즈니스 가치를 창출할 수 있다(MGI, 2014).

(2) 무형 자본주의의 대두

디지털경제는 불평등과 사회적 분열을 조장하는 '무형 자본주의(intengible capitalism)'로서의 특징을 가지고 있다. 하스켈과 웨스트레이크(Haskel and Westlake, 2018)는 『자본 없는 자본주의』라는 저서에서 정책 입안자들이 전통 경제로부터 무형 자산에 기반을 둔 신경제로의 전환을 맞춤화하지 못하는 것에 대한 우려를 제기하고 있다. 2000년대 중반 이후, 기업들은 기계, 하드웨어 또는 부동산보다 브랜드, 디자인, 기술과 같은 '무형성'에 더 많은 투자를 해왔다.

우버(Uber)와 같은 사업체들은 자동차를 소유하지 않고 소프트웨어와 데이터를 소유한다. 커피숍과 체육관은 경쟁자들로부터 돋보이도록 하기 위해 브랜딩에 의존한다. 제약회사들은 연구 개발뿐만 아니라 마케팅에도 막대한 예산을 쓰고 있다. 전통적인 생산과 달리 데이터, 보험, 전자책, 심지어 영화 같은 경우 첫 번째 단위가 생산되면 나머지 생산은 사실상 무료이다. 구모델에 맞지 않는 세계 경제의 비중이 갈수록 커지면서 광범위한 정책에 대해 시사하는 바가 크다.

자산의 무형성은 중소기업(SME)과 다국적기업(MNE) 사이의 격차를 더 크게 할 수 있다. 한편 현재의 은행 시스템은 무형의 자산을 가치 있게 여기고 감시하기 위해 고군분투하고 있다. 과거에는 기업이 파산했을 때 은행들이 건물, 기계 등 실물 자산을 팔아 돈을 회수할 수 있었다. 그러나 무형 자산이 감소하면 기업 가치가 하락하면서 쉽게 매각할 수 없다. 이에 따라 중소기업은 은행 금융과는 다른 벤처 캐피털에 더 많이 의존하고 있다.

자원에 대한 접근이 쉬워지면 다국적기업은 무형 자산의 시너지 효과로부터 이익을 얻을 수 있다. 예를 들어 아이팟을 만들 때 애플은 MP3 기술과 라이선스 계약, 레코드 레이블, 디자인 전문 지식을 결합하여 성공적인 제품을 생산했다. 기술을 결합하여 사업을 확장하는 이러한 능력은 이들 기업이 시장에서 우위를 점할 수 있도록 돕는다.

2. 네트워크의 중요성

디지털경제의 또 다른 특징은 네트워크(network)의 중요성이다. 네트워크는 디지털경제에서뿐만 아니라 전화, 전기, 도로, 철도 등 산업 경제에서도 중요한 현상이었다. 최근의 네트워크는 '물리적인 네트워크(physical network)'라기보다는 사회적 네트워크(social network) 또는 가상 네트워크(virtual network)라는 점에서 큰 차이가 있다. 예를 들면 페이스북(facebook) 사용자들의 네트워크, 트위터(twitter) 사용자들의 네트워크 등이 있다.

실제 네트워크와 가상 네트워크 간의 본질적인 차이는 실제 네트워크의 경우 이의 확대를 위해 막대한 비용이 필요한 반면, 가상 네트워크의 경우에는 비용이 거의 들지 않는다는 점이다. 특히 사회적 네트워크 또는 가상 네트워크의 중요성은 수요의 외부성(demand externality) 때문이다. 산업 경제에서의 규모의 경제는 공급 측면에서의 규모의 경제였으나, 디지털경제에서의 규모의 경제는 주로 수요 측면에서의 규모의 경제(demand-side economies of scale)가 작동한다.

'네트워크 외부 효과(network externality)' 또는 '수요 측 규모의 경제(demand-side economies of scale)'라고 불리기도 하는 네트워크 효과는 어떤 상품이나 서비스 사용 가치가, 그 상품이나 서비스를 쓰는 사람들이 많아질수록 커지는 것을 뜻한다. 네트워크 효과는 여러 가지 유형이 있다. 카카오톡에서와 같은 단순한 직접 네트워크 효과(direct network effect)만이 아니라, PC 운영체제와 응용 프로그램과 같은 보완재(complementary goods) 관계에서 작용하는 간접 네트워크 효과(indirect network effect), 에어비앤비나 우버에서와 같이 공급자와 수요자의 상호 관계에서 나타나는 양방향 네트워크 효과(two-sided network effect) 등이 있다.

네트워크 효과는 예전부터 기업 경쟁력의 주요 요소로 인식되어왔다. 애플은 맥북(MacBook), 아이패드(iPad), 아이폰(iPhone), 아이팟(iPod), 애플티비(Apple TV) 등 다양한 기기들을 판매한다. 그런데 이 모든 기기들의 상호작용을 쉽고 더욱 직관적으로 만드는 공통의 일관된 운영체계(operating system)를 사용함으로써 개별 기기의 성능을 확실히 높일 수 있게 된다. 애플 기기들만 사도록 유도하는 것이다. 인터넷 기업, 플랫폼(platform) 기업의 네트워크 효과는 전통적인 네트워크 효과보다 훨씬 강력하다. 카카오톡, 페이스북에서처럼 핵심 경쟁력이 네트워크 효과 그 자체일 수 있기 때문이다.

메칼프의 법칙(Metcalfe's law)은 네트워크의 외부성을 잘 설명해준다.[2] 동 법칙은 네트워크 확장 비용은 네트워크 규모의 증가와 함께 선형(linear)으로 증가하지만 네트워크 확장의 가치는 지수 함수적(exponentially)으로 증가한다는 것이다. 메칼프의 법칙에 따르면, 네트워크에 n명의 사람들이 속해 있다면 그 네트워크의 가치(network value)는 $n(n-1)$에 비례한다. 이 경우에 네트워크에 1명의 사람들이 속해 있다면 그 네트워크의 가치는 0이다. 그러나 $n=2$일 경우에는 네트워크의 가치가 2가 되고, $n=10$일 경우에는 네트워크의 가치가 90이 되며, $n=100$일 경우에는 네트워크의 가치가 9,900이 된다는 것이다. 즉 보다 많은 사람들이 특정 네트워크에 속할수록 그 네트워크에 속해 있는 사람들의 효용이 더욱 커지게 된다.

네트워크 효과가 뚜렷해지면 가격을 낮추지 않아도 경쟁력이 높아지고 사용자는 더욱 늘어난다. 긍정의 선순환이 시작되는 것이다. 신규로 진입하는 경쟁자가 정말 획기적인 '가치 제안(value proposition)'을 하지 못하면 이미 네트워크 효과를 누리고 있는 기업으로부터 고객을 뺏어 오기가 대단히 어렵다. 제공

---

2 Robert Metcalfe는 인터넷 개척자, LAN(local area network)의 표준이 된 Ethernet 발명가, 3Com사 창업자, 'Metcalfe's Law' 등으로 유명한 컴퓨터공학자다.

하는 서비스에 대한 확실한 니즈(needs)와 함께, 경쟁자보다 먼저 많은 사용자를 확보하는 것이 성공의 관건이다. 다수 사용자를 확보한 사업자의 경쟁력이 크고 더 많은 사용자를 끌어들이는 바탕이 되기 때문이다.

3. 스마트 경제(smart economy)

디지털경제는 유연성(flexibility)과 대응성(responsiveness)이 높은 스마트 경제(smart economy)로 특징지어진다. 현재의 디지털 혁명은 모든 경제, 사회, 여가 활동에 영향을 미치고 있으며 기존의 혁신들과는 근본적으로 다르다. 디지털경제하에서는 유연성과 대응성의 증가로 인해 제품을 고객의 요구에 맞게 주문 생산하는 것이 쉬워진다.

네트워크의 진전에 따라 소비자들은 시간과 공간에 구애됨이 없이 제품에 대한 정보를 실시간으로 얻고 구매할 수 있게 됨으로써 소비자가 직접 제조 과정에 참여하는 것도 가능해졌다. 소비자들은 디지털 공동체를 통해서 강력한 교섭력뿐만 아니라 다양한 정보를 바탕으로 개인의 선호에 따른 차별화된 소비도 확대하고 있다.

산업경제(industrial economy)에서의 효율성(efficiency) 개념은 비용 극소화였으나, 디지털경제에서의 효율성 개념은 고객의 수요에 맞는 제품을 판매하는 것이다. 디지털경제하에서는 대응성(responsiveness)의 증가로 인해 실시간(real-time) 및 상호작용성(interactivity)이 크게 증가하고 있다.

<그림 1>에서 보는 바와 같이 산업경제는 유연성과 대응성이 낮은 산업재의 대량생산과 대량소비를 특징으로 하는 TV-사회라 한다면, 디지털경제는 유연성과 대응성이 높은 전문 생산과 개성적인 소비를 특징으로 하는 net-사회라 할 수 있다.

네트워크의 진전으로 소비자들이 디지털 공동체를 통한 강력한 교섭력을 얻을 뿐만 아니라 다양한 정보를 바탕으로 차별화된 개인의 선호에 따른 소비도 확대되고 있다. 소비자들은 시간과 공간에 구애됨이 없이 제품에 대한 정보를 실시간으로 얻고 구매할 수 있게 됨으로써 소비자가 직접 제조 과정에 참여하는 것도 가능해졌다. 예를 들면 초이스보드(choice board)를 통하여 고객이

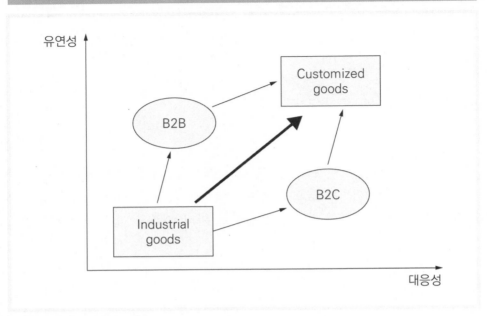

자료: Choi and Whinston, 2000.
주: B2B=Business to Business, B2C=Business to Customer

선택한 메뉴(signal)가 모든 생산 활동의 기초가 된다. 즉 고객은 초이스보드를 활용해서 자신의 조건 상황을 주문하고 설계할 수 있으며, 이를 통해서 고객의 자발적 시장세분화(self-segmentation)를 초래하게 된다.

디지털경제에서는 시간차와 공간차가 없는 의사소통이 가능해지면서 일하는 방법, 노는 방법, 생각하는 방법 등이 종전과 달라진다.

4. 디지털 수렴

디지털경제의 또 다른 특징은 디지털 수렴(digital convergence)을 통한 산업의 융·복합 현상이다. 디지털 수렴이란 디지털 기술을 기반으로 한 정보통신기술의 비약적인 발전으로 이전에는 서로 분리되어 있었던 정보통신기술 기반 산업들, 즉 1870년부터의 전화, 1930년대 후반에 시작된 TV, 1980년대부터의 컴퓨터, 그리고 1990년대부터의 인터넷이 가지는 유무선 전화망, 방송망, 인터넷망이 하나의 공통 네트워크로 수렴함을 의미한다. 이러한 변화에 따라 지금까지 상호 호환적이지 못하던 기기 및 제품들이 호환성을 가지게 되고, 가치사슬의 여러 과정들이 통합됨으로써 전통적 산업들 간의 경계를 붕괴시키고, 새로운 제품과 서비스의 유통 구조를 창출하고 있다.

디지털 수렴 현상은 네트워크의 수렴, 제품의 수렴, 시장의 수렴, 그리고 비즈니스 프로세스의 수렴 현상으로 나누어 볼 수 있다.

(1) 네트워크의 수렴(network convergence)

전화선, 동 및 광케이블선, TV 방송, 위성방송, 무선 네트워크 등 모든 네트워크들이 디지털 신호를 주고받을 수 있게 되는 등 하나의 네트워크로 수렴되고 있다.

(2) 제품의 수렴(product convergence)

유무선 통신의 음성, TV 방송, 음악, 비디오, 책과 잡지 등 종이에 기록되는 정보, 데이터베이스, 소프트웨어, 게임 등의 제품들이 디지털화되고 있고, 개인정보 열쇠 및 화폐 등도 디지털화되고 있다. 디지털화된 제품들은 디지털 네트워크를 통해 쉽게 이동된다.

(3) 시장의 수렴(market convergence)

전화 사업자와 케이블 TV 사업자가 경쟁 관계에 놓이게 되고, 인터넷 접속 시장을 놓고 인터넷 서비스 제공업자(ISP)들과 TV 방송 사업자들이 경쟁하게 되는 등 제품과 네트워크의 수렴은 기존 시장들 간의 경계를 허물고 있다.

(4) 비즈니스 프로세스의 수렴(process convergence)

기업의 여러 가치 창출 과정들이 일관된 하나의 과정으로 통합되는 것을 의미한다. 예를 들면 온라인 광고에 대한 소비자들의 반응과 주문은 다시 인터넷을 통해 디지털 자료로 입력되어 인터넷 광고업체의 소비자 분석과 제품업체의 주문 생산 자료로 활용되는 등 비즈니스 프로세스가 하나의 과정으로 통합되고 있다.

특히 통신 하부구조의 수렴은 전화 사업자, 케이블 TV 사업자, 위성 사업자의 구분을 모호하게 만들고 있다. VOD(video on demand), 인터랙티브 TV, 케이블 모뎀, 온라인쇼핑, 비디오폰 등 새로운 제품과 서비스가 소비자들에게 다가가고 있다.

디지털경제하에서는 지식과 정보의 공유가 쉽게 이루어짐으로써 대규모 집중식 생산 방식이 아닌 분산적 및 공유적 생산 체제로도 규모의 경제와 함께 범위의 경제를 실현시킬 수 있고, 이를 통해 생산성 향상을 거둘 수 있게 된다. 더욱이 디지털 수렴 현상은 많은 상품들과 서비스들의 생산과 유통 구조를 급격히 변화시키고 있다. 따라서 실제로 디지털 수렴에 의해 산업의 미래가 어떻게 전개되어갈지에 대해서 확실하게 예측하기 어려운 상황이다.

디지털 수렴은 정보통신산업뿐만 아니라 전 산업 분야에 직간접적으로 영향을 미침으로써 산업 구조의 변화를 초래하고 있다. 지금까지 서로 별도로 운영되던 전화 중심의 유무선 통신망, TV 중심의 방송망, PC 중심의 인터넷망을 대체할 만한 공통의 네트워크가 만들어지고 있다. 동 네트워크가 많은 제품들과 서비스들의 생산과 유통 구조를 급격히 변화시키고 있는 것이다. 음성과 데이터의 융합, 유선과 무선의 통합, 그리고 통신과 방송의 융합을 넘어 이종 산업 간 융합을 통한 새로운 시장이 형성되고 있다. 산업 간 융합은 새로운 형태의 통합된 고객을 사이에 둔 이종 산업 간 경쟁이라 할 수 있다.

로봇, 드론, 유전자 편집, 센서, 네트워크, 의학, 나노기술, 가상현실, 3D 프린팅 등 기하급수적으로 발전하고 있는 기술이 상호 융합하기 때문에 디지털 융합을 통하여 산업 전체가 재편성되고 있는 것이다. 상호작용성의 고도화와 이동성의 확대에 기반한 탈경계 및 혼·융합이 보다 심화되고 있다.[3] 이러한 불확실성이 존재하는 가운데 대규모의 사업 기회와 위험이 공존하고 있다.

---

3 상호작용성의 강화로 ① 이성과 감성이 공존하는 소통 합리성, ② 자기효능감을 중시하는 상호작용, ③ 상호작용을 통한 공동 창의성(혁신성)이 제고된다. 아울러 이동성 및 동시성의 증폭으로 ① 시·공간적, 조직 내외적 업무의 이동성이 높아지고, ② 유목성 기반의 동시다발적 의사결정이 가능해진다. 그 결과로 ① 예술과 삶의 경계 허물기와 ② 개인과 집단의 혼성화 및 일상 활동의 혼·융합이 심화되고 있다.

5. 디지털경제의 미래

(1) 유비쿼터스(ubiquitous) 사회

디지털경제는 앞으로 유비쿼터스 사회로 발전할 것으로 전망된다. 즉 실재사회와 가상사회의 통합으로 언제 어디서나 물질의 흐름과 정보의 흐름을 통합할 수 있는 새로운 사회의 등장을 말한다.

유비쿼터스 컴퓨팅(ubiquitous computing)이란 '신은 어디에나 널리 존재한다(無所不在)'는 의미의 영어 단어 'ubiquitous'와 컴퓨팅이 결합된 단어로 '언제 어디서든 어떤 기기를 통해서든 컴퓨팅할 수 있는 것'을 의미한다. 즉 시간과 장소에 구애받지 않고 언제나 정보통신망에 접속하여 다양한 정보통신 서비스를 활용할 수 있는 환경을 의미한다. 또한 여러 기기나 사물에 컴퓨터와 정보통신기술을 통합하여 언제 어디서나 사용자와 커뮤니케이션할 수 있도록 해주는 환경으로서 유비쿼터스 네트워킹 기술을 전제로 구현된다. 사용자가 네트워크나 컴퓨터를 의식하지 않고 장소에 상관없이 자유롭게 네트워크에 접속할 수 있는 정보통신 환경이다.

일반적으로는 미국의 마크 와이저(Mark Weiser)가 유비쿼터스라는 용어를 처음 사용한 사람으로 여겨진다. '유비쿼터스'라는 용어는 원래 신학적인 용어, '옴니프레젠스'에서 유래하였다. Omnipresence는 '편재'라는 뜻을 지니고 있으며, 언제든지 그리고 어디서든지 모든 곳에 계신다는 뜻을 지니고 있다.

구체적으로 유비쿼터스 컴퓨팅의 개념은 다음의 네 가지 요인들을 포괄하고 있다.

① 끊김 없는 연결(seamless connectivity; HC infra network): 모든 사물들이 네트워크에 끊이지 않고 항상 연결되어 있어야 한다.

② 사용자 중심 인터페이스(user centered interface): 사용자가 기기 사용에 있어서 어려움이 없이, 처음 접하는 사람을 포함해 누구나 쉽게 사용할 수 있는 인터페이스가 제공되어야 한다.

③ 컴퓨팅 기능이 탑재된 사물(smart things): 가상공간이 아닌 현실 세계의 어디서나 컴퓨터의 사용이 가능해야 한다.

④ 의미론적 상황 인지 동작(semantic context awareness): 사용자의 상황(장소, ID, 장치, 시간, 온도, 날씨 등)에 따라 서비스가 변해야 한다.

마크 와이저는 유비쿼터스 컴퓨팅의 기본적인 철학 개념을 다음과 같이 제안했다(Weiser, 1991).

① 사라지는 컴퓨팅(disappear computing): '사라진다(disappear)'의 개념은 일상의 사물과 컴퓨터가 구분이 안 될 정도로 컴퓨터의 특성이 사라지는 것을 의미한다. 예를 들면 머그컵이 기존의 것과는 달리 위치 정보 알림 기능을 내장해 단말기로 머그컵의 위치 정보를 받거나, 온도에 따라 머그컵의 색상이 변할 수 있는 것이다.

② 보이지 않는 컴퓨팅(invisible computing): '보이지 않는(invisible)'다는 개념은 이용 가능한 다수의 컴퓨터를 물리적 환경에 배치해 기존 컴퓨터의 능력을 향상시키고 사용자의 능률도 높이는 것을 의미한다. 그렇게 컴퓨팅이 인간의 현실 공간 속에서 보이지 않으려면 소형 모터나 실리콘 칩을 내장할 수 있는 기술이 있어야 한다.

③ 조용한 컴퓨팅(calm computing): '조용한, 무의식적(calm)'인 컴퓨팅은 인간의 지각과 인지 능력에 대한 개념이다. 기술적인 점보다는 인간이 어떻게 컴퓨터의 정보 환경과 상호작용할 수 있을까에 대한 고민을 하게 된다.

마크 와이저는 이 개념을 컴퓨팅과 연결시켜 연구하고 적용하였다. 그는 유비쿼터스 컴퓨팅이란 컴퓨터 패러다임의 제3의 물결로서 네트워크 기반의 확장형 컴퓨팅 환경을 뜻하며, 머지않아 수백 대의 컴퓨터가 한 명의 사람을 위해서 존재하는 유비쿼터스 시대, 즉 언제 어디서나 컴퓨터에 접속할 수 있는 세계가 도래할 것이라고 말했다(Weiser, 1993).

(2) 긱 경제(gig economy)

긱 경제는 디지털 플랫폼을 사용하여 정규직보다 필요에 따라 계약직 혹은 임시직으로 사람을 고용하는 경향이 커지는 경제를 말한다. 처음에는 긱(gig)이라는 단어가 프리랜서, 1인 자영업자를 뜻하는 단어로 이용되었으나, 최근 온디맨드 경제(기업이 수요자의 요구에 즉각적으로 대응하여 서비스 및 제품을 제공하는 경제)가 등장하면서 '디지털 장터에서 거래되는 기간제 근로'로 정의되기도 한다.

독립 노동자 혹은 소위 긱 경제에 대한 정책 논쟁이 활발하다. 수백만 명의 사람들에게, 한 명의 고용주를 위해 9시에서 5시까지 일하거나 급여를 받는 것은 더 이상 현실이 아니다. 대신에 그들은 다양한 소득 흐름의 균형을 맞추고 일자리별로 독립적으로 일한다.

독립 근로자의 네 가지 그룹은 다음과 같다. 먼저 독립적인 일을 선택하고 그것으로 기본 수입을 얻는 자유계약자(free agents)는 30% 정도 된다. 추가 소득으로 선택해서 독립적 일을 하는 임시직 근로자(casual earners)는 약 40% 정도다. 그리고 독립적인 일에서 주로 생계를 꾸리지만 전통적인 직업을 선호하는 사람들이 14%를 차지하고 있다. 필요에 의해 추가적인 독립적인 일을 하는 재정적으로 궁핍한 사람들이 16%를 차지한다(MGI, 2016).

긱 경제의 가장 큰 장점은 노동자들이 원하는 시간에 원하는 만큼 일할 수 있는 것이므로 전업주부나 은퇴자들이 노동시장에 재진입할 수 있다는 측면에서 긍정적인 평가를 받고 있다. 반면에 정규직의 비중이 낮아지고, 긱 경제 내에서 종사하는 노동자들은 최저 임금 혹은 건강보험의 혜택을 받을 수 없는 등 사회제도적 보장을 받기 어려운 문제가 발생한다. 또한 일자리가 증가함에도 불구하고 임금 상승률은 정체되어 있다는 부정적인 측면도 존재한다.

1) 긱 경제의 유형

긱 경제 플랫폼은 고객에게 제공하는 서비스의 유형에 따라 4개 부문 중 하나로 분할될 수 있다(<표 1> 참조).

2018년 현재 약 2,040억 달러로 추정되는 긱 경제의 총규모에 대한 부문별 기여도는 다양하다. 운송 기반 서비스는 전체의 57.8%인 1,178억 달러의 큰 몫을 창출하는 데 있어 상당한 우위를 자랑한다. 이에 비해 자산 공유 부문(618억 달러)은 전문 서비스(77억 달러) 및 HGHM(167억 달러)을 상당한 차이로 앞서며 두 번째로 크게 기여한다(Mastercard and Kaiser Associates, 2019). 총규모의 차이는 플랫폼에 참여하는 활성 프리랜서의 수, 플랫폼의 활용률, 플랫폼 운영지역 내 서비스의 가격 평가, 규제 장애 정도, 소비자 참여율 및 기타 구성 요소 등 다양한 요소에 기반한다.

부문(sector)	설명(description)	포함된 하위 부문 (sub-sector included)	예시 플랫폼 (example platforms)
자산 공유 서비스 (asset－sharing services)	한 소유자의(또는 '프리랜 서') 재산을 다른 개인에게 단기적으로 임대할 수 있는 디지털 플랫폼	자가 공유, 차량 공유, 보트 공유, 주차 공간 공유, P2P 장비 공유	에어비앤비 (Airbnb)
운송 기반 서비스 (transportation－ based services)	요청된 운송 서비스를 완료 하기 위해 프리랜서 드라이 버가 필요한 디지털 플랫폼	승차 공유, 카풀, 식당 배 달, 상품 배달	우버 (Uber)
전문 서비스 (professional services)	프리랜서를 기업과 직접 연 결하여 프로젝트를 완료하 는 디지털 플랫폼	업무, 마이크로워크, 설계, 기술/코드, 쓰기/번역, 관리	업워크 (Upwork)
수공예 상품, 가정 및 기타 서비스 (handmade goods, household & miscellaneous services, HGHM)	프리랜서가 집에서 만든 공 예품을 판매하거나 가정 관 련 작업을 위한 주문형 서 비스를 제공할 수 있는 디 지털 플랫폼	홈 서비스, 보모, 수제 공 예, 과외, 반려동물 서비스 등(DJ, 이벤트 등)	코어닷컴 (core.com)

<표 1> 긱 경제의 유형

자료: Mastercard and Kaiser Associates, 2019.

　　조사 결과 미국과 EU15의 근로 연령 인구 중 20~30%인 1억 6,200만 명
이 독립적인 업무에 종사하는 것으로 나타났다(MGI, 2016). 전 세계 총고용에서
긱 경제 플랫폼의 점유율은 1%에서 3%에 이르는 중간 수준이며, 이 점유율이
빠르게 증가하고 있다. 전 세계 긱 경제 거래액은 매년 17%씩 증가하여 2023
년에는 약 4,550억 달러로 성장할 것으로 예상된다(Mastercard and Kaiser
Associates, 2019).

　2) 노동법 우회 문제

　　긱 경제는 생산성 및 고용 측면에서 경제적 이점을 제공하는 동시에 소비
자 및 근로자 보호 수준 및 노동 시장 정책에 대한 의문을 제기하기 때문에 관
심의 초점이 맞춰져 있다.

　　온라인 플랫폼의 등장은 사회보장법과 노동법에 대한 법적 의문점 측면에

서 우려를 낳고 있다. 2007~2008년 금융위기 이후 업무의 '우버화(Uberization)'
가 증가하고 있다. 이런 현상에 이름이 붙은 기업에서처럼 근로자는 노동법과
직업보건안전법의 적용에 도전하는 '독립 근로자'(임시·외부·자율 계약)로 정의
된다. 이에 따라 온라인 플랫폼은 기존 기업보다는 일자리의 유연화와 노동시
장의 높은 변동성을 부추긴다. 딜리버루(Deliveroo), 우버(Uber) 등 긱 경제 업체
들이 자영업자인 운전자를 고용해 디지털 플랫폼과 계약을 맺지만, 그들이 일
하는 방식은 정규 직원법보다 훨씬 규칙적이다. 다만 프랑스 최고재판소(Cour
de Cassation) 판결은 2020년 3월 처음으로 우버 운전자가 거래처를 만들거나
가격을 정할 수 없기 때문에 '자영업자' 계약 자격을 받을 수 없다는 점을 인정
해 그 회사의 부하 직원의 관계로 설정했다.

앞으로 공공 정책의 주요 과제는 강력한 시장 경쟁을 촉진하는 동시에 플
랫폼 노동자들의 근로 여건을 개선하는 것이다. 기존 규칙을 엄격하게 적용하
는 대신, 많은 경우 제품 및 노동시장의 정책 설정을 디지털경제의 요구에 맞
게 조정해야 할 것이다(Schwellnus et al., 2019).

참고문헌

Choi, S.−Y. and A. B. Whinston, 2000, *The Internet Economy: Technology and Practice*, Austin, Texas: SmartEcon Publishing.

Haskel, J. and S. Westlake, 2018, *Capitalism without Capital: The Rise of the Intangible Economy*, Prinston Universty Press.

Mastercard and Kaiser Associates, 2019, *Mastercard Gig Economy Industry Outlook and Needs Assessment*, Mastercard and Kaiser Associates.

MGI(McKinsey Global Institute), 2014, *How good is your Big Data intelligence?*, McKinsey & Company.

MGI(McKinsey Global Institute), 2016, *Independent Work: Choice, Necessity, and The Gig Economy*, McKinsey & Company.

OECD, 1996, *Knowledge−based Economy*, Paris: OECD.

Schwellnus, C., A. Geva, M. Pak and R. Veiel, 2019, *Gig Economy Platforms: Boon or Bane?* Economics Department Working Papers No. 1550, OECD.

Weiser, M., 1991, "The Computer for the Twenty−First Century", *Scientific American*, Sep. 1991, 94−100.

Weiser. M., 1993, "Hot topic: Ubiquitous Computing", *IEEE Computer*, Oct. 1993, 71−72.

디지털재의 특성

디지털재는 디지털 형태로 존재하는 무형의 제품이다. 그 특성상 두 번째 단위 이후의 생산에는 거의 비용이 들지 않는다. 또한 디지털재는 내재적으로 비경합적이고 비배제적이며, 한 번 생산하면 영구적으로 존재한다. 특히 디지털재는 수정 또는 보완하기가 매우 편리한 특성을 지닌다. 그러나 경험재로서의 속성을 가지고 있어서 실제로 사용하기 전에는 그 가치를 판단하기가 어렵다. 여기서는 디지털재의 개념과 그 특성에 대하여 살펴보고자 한다.

1. 디지털재의 개념

(1) 디지털재의 정의

디지털재(digital goods)는 '디지털화될 수 있는 모든 것'으로 정의할 수 있다.[1] 즉 정보가 실제로 디지털화되어 있는지 여부가 아니라, 디지털화될 수 있

---

1 디지털 제품은 디지털 형태로 존재하는 무형 상품이다. 예를 들면 다음과 같다.
  (1) 정보 및 엔터테인먼트 제품
    • 종이 기반 정보 제품: 신문, 잡지, 저널, 서적
    • 제품 정보: 제품 사양, 사용자 설명서, 영업 교육 매뉴얼
    • 그래픽: 사진, 엽서, 달력, 지도, 포스터
    • 오디오: 녹음, 연설
    • 비디오: 영화, TV 프로그램
  (2) 기호, 토큰 및 개념
    • 티켓 및 예약: 항공사, 호텔, 콘서트, 스포츠 이벤트
    • 금융상품: 수표, 전자화폐, 신용카드, 증권
  (3) 프로세스 및 서비스
    • 정부 서비스: 양식, 복지 지급
    • 전자 메시지: 편지, 팩스, 전화 통화
    • 비즈니스 가치 창출 프로세스: 주문, 부기, 재고 관리, 계약

는지 여부로서 디지털재를 정의한다. 따라서 디지털재는 기존의 책, 신문, 영화, 음악 테이프, TV 프로그램 및 이들을 컴퓨터가 읽을 수 있는 형태로 디지털화한 것 등을 포함한다.

디지털재는 개념적으로 내용을 구성하는 부분과 내용을 담는 부분으로 구분할 수 있다. 엄밀한 의미에서 디지털(지식)재는 무형의 지식과 정보 요소들로 구성된 하나의 콘텐츠다. 이러한 지식정보재는 인쇄 활자, 음성, 디지털 파일 등의 형태로 표현될 수 있으며, 이렇게 디지털(지식)재라는 무형의 재화를 담는 용기를 지식정보 그릇(knowledge & information carrier)이라 할 수 있다.

(2) 디지털재의 분류

1) 지식기반재 분류

지식기반재(knowledge-based goods)에는 지식재뿐만 아니라 다음과 같은 재화들도 폭넓게 포함된다(Choi and Whinston, 2000).

첫째, 지식재(knowledge goods)는 디지털재와 동일한 개념으로 '디지털화될 수 있는 모든 것'으로 정의된다. 둘째, 디지털화된 공정(digitized processes)을 포함한다. 이에는 인간이 행하는 작업을 디지털화한 것과 정보 검색 엔진, 원격 교육 소프트웨어, 자동 경매 시스템 등이 해당되며, 그 밖에도 많은 전문적인 서비스들이 소프트웨어 에이전트에 의해 대체될 가능성이 있다. 셋째, 디지털화된 물질재(digitized physical goods)를 포함한다. 이에는 비행기표, 음악회표와 스미소니언 온라인(Smithsonian Online)과 같은 온라인 미술관, 그리고 virtual flowers, e-크리스마스 카드 등을 포괄한다. 넷째, 지식 요소가 가미된 물질재 및 서비스(knowledge-enhanced physical goods and services)도 포함한다. 예를 들면 현재 자동차는 투입 가치의 70% 이상이 정보와 지식의 투입이다.

2) 디지털재의 분류

디지털 제품을 분류하는 데 사용할 수 있는 첫 번째 기준은 전달 양식에 따른 분류이다. 뉴스 정보 등 일일 업데이트를 통해 한 번에 다운로드하거나

- 경매 및 전자 시장
- 원격 교육, 원격 의료 및 기타 대화형 서비스
- 사이버 카페 및 대화형 엔터테인먼트

단편적으로 다운로드하는 제품을 배달형(delivered)이라고 할 수 있고, 반대로 상호작용형(interactive)은 원격 진단, 인터랙티브 게임, 텔레교육 등의 제품이나 서비스다. 정보 전송 및 회신 수신에 의해 수행되는 검색 요청 등 서버와 고객 간의 간단한 통신은 일반적으로 대화형으로 정의된다. 그러나 이 정의에서는 모든 양방향 통신이 상호작용한다. 주문형 비디오는 상호작용 서비스로 간주되며, 시청자들이 다른 줄거리와 엔딩을 선택할 수 있게 해주는 영화를 인터랙티브 영화라고 한다.

현재 인터넷에 있는 대부분의 디지털 제품들은 상호작용하지 않고 전달된다. 책, 저널, 신문 및 잡지를 포함한 모든 인쇄 매체의 데이터베이스와 전자 버전과 같은 정보 제품이 오늘날의 인터넷 상거래에서 상업적 제공물을 지배하고 있으며 대부분은 전달된다. 웹 브라우징도 제공된 제품이다. 웹 브라우징은 다른 사용자나 프로세스와의 지속적인 연결이나 실시간 조정이 필요하지 않은 파일의 순차 전송에 따라 달라진다.

상호작용성에 대한 전통적인 정의는 종종 검색 활동을 포함한다. 예를 들어 월드와이드웹 서버에 제출되고 처리되는 양식과 문의는 종종 대화형 웹 서버로 간주된다. 그러나 검색, 카탈로그 및 디렉토리 서비스는 대규모 데이터베이스가 있는 구독 서비스와 동등하다고 간주할 수 있으며, 그중 일부는 구매자가 액세스한다. 따라서 검색은 대화형 제품이 아니라 배달된다.

두 번째 분류 기준은 적시성(timeliness)이다. 시간 의존형(time-dependent)은 빠르게 가치를 잃으며, 이는 허가 없이 재판매 또는 유통을 위해 제품을 제공하는 데 방해가 될 수 있다. 적시성은 뉴스, 주식 시세 및 신속한 의사결정에 필요한 기타 정보에 매우 중요하다. 이러한 제품의 적시의 가치는 정기적인 업데이트를 통해 유지될 수 있으며 판매자가 어느 정도 통제할 수 있는 구독 상품으로 판매될 수 있다. 주식 시세, 정부가 발행한 경제 자료 등이 그 예이다. 시간에 의존하는 제품은 구식이 되면 쓸모없게 된다.

그러나 인위적으로 생성된 시간 의존성은 유용할 수 있다. 예를 들어 시간 독립적(time-independent)이고 내구성이 강한 상품을 비내구성 상품으로 전환할 수 있다. 디지털 제품의 파괴 불가능성을 고려할 때, 이것은 기업들이 마케팅에서 이용할 수 있는 가장 중요한 측면이다. 예를 들어 이용자는 리조트 타

운에 대한 정보를 제공하는 웹 페이지를 한 번 방문할 수 있다. 재방문을 유도하려면 웹 페이지의 내용을 주기적으로 업데이트해야 한다. 이와 관련하여 업데이트는 오래된 제품을 더 이상 사용하지 않게 하고 새로운 마케팅 기회를 열기 위한 임의의 수단이다. 디지털 제품이 시간에 구애받지 않는 경우 판매자는 이러한 전략을 사용하여 시간 의존적인 제품으로 전환하는 경향이 있다.

시간 의존성은 마케터들에게 유리할 수도 있고 그렇지 않을 수도 있다. 시간 의존형 제품은 빠르게 가치를 잃기 때문에 마케팅의 창구는 제한적이다. 그러나 시간 의존성은 복제 및 재판매를 저해하고, 과거의 판매량과 경쟁하는 내구재의 문제를 방지한다.

소비자 재판매는 문제가 되지 않을 때, 제품을 시간 독립적인 상태로 만들면 더 가치 있는 제품이 될 수 있다. 대형 데이터베이스, 아카이브 및 참조에 정보를 끼워 넣으면 시간 의존도를 줄일 수 있다. 내구재 문제가 발생하면 판매자는 시간 의존도를 높인다. 컴퓨터 프로그램과 게임을 포함한 소프트웨어는 일반적으로 시간 독립적이다. 여기서 소프트웨어 공급업체는 앞에서 설명한 것처럼 업데이트를 자주 하여 사람들에게 새 제품을 구매하도록 강요한다.

제품 범주를 구별하는 세 번째 기준은 이용 빈도이다. 이러한 측면에서 단일 사용 제품은 기존의 비내구성 상품과 유사하며, 다중 사용 제품은 내구재와 상관관계가 있을 수 있다. 기존의 내구재와 마찬가지로, 소비자들은 시간이 지남에 따라 다중 사용 제품으로 이득을 얻는 반면, 단일 사용 제품은 한 번만 사용된다. 단일 사용 제품의 예로는 한 번 의도한 목적에 부합하면 더 이상 필요하지 않은 검색 결과가 있다. 대조적으로, 소프트웨어 프로그램과 대부분의 게임들은 반복적으로 사용될 수 있다.

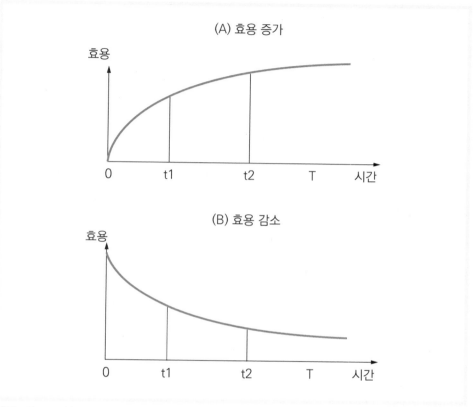

<그림 1> 이용 빈도에 따른 효용의 변화

(A) 효용 증가

효용

0   t1   t2   T   시간

(B) 효용 감소

효용

0   t1   t2   T   시간

자료: Choi, Stahl & Whinston, 2003.

　　정의에 따르면, 다중 사용 제품의 총가치는 값이 축적되기 때문에 사용에 따라 증가해야 한다. 하지만 그것의 성장률은 감소하거나, 일정하거나, 증가할 수 있다. <그림 1>에서 A는 소비자의 효용성이 증가하는 예를 보여준다. 예를 들어 소비자는 프로그램에 대해 더 많이 배우고 프로그램의 사용에 더 효율적이 된다. B는 시간 경과에 따라 효용성이 감소하는 제품, 예를 들어 컴퓨터 게임이 사용 후 재미가 없어지는 경우를 묘사하고 있다. 이것들만이 가능성이 아니다. 다른 제품의 효용 주기는 이 두 가지를 조합하여 일정 기간 동안 증가했다가 감소하거나 그 반대일 수 있다. t1부터 t2까지 제품의 총효용 또는 값은 그림 아래의 영역이다.

2. 디지털(지식)재의 특성

(1) 재생 가능성(reproductivity)

새로운 지식의 첫 번째 사본은 생산비용이 많이 들지만, 두 번째 단위 이후의 생산에는 거의 비용이 들지 않는(almost zero reproduction costs) 특징을 가지고 있다. 무한 신장성(infinite expansibility) 또는 자유 복제 가능성(possibility of free replication)이라고도 표현된다.

첫 번째 단위를 생산하기 위한 고정비용(fixed setup cost), 즉 개발비용(de-velopment cost) 또는 표현비용(cost of expression)은 매우 크다. 이 고정비용은 회수할 수 없는 매몰비용(sunk cost)이다. 두 번째 이후의 단위를 생산하기 위한 가변비용(variable cost), 즉 재생산비용(cost of reproduction)은 거의 없다. 즉 한계비용(marginal cost)이 0에 가깝게 된다. 예를 들면 할리우드 영화, 컴퓨터 소프트웨어 등을 들 수 있다. 이러한 특징 때문에 디지털(지식)재의 경우 규모의 경제(economies of scale)가 존재한다. 즉 생산량이 증가할수록 평균비용이 감소한다.

디지털재의 비용 구조는 아래의 수식으로 나타낼 수 있다.

$$TC(q) = F + cq$$
$$AC(q) = F/q + c$$
$$MC(q) = c = 0$$

여기에서 c는 한계비용, F는 고정비용, q는 수량을 나타내며, TC는 총비용, AC는 평균비용, MC는 한계비용을 나타낸다.

<그림 2>는 지식 집약적인 상품을 생산하는 기업에 대한 일련의 비용 곡선을 보여준다. 숫자는 가상이며, 한계비용에 비해 첫 번째 복사비용의 실제 크기를 과소평가한다. 그래도 수직축이 축척에 그려지지 않아 그림을 읽을 수 있다.

예를 들면 마이클 잭슨(Michael Jackson)의 스릴러(Thriller) 음반은 역사상 가장 많이 팔린 음반이다. 1982년에 생산하는 데 75만 달러가 들었다. 추가 복사본을 만드는 데 드는 한계비용은 CD 한 장에 1달러 미만이며 다운로드라면

거의 없다. CD 한 장은 약 10달러에 팔리고, 다운로드는 같은 금액에 팔린다. 새로운 밴드에 의한 적당한 제작의 첫 번째 복사 비용은 적어도 9만 달러가 될 것이며, 한계비용은 CD 한 장당 약 1달러, 다운로드에는 0달러가 될 것이다.

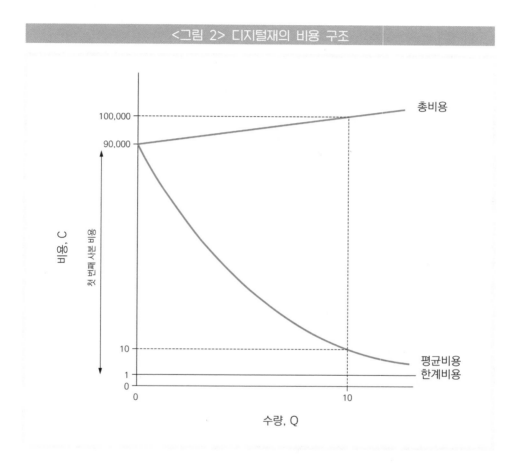

<그림 2> 디지털재의 비용 구조

(2) 비경합성과 비배제성

지식이나 정보와 같은 디지털재의 경우 지식이나 정보의 소유자가 이 지식 및 정보를 다른 사람에게 판매 또는 증여의 형식으로 전달하여도 원래 지식 및 정보의 소유자가 소유하고 있는 지식 및 정보의 양과 질이 손상되지 않는다. 즉 디지털재는 내재적으로 비경합적인 특징과 함께 비배제적인 특징을 지니고 있다. 공공재(public goods) 역시 그 특성상 비경합성(non-rivalry)과 비배제성(non－excludability)을 가지는 재화다.

　여기서 비경합성은 어떤 한 사람에 의한 재화의 소비 또는 사용이 다른 사람에 의한 동일한 재화의 소비 또는 사용에 부정적으로 작용하지 않는다는 것을 의미한다. 비배제성은 어떤 한 사람에 의한 재화의 소비 또는 사용이 다른 사람에 의한 동일한 재화의 소비 또는 사용을 배제하지 않는다는 것을 의미한다. 비경합성은 재화의 성격에 기인하는 바가 큰 반면에 비배제성은 부분적으로 법적, 제도적인 제한에 의해서도 결정되고 있다.

<표 1> 재화의 비경합성과 비배제성

	경합적	비경합적
배제적	사유재(private goods) (빵, 휴대전화) * 막히는 유료 도로	클럽재(club goods) (케이블 TV, 공항) * 막히지 않는 유료 도로
비배제적	공유자원(common resources) (바닷속 물고기) * 막히는 무료 도로	공공재(public goods) (국방, 무료 공원) * 막히지 않는 무료 도로

1) 사유재(private goods)는 경합성과 배재성 모두 높은 경우에 해당한다. 고전적인 경제학의 원리(시장 원리)가 그대로 통용되는 재화들이라고 볼 수 있다.

2) 클럽재(club goods)는 구매하지 않으면 사용할 수 없으니 배제성은 있지만, 해당 재화를 소비한다고 해서 다른 사람이 소비하는 데 지장을 주지 않기 때문에 경합성은 없다.

3) 공유자원(common resources) 내지 공유재(common goods)는 해양의 어족 자원이나 천연자원 등과 같은 재화들로 구매하지 않아도 사용할 수 있으니 배제성은 없지만, 소비에 있어서 경합성은 있는 재화들이다.

4) 공공재(public goods)는 비경합성과 배제 불가능성을 모두 갖는 재화를 말하며 국방이나 치안 등이 여기에 해당한다.

일반적인 재화는 교환 과정(exchange process)에 의해 거래된다. 그러나 지식이나 정보 같은 디지털재는 확산 과정(diffusion process)을 통해 거래되는 특성이 있다.

디지털재는 비경합적이지만 특허 등 지적재산권에 의해서 한시적으로 배제적이어서 클럽재적인 특성을 가지게도 된다. 이 경우에 디지털재의 비경합성, 비배제성, 재생 가능성으로 인해서 지식 및 정보재의 무단복제(unauthorized reproduction) 문제가 발생한다.

(3) 파괴 불가능성(indestructibility)

디지털(지식)재는 한 번 생산하면 영구적으로 존재한다(no wear and tear). 즉 디지털(지식)재는 내구재(durable goods)적인 성질을 가지고 있다. 일반적인 내구재의 경우 두 가지 특성을 지닌다. 첫째, 여러 번 반복적으로 이용할 수 있다는 점이고, 둘째, 오랜 기간 동안 소멸되지 않는다는 점이다. 디지털(지식)재의 경우 닳아 없어지지 않는다는 점에서 영원히 소멸되지 않는 가장 극단적인 내구재라 할 수 있으나, 이용 빈도에서는 디지털(지식)재의 종류에 따라 한 번만 이용하는 디지털(지식)재도 있을 수 있다.

1) 코즈의 추정

내구재의 경우 코즈의 추정(Coase conjecture)이 성립한다. 일반 독점 생산자의 경우 독점 가격 책정으로 독점 이윤 달성이 가능하다. 그러나 내구재의 독점 생산자는 자신의 과거 판매 제품과 경쟁하여야 하는 상황에 직면한다. 예를 들면 영원히 쓸 수 있는 망치를 판매한다고 할 때, 판매량이 늘수록 시장 규모는 점점 작아질 것이다. 이 경우 소비자들은 가격이 궁극적으로 하락할 것으로 기대하기 때문에, 독점 생산자는 독점 가격 수준에서 가격을 책정하지 못하고 처음부터 완전경쟁시장 가격 수준으로 가격을 책정할 수밖에 없다. 따라서 궁극적으로 판매량 성장률은 인구성장률과 일치할 것이다.

<그림 3>에서 내구재 독점 공급자는 상품의 Qm 단위(정적인 이익 극대화 금액)를 판매한 경우 항상 추가 단위(가격은 한계비용을 초과함)를 판매할 동기를 갖는다. 추가 판매는 추가 이익을 가져올 것이다. 추가 매물로 인해 이전에 소비자에게 판매된 상품의 가치가 낮아지는 것은 사실이지만, 손실은 독점자가

아닌 소비자가 부담한다. 추가 단위를 시장에 투입하는 동기는 가격이 한계비용과 동일할 때까지 계속 존재한다(코즈의 추정).

소비자들은 독점자에 의한 생산량 확대를 위한 동기를 예측할 수 있다. 따라서 그들은 독점 가격을 지불하려 하지 않는다. 극단적으로, 독점자는 경쟁적인 생산량을 팔 것이기 때문에, 소비자들은 경쟁적인 가격만을 지불할 용의가 있다. 결국 독점으로 최대한 많은 이익을 챙기려는 동기가 그의 이익을 떨어뜨릴 것이다.

이와 같이 코즈의 추정은 내구재 독점자들이 미래 기간에 가격을 낮추지 않기로 약속할 수 없기 때문에 시장 지배력을 가지고 있지 않다는 비공식적인 주장을 말한다(Coase, 1972).

<그림 3> 코즈의 추정: 내구재 독점 생산자의 가격 결정

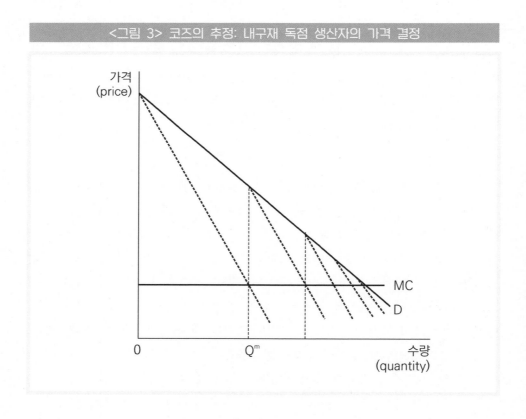

판매자들은 이러한 한계를 극복하기 위해 다양한 판매 전략을 선택하고 있다. 예를 들면 계획적 퇴화(planned obsolescence), 즉 잦은 업그레이드와 라이

선스(license) 및 대여 등으로 재화의 내구적 특성을 약화시키는 전략이다.

계획적 퇴화, 즉 빈번한 업그레이드는 소프트웨어의 이전 버전을 더 이상 사용하지 않게 만들어 판매자가 동일한 구매자에게 내구재를 계속 판매할 수 있게 한다(Waldman,1993). 업그레이드 버전은 새롭고 보다 효율적인 기능을 도입하는 데 사용될 수 있지만 업그레이드의 기본 이익 동기는 종종 비효율성을 증가시킨다. 소프트웨어 제조업체는 새 제품을 이전 제품과 충분히 차별화하기 위해 사용자 인터페이스를 변경하여 사용자가 소프트웨어를 다시 학습해야 하므로 낭비가 발생하는 경우가 많다. 그리고 경우에 따라서는 새 버전이 이전 버전보다 품질이 우수한지 분명하지 않다. 몇 년간의 업그레이드 이후 일부 컴퓨터 프로그램들은 크기가 과장되고 불필요하고 쓸모없는 기능들로 복잡해진다.

라이선스는 판매를 계속하는 또 다른 방법이다. 내구재 대신 대여를 통해 소비자는 각 기간의 사용료를 물게 되는데, 이는 판매자를 위한 시장이 계속 존재하게 한다. 대여를 할 때 소비자들은 향후 판매와 가격에 대한 기대감에 영향을 받지 않으며, 회사는 향후 추가 생산이나 가격 인하를 위한 인센티브가 없다. 그러므로 라이선스 소프트웨어는 빈번한 업데이트의 관행과 같은 이윤 극대화에 동일한 목표를 달성할 것이다.

(4) 변환 용이성(transmutability)

디지털재는 수정 또는 보완하기가 매우 편리한 특성을 지닌다. 즉 디지털 제품의 콘텐츠는 쉽게 바뀔 수 있다. 디지털재는 극도로 맞춤화되어 있고, 실제로 끊임없이 변화하고 있는 것처럼 보인다. 비록 대부분의 무료 인터넷 문서는 수정되지 않은 사본에 대해서만 배포를 허용한다고 명시하고 있지만, 1과 0으로 구성된 세계에서 이것은 사실상 시행이 불가능한 규정이다. 따라서 이러한 특성에 의해 생산자들은 제품의 무결성에 대한 통제력을 상실한다.

변환 용이성이 갖는 전략적 함의는 생산자들이 콘텐츠의 무결성을 보호하려고 하기보다는, 제품을 차별화하고 나아가 소비자 개개인에 맞추어 판매하는 주문품화를 추구할 필요가 있다는 것이다.

(5) 경험재(experience goods)

디지털재는 경험재로서의 속성을 가진다. 즉 투명성(transparency)이 없어서 실제로 사용하기 전에는 그 가치를 판단하기가 어렵다. 만약 소비자들이 재화의 가치를 평가하기 위해서 그것을 경험해보아야만 한다면, 그 재화를 경험재(experience good)라고 한다. 사실 신제품은 어떤 것이고 간에 경험재이기 때문에 마케팅 담당자들은 신제품을 소비자들이 쉽게 경험할 수 있도록 무료 샘플 배포, 가격 할인, 증명서 첨부 등의 전략들을 시행한다.

그러나 디지털재는 그것이 소비되는 매회마다 경험재이다. 예를 들면 비슷한 종류의 정보 서비스를 제공하는 어떤 인터넷 유료 사이트들을 접속하고 소비하는 데 회비가 매달 2만 원이라면, 우리가 어떻게 이 사이트들의 사용 가치가 2만 원이라고 알 수 있을까? 일반적으로 이 사이트들의 서비스 내용은 수시로 달라질 수 있기 때문에 이 사이트들에 대한 이번 달의 소비 경험에 의한 가치 판단이 지속적으로 유효할 수도 없다.

이러한 경험재의 속성을 가지는 디지털재를 생산하여 판매하는 사업자들은 경험재에 대한 소비자들의 소비 저항을 극복하기 위해 나름대로의 판매 전략들을 개발하여 소비자들에게 적용하고 있다. 예를 들면 디지털재를 전부 공개해버리면 디지털재의 생산자가 수입을 얻을 수 없게 되기 때문에 재화의 일부분에 대하여 맛보기(previews)의 기회를 주는 것이다. 즉 소비자들은 가판대에서 신문들의 표제를 볼 수 있고, 라디오에서 대중음악을 들을 수 있으며, 영화 전개의 일부분을 미리 보기로 볼 수 있다.

그러나 대부분의 디지털재 생산 및 판매업자들은 상표(brand)와 평판(reputation, reviews)을 통해 이러한 경험재 문제를 극복한다. 예를 들면 특정 신문사가 과거 경험을 통해 높은 평판을 가지고 있다면, 소비자들은 타 신문사의 온라인판보다 이 신문사가 제공하는 온라인 신문을 많이 볼 것이라고 예상할 수 있다. 즉 이 신문사는 그들의 오프라인판이 가지고 있는 이미지나 명성을 온라인판으로 상대적으로 쉽게 확장할 수 있다. 디지털재의 경험재적 속성을 극복하기 위해서 맛보기, 반복 거래(repeat dealing), 평판 등의 중요성이 커지고 있다.

참고문헌

Choi, S,−Y. and A. Whinston, 2000, The Internet Economy: Technology and Practice, Smartecon.Com.

Choi, S.−Y., D. Stahl and A. Whinston, 2003, *The Economics of Electronic Commerce*, New Riders Pub.

Coase, R. H., 1972, "Durability and Monopoly", *Journal of Law and Economics*, 15(1), 143-49.

Waldman, M., 1993, "A New Perspective on Planned Obsolescence", *The Quarterly Journal of Economics*, 108(1), 273−283.

디지털경제의 기본 원리

디지털경제는 인터넷과 같은 네트워크를 통해 연결된다. 이에 따라 네트워크 외부성이 디지털경제를 이해하는 데 가장 중요한 경제 원리가 되고 있다. 네트워크 효과가 있을 때에는 티핑(tipping)과 잠김(lock-in)이 주요 쟁점으로 등장하게 된다. 긍정적인 피드백(positive feedback) 때문에 어느 한 기업으로 급속히 수요가 몰리는 현상이 일어난다. 이 경우에 초기 진입자 우위(first-mover advantage)가 발생할 가능성이 매우 커진다.

또한 네트워크 외부성이 존재하는 상황에서는 호환성(compatibility) 및 표준화(standardization)가 중요하다. 이는 경쟁에서 우위를 차지하는 것과 연결된다. 디지털경제하의 정보기술에 근거한 제품들은 대부분 시스템들로 구성되어 있고, 하나의 시스템에서 다른 시스템으로 전환할 때에는 막대한 전환비용(switching cost)이 발생한다.

여기서는 디지털경제를 이해하는 데 중요한 네트워크 외부성에 대해서 분석하고, 이어서 초기 진입자 우위, 수요의 임계량과 표준, 시스템 경쟁 원리를 고찰한 후에 고착화와 전환비용에 대하여 분석한다.

1. 네트워크 외부성(network externalities)

디지털경제하에 많은 정보기술들은 상호 호환성(compatibility)을 확보함으로써 더 많은 편익을 얻을 수 있다. 다른 조건들이 모두 같을 때, 소비자들은 더 많은 사람들이 사용하는 호환성이 높은 기술을 선호한다. 예를 들면 개인용 컴퓨터인 애플 컴퓨터와 IBM 호환 컴퓨터의 경쟁에서 많은 사람들이 더 높은 호환성을 가지는 IBM 호환 컴퓨터를 선호하였으며, 결과적으로 IBM 호환 컴퓨터가 높은 시장점유율을 차지하였다.

이와 같이 어느 소비자가 특정 제품을 사용함으로써 획득하는 효용은 이 제품과 호환적인 제품을 사용하는 소비자들이 많을수록 증가하게 되는데, 이를 네트워크 외부성(network externalities)이라고 한다. 즉 이러한 제품들은 사용자들이 많아지면 공급자의 추가적인 노력 없이 제품의 가치가 증가하는 외부성이 존재한다(Shapiro and Varian, 1999). 결국 사용자가 많은 제품은 더 많은 수요를 창출하고, 사용자가 적은 제품은 더 이상 수요를 창출하지 못하고 시장에서 사라지게 된다.

디지털경제는 세계의 경제 주체들이 인터넷과 같은 세계적인 정보 네트워크를 통해 연결됨으로써 형성되고 발전되어가고 있다. 따라서 네트워크 외부성은 디지털경제를 이해하는 데 가장 중요한 경제 원리가 되고 있다. 네트워크 외부성은 어떤 재화들이 서로 연결되어 있을 때 그 재화로부터 얻을 수 있는 효용이 변화하는 것을 의미한다.

네트워크 외부성이 존재할 경우 어떤 재화가 시장에서 성공하기 위해서는 기술적인 우위뿐만 아니라 초기부터 자신의 네트워크를 크게 키워나가는 것이 중요하다. 또한 네트워크 외부성이 존재하는 상황에서는 호환성 및 표준화의 개념 역시 중요하다. 호환성이 있게 되면 다른 시스템과 부품, 소프트웨어 등의 상호 교환이 가능해지기 때문에 규모의 경제와 학습효과 등을 극대화할 수 있으며, 시장에서의 표준을 획득하는 것은 자신의 네크워크 크기를 증가시킬 수 있다는 것을 의미하기 때문에 경쟁에서 우위를 차지하는 것과 연결된다.

네트워크 효과는 특정 제품 및 이와 호환적인 제품들의 사용자가 증가할수록 동 제품을 사용함으로써 얻게 되는 효용이 증가하는 현상을 말한다. 직접 네트워크 효과(direct network effect)는 동일한 제품을 사용하는 사람의 수가 증가할수록 각 소비자의 효용이 증가하는 경우를 말한다. 예를 들면 전화 네트워크, 팩스 네트워크, 한글 사용자 네트워크 등을 들 수 있다. 간접 네트워크 효과(indirect network effect)는 어떤 제품의 사용자가 증가할수록 이 제품의 보완재가 보다 용이하게 제공되거나 또는 그 가격이 하락함으로써 각 소비자의 효용이 증가하는 경우를 말한다. 예를 들면 윈도우 사용자 네트워크가 커짐으로써 윈도우용 응용 프로그램들이 보다 많이 그리고 보다 싼 가격으로 제공되는 점이다. 이에 따라 사용자가 많은 제품은 더 많은 수요를 창출하고, 사용자가 적은 제품은 더 이상 수요를 창출하지 못하고 시장에서 사라지게 된다.

네트워크 효과가 있을 때에는 티핑과 잠김이 주요 쟁점으로 등장하게 된다. 긍정적인 피드백 때문에 티핑(어느 한 기업으로 급속히 수요가 몰리는 현상)이 일어난다. 열등한 제품으로의 잠금이 일어날 수 있고, 이에 따라 시장의 초기 진입이 중요해진다.

네트워크 외부성이 존재하는 상황에서는 호환성(compatibility) 및 표준화(standardization)가 중요하며, 이들이 혁신에 미치는 영향이 중요하다. 호환성이 있으면 다른 시스템과 부품, 소프트웨어 등의 상호 교환이 가능해지기 때문에 규모의 경제, 학습효과 등을 극대화할 수 있게 된다. 시장에서 표준을 획득하는 것은 자신의 네트워크 크기를 증가시킬 수 있다는 것을 의미하기 때문에 경쟁에서 우위를 점하는 것과 연결된다.

(1) 네트워크 외부성과 시장 구조

네트워크 외부성이 없는 일반 재화의 경우 수요곡선이 우하향하지만, 네트워크 외부성이 있을 경우 우상향할 수도 있다(<그림 1> 참조). 이러한 시장

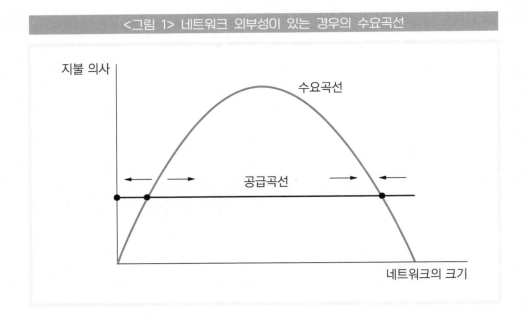

<그림 1> 네트워크 외부성이 있는 경우의 수요곡선

에서는 비용이 하락할 경우 판매량이 수요곡선을 따라 점진적으로 증가하는 것이 아니라, 갑자기 불연속적으로 증가하는 현상을 관찰할 수 있다. 네트워크 외부성이 있는 경우에는 같은 제품을 구매하는 소비자의 수가 증가할수록 모든 소비자의 효용이 커진다. 따라서 q가 커지면서 한계소비자의 지불의사금액(Willingness to pay, WTP)이 커지면서 수요곡선이 우상향하게 된다(Varian, 2014).

여기서 수요곡선은 역U자 곡선으로, 공급곡선은 수평선으로 주어진다.

1) 완전경쟁(perfect competition)

완전경쟁시장에서는 가격 P가 한계비용 MC와 일치하는 곳에서 완전 탄력적인 공급이 이루어진다. 수요곡선과 공급곡선을 같이 그리면,

- 만약 MC1이면, q = 0
- 만약 MC2이면, q = q*
- 만약 MC3이면, q = q3

여기에서 q*가 임계집단규모(critical mass)가 된다(<그림 2> 참조). 임계집단규모는 균형에서 지지할 수 있는 최소 네트워크 규모를 말한다.

<그림 2> 네트워크 외부성과 완전경쟁시장

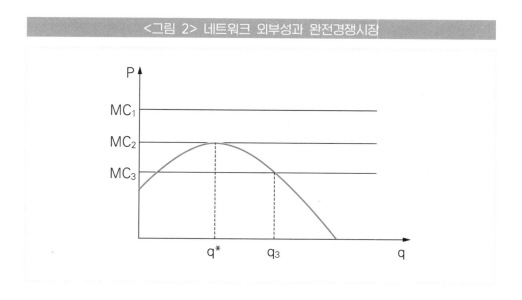

그러나 네트워크 외부성이 존재하는 경우에는 완전경쟁시장에서의 균형은 사회적으로 가장 효율적인 결과가 아니다. 네트워크 외부성으로 인해서 각 기업은 자신이 창출하는 모든 편익을 내부화하지 못한다. 그러므로 네트워크 외부성으로 인해서 사회적 한계편익곡선(social marginal benefit curve)이 수요곡선보다 높게 나타나게 된다. 그 결과 네트워크 외부성이 존재하는 경우에는 q^S가 사회적으로 가장 바람직한 산출량이 된다(<그림 3> 참조).

<그림 3> 네트워크 외부성과 사회적 한계편익곡선

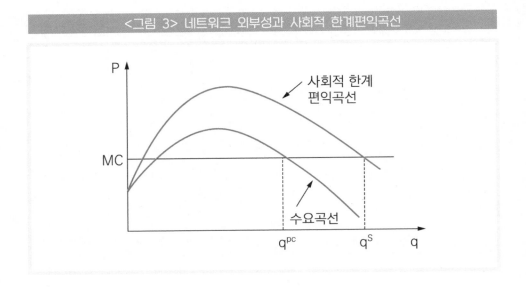

2) 독점(monopoly)

독점시장의 경우는 시장 규모가 완전경쟁에서 보다 더 작아진다. 독점의 경우 이윤극대화조건(MR＝MC)이 충족되는 q^M에서 균형을 이룬다. 이는 완전경쟁에서의 균형 산출량인 q^{PC}보다 더 작게 나타난다(<그림 4> 참조). 네트워크 외부성은 독점을 정당화하지 못한다. 네트워크 효과가 있을 때 독점의 가능성이 크지만 독점이 바람직한 것은 아니다.

네트워크 외부성과 시장구조의 분석에서 살펴본 바와 같이 시장 규모의 크기는 $q^M < q^{PC} < q^s$와 같이 나타나고 있다. 네트워크 외부성이 존재하는 경우에는 q^s가 사회적으로 가장 바람직한 시장 규모가 된다.

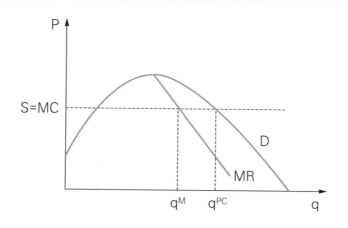

3) 네트워크 외부성과 시장 표준화

네트워크 외부성이 관심을 끄는 이유 중의 하나는 네트워크 외부성이 있을 경우 시장이 몇 가지 대안 중에서 열등한 대안을 선택하는 가능성이 있다는 점이다. 예를 들면 자판에서의 QWERTY 표준과 DVORAK 표준에서 QWERTY 표준, VCR 시장에서의 VHS와 베타맥스(Betamax)의 경쟁에서 VHS 방식, 개인용 컴퓨터 시장에서 IBM PC와 매킨토시(Macintosh)의 경쟁에서 IBM PC가 열등한 대안임에도 시장의 표준이 되었다. 이 경우 소비자들은 전환비용(switching cost)에 의한 잠금으로 인해서 열등한 대안, 즉 열등한 네트워크에 고착된다. 그 결과 사회적으로 비효율적인 결과를 초래한다.

소프트웨어 산업에 대한 리보위츠와 마르골리스(Liebowitz and Margolis, 1995)의 실증 분석에 따르면 소프트웨어 산업은 생산 측면에서의 규모의 경제, 네트워크 효과 및 순간 조정성(instant scalability)이 만족된다고 볼 수 있으므로 독점의 가능성이 크다. 그러나 열등한 제품으로의 잠금은 존재하지 않고 우수한 제품이 시장점유율을 확대한다는 결론을 얻는다. 이러한 연구 성과를 고려할 때, 네트워크 효과 및 잠금이론은 과장 포장된 이론일 수 있다. 장기적으로는 시장 선점보다는 우수한 제품의 개발이 성공의 관건이 된다고 하겠다.

(2) 디지털 네트워크와 양측 매칭 시장

양측 매칭 시장이라는 용어에 따르면 시장의 양쪽에 있는 사람들은 서로 다른 쪽에서 그들과 어울리는 사람들을 배려한다. 예를 들어 사람들이 '결혼 시장'에 대해 말할 때 염두에 두고 있는 것이 바로 이것이다. 우리 대부분은 식료품 시장에서 우유 한 상자를 얻는 방식으로 결혼하지 않는다. 결혼 시장은 배우자에게서 가장 바람직한 성격의 조합을 가진 사람과 결혼하는 것이다. 이와 같은 시장을 매칭 시장 또는 양면 시장이라고 한다.

1995년 소비자 대 소비자 무역업자 이베이(eBay)의 출범을 시작으로, 두 그룹의 개인을 연결하는 온라인 플랫폼이 확산했다. 이러한 플랫폼은 참가자들이 함께 네트워크화함으로써 이익을 얻을 수 있는 범용기술을 구성하고 있으며, 양면 시장의 사례도 마찬가지이다.

단기 객실 전세를 찾는 여행객과 거주하지 않는 집을 마련하여 돈을 벌려는 주인을 연결하는 서비스 에어비앤비(Airbnb)도 그 예이다. 에어비앤비는 객실 탐색자 그룹을 객실을 임대료로 내놓으려는 객실 소유주 그룹과 연결하는 플랫폼이다.

이러한 매칭 플랫폼은 현재 가능한 네트워크 연결의 크기 때문에 경제학에서 중요한 주제가 되었다. 그러나 이 규모의 연결은 현재 기술적으로 실현 가능하지만, 양측 참가자들에게서 이익을 창출한다 하더라도 양면 시장을 안정적으로 창출할 수 있는 메커니즘은 없다.

초기 단계에서 플랫폼, 시장 또는 사람들을 연결하는 것이 무엇이든 간에 이러한 시장은 닭과 달걀 문제에 직면한다. 에어비앤비를 생각해보자. 에어비앤비는 각각의 거래에서 수수료를 부과함으로써 돈을 번다. 임대할 객실이 없으면 에어비앤비는 돈을 벌 수 없기 때문에 애초에 플랫폼을 만들 유인이 없을 것이다.

1) 양면 매칭 시장 모델(A model of two-sided matching market)[1]

경제학에서는 에어비앤비의 웹페이지에 접속하여 객실을 찾고, 그 위에 자신의 객실을 게시하는 이 두 가지 활동을 전략적 보완이라고 부른다. 이 용

---

1 The CORE team, 2017.

어는 첫 번째(추구)가 많이 발생할수록 두 번째(게시)를 수행하는 사람에게 더 많은 이익이 발생함을 의미하며, 또한 더 많은 게시물이 있을수록 더 많은 이익을 추구한다는 것을 의미한다. 이는 새로운 기술혁신의 전형적인 네트워크 외부성과 밀접한 관련이 있다. 그러나 이 경우 외부적 이익은 플랫폼 내부 이용 인원보다 플랫폼에 있는 반대 그룹의 구성원 수에 따라 달라진다.

<그림 5>는 닭과 달걀 문제를 보여준다. 에어비앤비에 게시된 아파트 수부터 시작해보자. 많은 객실 탐색자들이 이 게시물을 보고 결국 임대할 것으로 보고 객실을 탐색하는 것이다. 에어비앤비 사이트에 접속(추적)하는 사람이 적다면, 자신의 객실을 사이트에 올리는 것이 자신의 노력만큼 가치가 있다고 생각하는 객실 소유자는 거의 없을 것이다.

'게시자(posters)' 곡선은 사이트를 상담하는 객실 모집 인원 한 명당 얼마나 많은 객실이 게시될지를 가상으로 보여준다. 그림에서 알 수 있듯이 500명 이상의 객실을 찾는 자가 사이트에 가지 않는 한, 임대차 계약을 위해 집을 올리는 객실 소유자는 없다. 이것을 보려면 '게시자'라는 레이블이 붙은 곡선이 수평축을 가로지르는 곳을 보자. 이 사이트를 보는 탐색자('객실 수요자')가 500명을 넘어서면서 이들의 정보를 올리는 주인들이 늘어날 것으로 보인다. 하지만 얼마나 많은 사람들이 일시적으로 집을 빌리고 싶어 할지는 한계가 있기 때문에 오른쪽으로 이동할 때 '게시자' 곡선이 평평하게 펴진다.

객실을 임대하려는 사람들도 상황은 비슷하다. 에어비앤비 사이트를 확인하는 사람의 수는 거기에 얼마나 많은 객실이 게시되어 있느냐에 달려 있다. 최소 객실 수 이상(그림에서 200실 이상)만 사이트에 올리면, 어떤 사람들은 그곳에서 객실을 찾을 것이다. '탐색자(seekers)' 곡선은 객실이 많이 게시될수록 사람들이 더 많이 보게 된다는 것을 보여준다.

에어비앤비 시장이 어떻게 작동하는지 보기 위하여 그림에서 Z 점을 생각해보자. Z는 다음과 같은 점에서 상호 일관된 결과이다.

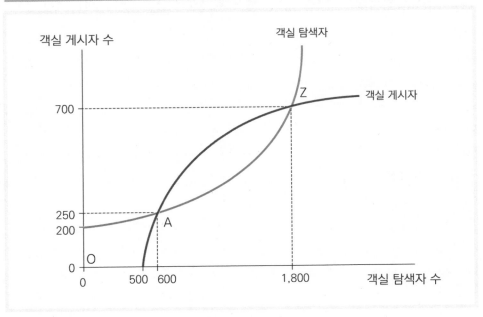

<그림 5> 양면 매칭 시장: 에어비앤비 사례

자료: The CORE team, 2017.

1) 아파트 700여 실이 게시돼 1,800여 명의 탐색자가 몰린다.
2) 1,800여 명의 객실 탐색자가 몰리기 때문에 700여 개의 객실이 게시된다.

이는 게시자와 탐색자의 행동이 Z 지점에서 상호 일관성이 있다는 것을 의미하며, 따라서 Z 지점은 내시 균형이다. 객실 700여 실이 게시되고 1,800여 명의 탐색자가 몰리는 Z 지점에 시장이 있다면 객실 게시자나 탐색자들도 행동을 바꾸려 하지 않을 것이다.

그러나 이러한 상호 일관성 속성을 갖는 두 가지 다른 점이 있다는 점에 유의하자.

① 에어비앤비가 없는 내시 균형이 있다. O 지점에선 아무도 에어비앤비에 객실을 게시하지 않아 아무도 현장을 볼 인센티브가 없고, 아무도 현장을 보고 있지 않기 때문에 누구나 자신의 객실을 게시할 인센티브가 없다. 이것은 닭과 달걀의 문제이다.

② 점 A는 250개의 객실이 게시되고 600명이 객실을 찾는 등 상호 일관된 결과이다. 그러나 이 A점은 지속되지는 않을 것이다.

후자의 경우 어떻게 되는지 보기 위해, 객실 탐색자 수가 예상 외로 600명에서 450명으로 줄었다고 가정하자. 이전에 집을 게시했던 250명의 객실 소유주들에게 최선의 대응은 시장에서 완전히 철수하는 것일 것이다. 객실 게시자가 모두 낙마하면 나머지 450명도 결국 낙마하게 된다. 그래서 블루존(blue zone)에 진입하면 게시자와 탐색자 모두가 시장을 포기하는 '악순환'이 시현되고, 그 결과는 도표에 점 O로 표시된 바와 같이 시장이 전혀 존재하지 않을 것이다.

그러나 점 A에서 조금만 벗어나면 누적 공정이 생성되기 때문에 점 A가 불안정(unstable)하다고 말한다. A 지점과 같은 상황은 때때로 티핑 포인트(tipping point)로 묘사된다.[2]

닭과 달걀 문제를 고려하면, 에어비앤비가 어떻게 존재할 수 있을까? Z 지점은 내시의 균형점인데, 어떻게 시장이 거기까지 갈 수 있었을까?

만약 충분한 수의 신청자(600명 이상)가 어떻게든 그 사이트에 나타났다면 250명 이상의 소유자들이 그들의 객실을 그 사이트에 게시할 것이다. 아니면 만약 300명의 소유주들이 그들의 객실을 게시한다면, 600명 이상의 탐색자들이 에어비앤비 사이트를 확인하려고 할 것이다.

---

2 두 영역 사이의 경계에서 일부 변수의 뚜렷한 움직임으로 특징지어지는 불안정한 균형이다. 변수가 한쪽에서 값을 가져오면 변수는 한 방향으로 이동하고, 다른 쪽에서는 다른 방향으로 이동한다.

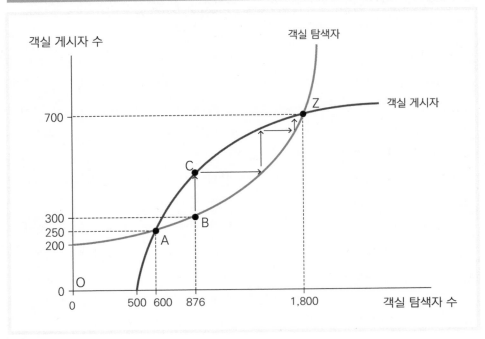

<그림 6> 양면 매칭 시장: 에어비앤비 사례

자료: The CORE team, 2017.

<그림 6>은 이러한 경우 시장 진출 탐색자와 게시자 모두의 선순환이 이루어지고, 둘의 수가 700개의 게시자와 1,800명의 탐색자가 있을 때까지 증가할 것임을 보여준다. 이 그림은 왜 우리가 시장을 전혀 갖지 못하게 되거나, 700개의 게시자와 1,800명의 탐색자들 중 일부와 일치하는 기능하는 시장을 갖게 되는지를 설명해준다. 두 번째가 첫 번째보다 더 바람직하다는 것을 알기 위해서 특정한 거래를 생각해보자. 게시물을 올리고 찾는 모든 사람들이 자발적으로 그렇게 하고 있기 때문에, 그들은 그것을 하는 데 있어서 개인적인 이익이 있어야 한다.

탐색자 중 한 명이 게시자와 짝을 이루면 탐색자와 임대자 모두 이익을 얻는다(그렇지 않으면 그들은 동의하지 않을 것이다). 이는 모든 시장 참여자에게 해당된다. 따라서 시장을 갖는 것이 시장을 갖지 않는 것보다 더 나을 것이다. 이 그림은 또한 우리가 어떻게 해서든지 600명 이상의 탐색자와 250명 이상

의 게시자를 가지고 시작한다면 시장이 존재하고 지속될 수 있다는 것을 보여준다.

2) 매칭 시장에서의 시장 실패

경제 정책 과제는 누군가가 비용을 정당화하기에 충분한 참여자들을 위해 이익을 창출하는 플랫폼을 만들 수 있는 방법을 찾는 것이다. 이것은 인터넷이나 도시와 마을의 물리적 시장에서의 경우와 같이, 공공 부문이 플랫폼을 만드는 역할을 하는 데 따라서 수행되기도 한다. 그러나 많은 경우(예: 에어비앤비, 틴더 및 기타 많은 개인 플랫폼), 양면 시장의 존재는 미래 지향적인 개인이 거대하고 위험한 프로젝트를 시작할 수 있는 아이디어와 자원을 모두 가진 우연한 결과이다(The CORE team, 2017).

예를 들어 에어비앤비 시장의 닭과 달걀 스타트업 문제를 해결하기 위해, 플랫폼의 기원이 최초 250개의 게시자들에게 객실을 게시할 수 있도록 지원해서 아무도 사이트를 상담하지 않을 때에도 웹사이트에 게시할 수 있는 인센티브를 줄 수 있었다. 그러면 추가적인 탐색자들과 게시자들이 시장에 합류하는 선순환을 촉발할 수 있었다.

닭과 달걀 문제를 해결하기 위한 공통 전략은 기업이 한 사용자 그룹에 제로 가격의 낮은 가격을 부과하는 것이고, 그다음에 다른 그룹을 끌어들이는 것이다. 예를 들어 어도비(Adobe)는 PDF 리더를 무료로 다운로드할 수 있게 한다. 많은 사람들이 PDF로 문서를 읽는다면, 그것은 문서 작성자들에게 PDF 파일을 만드는 데 사용되는 소프트웨어인 어도비에 대한 비용을 지불하도록 동기를 부여한다.

2. 수확체증과 초기진입자 우위(first-mover advantage)

수익체감(diminishing returns)의 원리가 지배하는 시장에서는 한 기술의 지속적 활용은 자원의 부족 등으로 반드시 생산비용을 증가시키며, 이는 다른 경쟁 기술을 매력적으로 만들게 된다. 따라서 경제 체계로 인해 한 기술의 성공은 지속적 성공을 이루지 못하며, 언젠가는 한계에 부딪치는 부정적인 피드백

(negative feedback)를 따르게 된다. 결국 각 기술이 활용하는 자원의 부존량에 따라 각 기술을 활용하여 만든 제품의 가격이나 시장점유율은 예측할 수 있는 균형에 이르게 된다.

한 경제 체계 내에서 같은 기능을 수행하는 두 가지 다른 기술들 간의 경쟁, 예를 들면 전기를 생산하는 수력기술과 화력기술의 경쟁을 고려해보자. 초기에 수력발전이 화력발전에 비하여 경제적이라면, 수력발전을 더욱 이용할 것이다. 이에 따라 수력발전을 위한 효율적인 댐 건설 부지가 한계에 부딪치게 되고 비용이 증가하여 화력발전이 상대적으로 매력적인 것이 된다. 즉 전기회사들은 수력발전을 위한 댐을 세울 수 있는 경제성이 있는 부지가 없으면 화력발전소를 세우기 시작할 것이다. 그러나 화력발전 또한 많이 이용하게 될수록 석탄 가격의 상승 및 환경오염 등으로 화력발전의 비용 역시 증가하게 된다. 따라서 결국에는 수력발전과 화력발전은 예측 가능한 가격과 시장점유율에서 균형을 이루고 공존하게 된다는 것이다.

디지털경제의 근간이 되는 정보통신기술(ICT) 산업에서는 한계 생산비용이 제로 또는 매우 작은 경우가 많다. 한계비용이 매우 작다면, 생산이 증가할수록 평균 생산비용은 떨어지기만 한다. 한계 생산비용이 '제로'라면 '수확체증'은 끝없이 지속될 것이다. 마이크로소프트(MS)의 PC 운영체제 소프트웨어 '윈도우(Windows)' 개발과 업데이트에는 많은 초기 비용이 든다. 이는 고정비용이나 마찬가지다. 윈도우 설치 소프트웨어를 DVD에 담을 때 한계 생산비용은 아마 1,000원 미만일 것이다. 인터넷으로 설치하는 경우 한계비용은 제로에 가깝다. 이런 현상은 거의 모든 소프트웨어, 콘텐츠(digital content), SNS(social network service), 플랫폼(digital platform) 등에서 나타나는 일반적 현상이다.[3] 더욱이 산업의 무게중심이 자동차, 전자, 화학, 금융 등 전통 산업에서 이들 산업으로 빠르게 이동하고 있다.

디지털 기기 제조에서도 수확체증이 자주 일어난다. 디지털 기기의 핵심 부품산업에서의 대규모 R&D 비용, 자본집약적 생산 방식 등이 배경이다. 조립산업이라 할 수 있는 스마트폰 산업에서도 강한 수확체증 현상이 나타난다.

---

3 소프트웨어로는 마이크로소프트 오피스, 인터넷 게임 등, 디지털 콘텐츠는 영화, 방송, 음악, e−Book 등, SNS는 카카오톡, 트위터, 페이스북 등, 디지털 플랫폼은 아마존, 이베이, 에이비앤비, 우버 등을 들 수 있다.

R&D 비용이 상대적으로 매우 크고, 생산의 아웃소싱(outsourcing) 등으로 한계 생산 비용을 낮출 수 있다. 개발 부품 등 공급망(supply chain) 구축, 설비, 수율과 품질 확보 등에 많은 비용이 들지만, 막상 양산이 시작되면 재료비, 인건비 등 가변비용은 적고 일정한 경우가 많다.

그러나 정보기술에 의해 주도되는 디지털재의 생산에는 추가 생산을 위한 추가 투입으로 인해 수확이 체감되지 않고 오히려 증가하는 수확체증(increasing returns)의 현상이 생긴다. 또한 일단 창출, 축적된 지식은 그 스스로 새로운 지식을 계속 증식시켜나가는 자기 증식의 특성도 가지고 있다. 이와 같이 수확체증의 원리가 지배하는 시장에서는 긍정적인 피드백을 갖게 된다. 즉 한번 앞선 기업은 더욱 앞서게 되고, 일단 시장에서 우위를 잃은 기업은 더욱 악화되는데, 최근 정보통신산업 분야에서 이러한 수익체증 현상이 자주 관찰된다.

이러한 수확체증의 특성과 네트워크 외부성이 동시에 작용할 경우 어느 제품이 시장에서 먼저 앞서 나가게 되면 수익체증으로 인해서 그 제품이 시장에서 계속 앞서 나가는 현상, 즉 초기 진입자의 우위(first-mover's advantage)가 발생할 가능성이 매우 커진다. 이러한 특성은 독과점을 야기할 수 있다. 예를

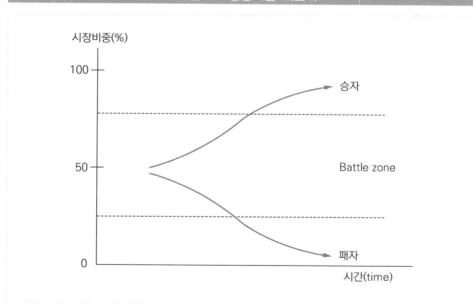

<그림 7> 긍정적인 피드백

자료: Shapiro and Varian, 1999.

들면 PC 운영체제에 있어서 매킨토시 시스템(Macintosh System)과의 경쟁에서 승자인 MS의 DOS와 인터넷 시장에서 넷스케이프(Netscape)와의 브라우저 경쟁에서 승자인 인터넷 익스플로러(Internet Explorer)에 거의 모든 시장점유율과 막대한 이익이 귀속되었다.

<그림 7>은 승자독식 시장이 시간이 지남에 따라 어떻게 변화하는지 보여준다. 시장의 60% 정도인 초기 주도 기술에서 출발하는 기술은 거의 100%까지 성장하는 반면, 시장의 40%에서 출발하는 기술은 10%로 감소한다. 이러한 역학은 궁극적으로 승리할 기술, 즉 사용자가 가장 많은 네트워크를 선택하려는 사용자의 강한 열망에 의해 추진된다. 결과적으로 강자는 강해지고 약자는 약해진다. 두 가지 효과는 정보 인프라 시장에서 매우 흔한 긍정적인 피드백을 나타낸다.

긍정적인 피드백 시스템은 예측 가능한 패턴을 따른다. 다시 말해서 새로운 기술의 채택에서 다음 3단계의 S 자 곡선이 나타난다. ① 시작은 평평하고 ② 이륙 중에는 긍정적인 피드백이 시작되면서 가파른 상승이, ③ 포화 상태에 이르면 안정된다. 일반적인 패턴은 <그림 8>에 나와 있다.

<그림 8> 새로운 기술 채택의 역학

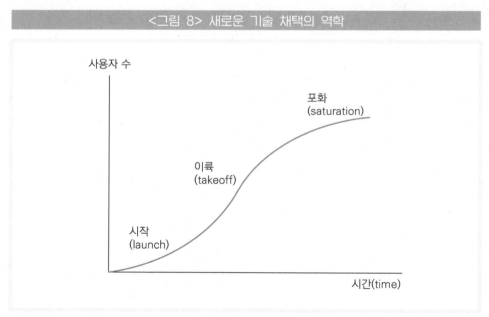

자료: Shapiro and Varian, 1999.

3. 수요의 임계량과 표준

제품의 가치가 그 제품을 사용하는 사람들의 수에 따라 결정될 때, 그 제품은 네트워크 효과를 가진다. 가장 대표적인 예가 통신기술이다. 전화, 이메일, 인터넷, 팩스 등이 모두 네트워크 외부성을 가진다. 네트워크 외부성은 통신 네트워크에만 국한된 것은 아니다. 컴퓨터 시스템의 하드웨어와 소프트웨어와 같은 가상 네트워크에서도 일어난다. 즉 더 많은 소비자들이 사용하는 컴퓨터 시스템의 하드웨어와 소프트웨어는 수요가 늘어날 가망성이 높을수록 개발자들이 이 컴퓨터 시스템에 맞는 새롭고 발전적인 하드웨어와 소프트웨어를 개발하여 보급한다. 이로부터 소비자들은 더욱 혜택을 얻을 수 있다(Shapiro and Varian, 1999).

강한 네트워크 외부성을 가지는 기술들은 장기간 리드타임(lead time: 기획에서 생산까지의 시간, 발주에서 배달까지의 시간) 후에 폭발적인 성장세를 보이는 경향이 있다. 이러한 현상은 긍정적인 피드백의 결과이다.

<그림 9>에서 제품이 곡선의 중간에 위치한다고 가정하자. 그러면 어느 쪽으로 진화할까? 소비자들이 당신의 제품이 인기를 끌 것으로 기대한다면, 유행이 형성되고, 선순환이 시작될 것이고, 소비자들의 기대는 정확할 것이다. 그러나 만약 소비자들이 당신의 제품이 실패할 것으로 예상한다면, 당신의 제품은 추진력이 부족하고, 악순환이 계속될 것이고, 소비자들의 기대는 다시 옳다고 판명될 것이다. 아름다우면서도 무서운 함축성에 따라 성공과 실패는 제품의 근본적인 가치에 의해서만큼이나 소비자의 기대와 운에 의해서도 추진된다. 적당한 방향에서 적당한 때에 재빨리 움직이면 모든 것이 달라질 수 있다. 소비자의 기대에 영향을 미치도록 설계된 마케팅 전략은 네트워크 시장에서 매우 중요하다. 수요 측면의 규모의 경제가 강할 때 필연성이라는 분위기가 강력한 무기가 된다.

어떤 제품에 대한 사용자의 수가 많아질수록 더 많은 사용자들이 그 제품의 채택 가치를 인정하고, 결국에 그 제품은 수요의 임계량(critical mass) 이상의 고객을 확보하게 된다. 그 후 시장은 긍정적인 피드백 효과에 의해 스스로 성장하고, 나아가서는 시장의 경영권을 지배하는 실질적 표준(de facto standards)

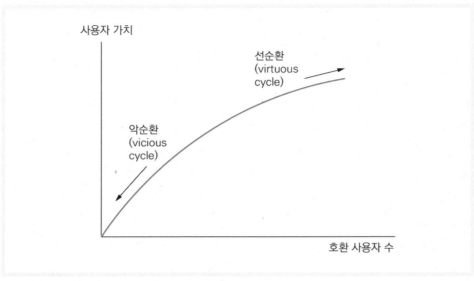

자료: Shapiro and Varian, 1999.

으로 자리 잡게 되는 경향이 있다. 결과적으로 단지 생산 측면에서 규모의 경제를 얻기 위해서가 아니라 네트워크 효과에 의한 수요 측면에서 규모의 경제를 얻기 위해 성장은 전략적으로 필요하다.

상품의 소비자 수에 대한 가능한 경로는 <그림 10>에서 볼 수 있다. 기본적으로 0에서 시작하는데, 시간이 지남에 따라 약간의 동요가 발생한다. 비용은 감소하며, 어느 시점에는 낮은 수준의 균형을 지나 시스템이 높은 수준의 균형으로 확대되는 임계량에 도달한다.

네트워크 외부성을 획득하는 비결은 임계량을 얻는 데 있다. 임계량 이상의 고객을 확보한 후에는 시장은 긍정적인 피드백 효과에 의해 스스로 성장하는 경향이 지닌다. 그러나 좋은 기술만으로는 불충분하며, 긍정적인 피드백 작동을 촉진하기 위한 가격 전략 등 시장 전략을 사용해야 한다. 또한 수요의 임계량 확보를 위해 자신이 개입하고 있는 정보통신 시스템과 자사의 보완 제품들을 잘 이해하는 것이 중요하다.

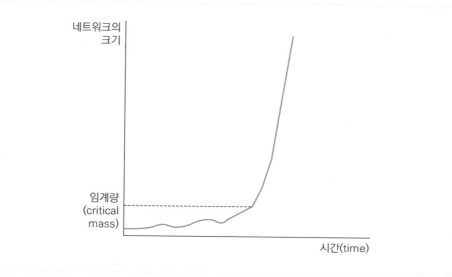

네트워크의
크기

임계량
(critical
mass)

시간(time)

자료: Varian, 2014.

1) 네트워크에 연결된 사용자 수는 처음에는 적으며, 비용이 감소함에 따라 점차적으로만 증가한다.
2) 임계량에 도달하면 네트워크 성장이 급격하게 진행된다.

임계량을 얻거나 표준을 확보하기 위해 경쟁할 때 소비자들과 시장의 기대(expectation)가 매우 중요하다(Shapiro and Varian, 1999). 표준이 될 것이라고 기대되는 제품이 결국 표준이 될 가능성이 높다. 그러한 이유로 네트워크 효과를 지니는 기업들은 자신들의 제품이 결국에는 표준이 될 것이며, 호환성이 낮은 경쟁사의 제품들은 설자리를 잃을 것이라고 소비자들을 설득하고 있다.

수요의 임계량이 중요하고 정보 하부구조에서 고객의 기대가 중요하기 때문에, 그리고 디지털 기술이 급속히 발전하고 있기 때문에 그 어떤 산업에서보다 정보통신산업에서 전략상의 타이밍이 중요하다. 너무 이르게 시장에 나가면 기술적인 부담과 함께 충분한 협력자를 구축할 수 없게 되고, 늦게 나가면 시장 전체를 잃어버릴 수 있다. 특히 소비자가 경쟁사의 기술에 고착화되면 더욱 그렇다.

기업이 새로운 정보통신기술을 상업화하려고 하거나 기존 기술의 수명을 연장하여 응용하고자 할 때, 중요한 고려 사항들 중의 하나는 호환성(compatibility)을 어떻게 할 것인가를 결정하는 것이다. 예를 들면 기업이 게임기를 지속적으로 업그레이드하면서 개발 및 출하할 때, 예전의 구형 게임기와 신형 게임기 간에 계속 호환이 되게 할 것인지, 어느 단계에서부터 호환이 되지 않게 할 것인지는 매우 중요한 전략적 결정 사항이다. 호환성 문제는 수요에 영향을 미치게 되고, 이는 당연히 수요의 임계량 확보와 연관되며, 시장에서의 실질적 표준 확보와 연결된다.

　　임계량을 확보하여 표준을 얻어내는 또 다른 방법은 전략상 강한 파트너들을 만드는 것이다. 이를 위해 파트너는 고객이 될 수도 있고, 보완적 부품업자가 될 수도 있으며 혹은 경쟁사가 될 수도 있다. 규모가 크고 주목을 끌 수 있는 해외 고객을 확보한다면 수요의 임계량을 확보하는 데 큰 도움이 된다. 또한 해외의 보완 제품 제공업체를 확보하면 그 시스템 자체가 더 매력적으로 보일 수도 있다. 정보통신기업들이 광고 시 해외 제휴 기업체들의 내역과 리스트를 제시하는 이유는 그러한 효과를 얻기 위한 것이다. 기업들은 빈번히 공식적 표준을 설정하기 위해 노력하는 가운데 상호 새로운 기술들을 통합하기도 한다. 예를 들면 모토롤라와 퀄컴은 자신들의 특허기술들을 모뎀과 휴대전화를 위한 공식적 표준에 통합함으로써 로열티 수입뿐만 아니라 경쟁력을 높이려고 한 바 있다(Shapiro and Varian, 1999).

　　만약 누군가가 가치 있는 지적재산권을 가지고 있으나 수요의 임계량 확보가 필요하다면 그는 자신의 기술이 실질적 표준이 되도록 하든지, 아니면 수요의 임계량 확보를 위해 자신의 기술을 공개(openness)할 수도 있다. 널리 사용될수록 실질적 표준이 될 가능성이 높기 때문이다. 또한 공식적 표준 설정(formal standard setting) 과정에 참여하거나 특정한 기술의 표준화를 촉진하기 위해 협력사를 모으는 것 등도 실질적 표준 확보를 위한 경쟁 전략이다. 이와 같이 디지털경제하에서 정보통신기업들이 수요의 임계량 확보와 표준 획득을 위한 경쟁에서 어떤 전략들을 구사해야 하는지, 그리고 표준 경쟁에 어떻게 참여해야 하는지는 매우 중요한 전략적 요소가 된다.

4. 시스템 경쟁(system competition)

　　디지털경제하의 정보기술에 근거한 제품들은 대부분 시스템들로 구성되어 있다. 운영체제와 소프트웨어, 중앙처리장치(CPU)와 메모리칩(memory chips), 디스크 드라이브(disk drive)와 제어 카드(controller card) 등이 그러한 예들이다. 대부분의 경우 어느 하나의 기업이 정보 시스템들을 구축하는 모든 부분들을 전부 제공하지 못하고, 다양한 부품들을 여러 제조업자들이 다른 사업 모델에 근거하여 만들어 공급한다(Shapiro and Varian, 1999).

　　전통적인 경쟁 전략은 경쟁자, 공급자, 그리고 고객에게 초점을 맞춘다. 하지만 디지털경제하에서 경쟁 전략을 디자인할 때는 서로 보완되는 부품 또는 보완 제품을 제조하는 업체(complementor)들에도 관심을 가져야 한다. 기업이 디지털 시스템의 한 부품을 생산, 판매할 경우 그 시스템의 나머지 부분들과 호환되지 못하면 경쟁하기 어렵게 된다. 마이크로소프트와 인텔의 주력 제품으로 구성된 IBM 호환 PC와 애플 PC 간의 경쟁은 이 두 PC 시스템들에 개입된 기업들이 각각 개별적으로 경쟁한 것이 아니라 두 PC 시스템이 경쟁하는 하나의 시스템 경쟁의 전형적인 사례를 보여주고 있다.

　　마이크로소프트사와 인텔사 연합(Wintel)의 예를 들어보자. 마이크로소프트사는 PC 소프트웨어를 집중 개발해왔고, 인텔사는 주로 PC 하드웨어 개발에 초점을 맞추어왔다. 그렇지만 이 두 회사는 자신들의 세력을 강화시켜주는 수많은 전략상의 연합을 맺어왔다. 그들은 각 회사의 주요 제품에 피해를 주지 않고 상대 회사의 부품을 상품화하는 방식으로 협력하였다. 마이크로소프트사에는 자사를 따르는 독립된 많은 소프트웨어 개발업체들이 있었고, 양사는 각자 많은 OEM 생산업자들과 라이선싱 계약을 체결하였다. 이들은 서로를 통해 이익을 보고 있다. 매우 생산적이며 동시에 긴장이 흐르는 협력 관계이다. 협력회사들 입장에서는 자신이 관여하는 PC 시스템의 경쟁력 강화를 위해 노력하는 것이 이익에 부합되었다.

　　이와는 대조적으로 애플사는 소프트웨어와 하드웨어가 하나로 통합된 시스템을 채택함으로써 컴퓨터의 수행 능력은 뛰어났다. 그러나 애플사는 마이크로소프트와 인텔이 구축한 PC 시스템과는 다른 방식의 시스템으로 인해 많은 협력적 공생 기업들을 만들지 못하였다. 이는 결국 낮은 수준의 규모의 경제, 고가의 애플 컴퓨터, 나아가 애플 PC 시스템의 세력 약화로 귀결되었다. 결과적으로 Wintel 연합의 전략적 연합이 더 좋은 결과를 창출하였다.

이와 같이 디지털 시스템의 구성 요소들을 제조하는 기업들은 경쟁을 함에 있어서 자사의 경쟁사들만 의식할 것이 아니라 자사의 협력자에도 초점을 맞추어야 한다. 따라서 시스템 차원에서의 경쟁이 중요해지고 있는 디지털경제에서는 동맹을 맺고, 파트너를 만들고, 시스템 내에서 부품들 간 호환성을 확보하는 것이 매우 중요해지고 있다. 즉 과거 기업들에는 제조와 판매가 중요하였으나, 디지털경제에서는 이처럼 상호 시스템 경쟁을 위한 많은 협력적 타협과 계획이 중요해지고 있다.

5. 고착화(lock-in)와 전환비용(switching cost)

정보기술(IT) 구성 요소는 종종 시스템으로서 함께 작동하므로, 하나의 구성 요소를 전환하려면 다른 구성 요소도 전환해야 하는 경우가 많다. 이는 IT 업계의 한 구성 요소와 관련된 전환비용(switching cost)이 상당히 클 수 있음을 의미한다. 따라서 디지털경제에서 기술적 고착화와 전환비용의 문제는 빈번하고 중요한 전략적 고려 사항이다. 레코드(LP) 플레이어와 CD 플레이어는 상호 호환되지 않기 때문에 아무리 값진 LP판이라도 CD 플레이어에서는 사용하지 못한다. 따라서 CD 플레이어를 처음 개발한 소니와 필립스는 CD 플레이어를 개발하여 소비자들에게 소개할 때 소비자들이 LP판에서 CD 플레이어로 전환하기 위해 감당해야 하는 전환비용을 심각히 고려해야만 했을 것이다. 이와 같이 한 번 하나의 기술 또는 정보를 저장할 형식을 선택하여 사용하면 해당 기술에 고착화(lock-in)되어, 그것을 다시 교체하는 데에 많은 비용이 수반된다 (Shapiro and Varian, 1999).

만약 휴대전화 서비스 제공자가 퀄컴의 기술을 사용했다면 이 회사의 휴대전화 전송과 수신은 그 기술에 고착화되어 퀄컴이 자사 기술사용료의 가격을 높여도 거스르기 어렵다. 오늘날 전 세계적으로 많은 사람들이 마이크로소프트사의 윈도우 소프트웨어에 고착화되어 있다. 사실 시장이 하나의 기술에 이미 고착화되어 있다면, 소비자들의 높은 전환비용으로 인해 새로운 기술이 기술적으로 우월할지라도 시장에서 성공하기 어렵다(Arthur, 1994). 이는 기술적 고착화를 통해 지속적으로 초과이윤을 창출할 수 있다는 의미로 기업 전략에 중요한 시사점을 주고 있다.

그러나 이러한 기술적 고착화의 전략적 시사점이 잘못된 것일 수 있다. 실제 현실의 산업 변화 과정을 살펴보면 이러한 고착화의 예는 찾기 어렵다 (Liebowitz and Margolis, 1995). 네트워크 외부성에 의한 기술적 고착화는 이론적 으로는 타당해 보이나, 장기적으로 열등한 기존 기술에 대한 고착화가 해소되 고 신기술로 이전하는 경우가 많으며, 이러한 산업들에서 기술혁신이 끊임없이 일어날 수 있다(Katz and Shapiro, 1994; Witt, 1997).

그러나 기술적 고착화의 효과가 장기적이든 단기적이든 전환비용은 항상 나타난다. 특히 하나의 시스템에서 다른 시스템으로 전환할 때에는 다양한 종 류의 하드웨어와 소프트웨어뿐만 아니라 웻웨어(wetware: 시스템을 이용하는 데에 필요한 지식)도 갱신되어야 한다. 컴퓨터 시스템의 교체 비용은 천문학적일 수 있으며, 오늘의 기술 선택은 내일의 유산 체계가 된다(Shapiro and Varian, 1999). 따라서 전환비용을 어느 정도로 감수할 것인가가 시스템 구입을 선택하는 하 나의 전략 포인트가 된다.

(1) 전환비용과 잠금효과

공급 업체의 잠금은 고객이 제품 및 서비스의 공급 업체에 의존하게 만들 며, 상당한 전환비용 없이는 다른 공급 업체를 이용할 수 없게 한다. 그러나 시 장 진입에 장벽을 만드는 잠금비용은 독점에 대한 독점 금지 조치를 초래할 수 있다.

계약의 전환비용은 계약 파기 비용이 된다. 기기 조작 훈련(brand-specific training)의 전환비용은 시간의 경과에 따라 증가하는 학습비용이며, 정보 및 데 이터베이스의 전환비용은 시간의 경과에 따라 증가하는 자료 변환 비용이다. 마일리지 프로그램은 인위적인 잠금이라 할 수 있다. 내구재의 경우 ① 기술발 전이 급격하거나, ② 중고재 시장이 있으면 전환비용은 작게 나타난다. 내구재 의 경우 구매보다 임차가 전환비용을 감소시킨다.

<표 1> 잠금의 종류

종류	전환비용
계약	계약 파기 비용
내구재 구입	잔존 가치: 시간 경과에 따라 감소
기기 조작 훈련	학습비용: 시간 경과에 따라 증가
정보 및 데이터베이스	자료 변환 비용: 시간 경과에 따라 증가
특화된 조달업체	신규 업체 양성 비용
탐색비용	탐색 시간: 인터넷에서는 감소
마일리지 프로그램	마일리지 상실

(2) 전환비용이 있을 때의 시장 균형

전환비용은 각 개별 기업이 직면한 수요곡선을 더 비탄력적으로 만들어서 경쟁을 줄인다. 그 결과로 기업이 가격을 한계비용보다 높게 책정하여 초과이윤이 발생한다. 따라서 초기에 고객을 확보하기 위한 치열한 경쟁이 일어난다. 그러나 초기의 경쟁이 이후의 초과이윤을 잠식하는 경우 전환비용이 반드시 기업들에 보다 높은 이윤을 가져다주는 것은 아니다.

여기에서는 전환비용이 수반된 경쟁모형(a model of competition with switching costs)에 대하여 분석해본다(Varian, 2014). 먼저 다수의 ISP(internet service provider) 또는 포털이 존재하는 완전경쟁시장 모형을 살펴보자. 고객에게 인터넷 접속을 제공하는 비용이 매달 c라고 가정해보자. 또한 많은 동일한 기업들과 완벽하게 경쟁적인 시장을 형성하고 있기 때문에 전환비용이 전혀 들지 않는 한 인터넷 서비스 가격은 p=c가 될 것이다.

그러나 이제 ISP 전환 비용 s가 발생하며 ISP가 신규 고객을 유치하기 위해 첫 달에 d를 할인해준다고 가정한다. 주어진 달의 시작에 소비자는 새로운 ISP로 전환하는 것을 고려한다. 그럴 경우 할인된 가격인 p−d만 내면 되지만 전환비용 s도 감수해야 한다. 만약 그가 구공급자와 함께한다면, 그는 가격 p를 영원히 지불한다. 첫 달 이후 두 통신사가 동일한 가격 p를 계속 청구한다고 가정해보자.

소비자는 새로운 제공자에 대한 지급의 현재 가치와 전환비용의 합이 원래 ISP에 대한 지급의 현재 가치보다 작을 경우 전환할 것이다. (월)이자율 r을 적용하면 다음과 같은 경우 소비자는 전환할 것이다.

$$(p-d)+\frac{p}{r}+s < p+\frac{p}{r}$$

제공자 간의 경쟁은 소비자가 전환하는 것과 전환하지 않는 것이 무차별하게 하며, 이는 곧 다음과 같은 의미를 갖는다.

$$(p-d)+s = p$$

즉 d=s가 되며, 이는 소비자의 전환비용만 할인된 가격으로 제공하는 것을 의미한다.

생산자 측에서는 경쟁이 이익의 현재 가치가 0이 되게 한다고 가정한다. 단일 고객과 관련된 이익의 현재 가치는 가격에서 최초 할인액을 뺀 값과 미래 매달 이익의 현재 가치를 더한 것이다. r을 (월)금리로 두고, d=s라는 사실을 이용하여 제로-이익 조건을 다음과 같이 작성할 수 있다.

$$(p-s)-c+\frac{p-c}{r}=0 \quad\cdots\cdots\cdots\cdots\cdots\cdots\cdots\cdots\cdots\cdots\cdots\cdots\cdots\cdots (1)$$

이 식을 재정렬하면 균형 가격을 설명하는 두 가지 동등한 방법을 얻을 수 있다.

$$p-c+\frac{p-c}{r}=s \quad\cdots\cdots\cdots\cdots\cdots\cdots\cdots\cdots\cdots\cdots\cdots\cdots\cdots\cdots (2)$$

또는

$$p=c+\frac{r}{1+r}s \quad\cdots\cdots\cdots\cdots\cdots\cdots\cdots\cdots\cdots\cdots\cdots\cdots\cdots\cdots (3)$$

식 (2)는 소비자들로부터 얻는 미래 이익의 현재 가치는 소비자의 전환비용과 동일해야 한다고 말한다. 식 (3)은 서비스 가격이 한계비용과 마크업(markup)의 합이며, 여기서 마크업의 양은 전환비용에 비례한다고 말한다. 모델에 전환비용을 추가하면 월 서비스 가격이 한계비용보다 상승하지만, 이러한 이익 흐름의 경쟁은 초기 가격을 낮출 수밖에 없다. 효과적으로, 생산자는 향후 마크업 흐름을 획득하기 위해 할인 d=s에 투자하고 있다. 그러나 기업 이윤은 여전히 0이다.

실제로 많은 ISP는 고객으로부터의 월수입 이외에 다른 수익원을 가지고 있다. 예를 들어 아메리카 온라인(America Online)은 운영 수익의 상당 부분을 광고에서 얻는다. 비록 이 회사가 적절한 비용 이하로 인터넷 연결을 제공해야 한다 하더라도 광고 수익을 얻기 위해 선불 할인을 많이 제공하는 것이 타당하다.

이 효과를 모델에 쉽게 추가할 수 있다. a가 소비자가 매월 창출하는 광고 수익인 경우 제로-이윤 조건은 다음과 같다.

$$(p-s)+a-c+\frac{p+a-c}{r}=0 \quad \cdots\cdots\cdots\cdots\cdots\cdots\cdots\cdots\cdots\cdots\cdots \text{(4)}$$

p에 대하여 다음 식을 얻을 수 있다.

$$p=c-a+\frac{r}{1+r}s \quad \cdots\cdots\cdots\cdots\cdots\cdots\cdots\cdots\cdots\cdots\cdots\cdots \text{(5)}$$

이 식은 관련성이 있는 것이 서비스 비용과 광고 수익 모두를 포함하는 고객 서비스의 순비용, c−a라는 것을 보여준다.

참고문헌

Arthur, W. B., 1994, *Increasing Returns and Path Dependence in the Economy*, Ann Arbor: University of Michigan Press.

Katz, M. L. and C. Shapiro, 1994, "Systems Competition and Network Effects", *Journal of Economic Perspectives*, 8(2), 93−115.

Liebowitz, S. J. and S. E. Margolis, 1995, "Path dependence, lock−in, and his−tory", *Journal of Law, Economics, & Organization*, 11(1), 205−226.

Shapiro, C. and H. R. Varian, 1999, *Information Rules: A Strategic Guide to the Network Economy*, Boston, Massachusetts: Harvard Business School Press.

The CORE team, 2017, *The Economy: Economics for A Changing World*, Oxford University Press.

Varian, H. R., 2014, *Intermediate Microeconomics with Calculus*, Now York: W. W. Norton & Company.

Witt, U., 1997, ""Lock−in" vs. "critical masses" − Industrial change under network externalities", *International Journal of Industrial Organization*, 15(6), 753−773.

디지털재의 가격 결정 방식

디지털재의 가격 결정 방식 I
: 가격차별과 제품차별

디지털재는 매우 큰 고정비용과 제로에 가까운 한계비용의 구조를 갖고 있다. 따라서 단일 가격의 책정으로는 생산비용을 회수할 수 없게 되는 경우 가격차별이 필요하게 된다. 가격차별(price discrimination)은 동일한 제품에 대하여 소비자 유형 또는 판매 수량에 따라 서로 다른 가격을 책정하는 것을 의미한다.

기업들은 자사 제품이 다른 기업의 제품과 쉽게 구분될 수 있도록 디자인, 상표, 색채, 스타일 등을 독특하게 하거나 제품의 질을 약간씩 달리함으로써 기호가 다른 소비자들을 만족시키고 시장점유율을 높여나가고자 한다. 제품차별(product differentiation)은 차별화된 제품에 대해서 각기 다른 가격을 책정하는 방법이다. 제품차별화는 가격차별을 용이하게 하기 위한 하나의 방법이라 할 수 있다. 디지털재의 경우에도 변환 용이성에 의해 제품차별화 및 주문품화(customization)가 더욱 광범위하게 시현될 것으로 예상된다.

여기에서는 디지털재의 대표적인 가격 결정 방식으로 가격차별과 제품차별에 대하여 상세히 고찰하고자 한다.

1. 가격차별

가격차별이란? 동일한 제품에 대하여 소비자 유형 또는 판매 수량에 따라 서로 다른 가격을 책정하는 것을 의미하며, 달리 차별적 가격책정(differential pricing)으로도 불린다.

(1) 가격차별의 필요성

디지털 재화의 생산자는 손실을 보지 않기 위해 가격차별을 하여야 한다. 예를 들면,

① 어떤 CD를 생산하는 데 드는 개발비용이 10,000원이고, 두 번째 이후의 재생산비용은 0이다. 그리고 두 명의 소비자 A와 B가 존재하고, A는 CD에 7,000원 지불할 용의가 있고, B는 4,000원 지불할 용의가 있다. 따라서 CD를 개발하는 것이 사회적으로 바람직하다. 그러나 생산자가 단일 가격을 책정하여야 한다면 비용을 회수할 수 없다. 그러므로 가격차별이 필요하게 된다.

② 비용 구조는 동일하나, A는 10,000원 지불할 용의가 있고 B는 4,000원 지불할 용의가 있다. 이 경우에는 단일 가격으로 비용을 회수할 수 있다. 그러나 사회적으로 바람직한 결과는 두 소비자가 모두 사용하는 것이다. 단일 가격으로는 이러한 결과를 얻을 수 없다. 이 경우에도 가격차별이 사회적으로 효율적인 결과를 유도한다.

그런데 많은 디지털재의 경우 한계비용이 0이기 때문에 실제로 0의 가격으로 판매되는 경우가 많다. 현재 인터넷상의 많은 정보, 셰어웨어(shareware) 등이 그 예이다. 이 경우 광고(공중파 TV), 부수 재화 판매 등 다른 방법으로 수익을 창출하게 된다.

(2) 가격차별의 조건

가격차별이 행해지는 사례는 우리 주위에서 자주 관찰할 수 있다. 다량 구매 시에 할인해주는 가게라든가, 학생 할인이라든가, 경로자 우대 등 그 예를 많이 찾아볼 수 있다. 그러나 독점기업이 원한다고 어떤 경우에나 마음대로 가격차별을 할 수 있는 것이 아니라 다음의 두 가지 요건이 충족되어야만 이를 효과적으로 수행할 수 있다. 그렇지 않으면 가격차별을 할 수 없거나 하더라도 아무런 실효를 거둘 수 없게 된다.

1) 소비자 그룹의 분리

소비자들을 그 특성에 따라 두 개 이상의 상이한 그룹으로 나눌 수 있어야 한다. 만약 모든 소비자들이 완전히 동질적이라면 차별 그 자체가 불가능하

게 된다. 소비자들은 여러 가지 특성에 의해 구분할 수 있으나 가장 흔히 볼 수 있는 사례는 수요의 가격탄력성에 따른 구분이다.

2) 소비자 간 거래의 방지

가격차별이 성공적이기 위해서는 모든 종류의 가격차별에 대하여 소비자 간 거래(consumer arbitrage)가 방지되어야 한다. 즉 가격을 싸게 구입한 그룹에 속한 어떤 소비자가 상품을 대량으로 구입하여 보다 높은 가격이 적용되는 다른 그룹에 이윤을 붙여 판매한다면 가격차별의 실효를 거둘 수 없게 된다. 그러므로 소비자 간 거래가 쉽지 않은 재화나 서비스, 예를 들어 전기, 전화 서비스, 지하철 운임 등에 대하여 가격차별이 더욱 광범위하게 행해지는 것은 당연한 결과라 할 수 있다.

(3) 가격차별의 종류

1) 제1급 가격차별(first degree price discrimination)

생산자가 각 소비자별로, 또한 각 소비자에 대하여 각 판매 단위별로 상이한 가격을 책정하는 방식이다. 달리 완전가격차별(perfect price discrimination)이라고도 한다.

2) 제2급 가격차별(second degree price discrimination)

생산자가 상이한 판매 수량에 대하여 상이한 가격을 책정하나, 동일한 수량을 구매하는 소비자에 대하여 동일한 가격을 책정하는 방식을 의미한다. 다량 구매 시의 할인(volume discount)이 일례이다.

3) 제3급 가격차별(third degree price discrimination)

생산자가 상이한 소비자에 대하여 상이한 가격을 책정하나, 동일한 소비자에 대해서는 모든 판매 단위에 대하여 동일한 가격을 책정하는 방식을 의미한다. 경로자 우대, 학생 할인 등이 그 예다.

차별		사람	
		Y	N
수량	Y	1	2
	N	3	0

0: ordinary monopolist

제1급 가격차별은 생산자가 각 소비자의 각 판매 단위별 최대지불의사금액(maximum willingness to pay)을 알고 있을 때 가능한 방식이기 때문에 현실적으로는 실행이 매우 어려운 방식이다. 그러나 최근 온라인거래의 발전은 소비자에 대한 정보의 수집을 용이하게 함으로써 제1급 가격차별의 가능성을 높여주고 있다(<표 1> 참조).

가격차별은 공정거래법상의 차별적 취급의 한 유형으로서 조리적 위법 행위이다. 따라서 이의 금지 또는 허용은 중요한 정책상의 고려 사항이라고 할수 있다. 그런데 디지털재의 경우와 같이 높은 고정비용과 낮은 가변비용의 비용구조를 가지는 재화의 경우에는, 즉 규모의 경제 특성을 지니는 재화의 경우에는 앞에서 본 바와 같이 가격차별이 생산자가 시장에서 생존하기 위한, 다시말해 손실을 입지 않기 위한 필수조건인 경우가 많다. 따라서 디지털재에 대해서는 공정거래법의 적용에 신중을 기할 필요가 있다.

(4) 제1급 가격차별 분석

어떤 상품의 독점적 생산자가 자신의 상품에 대한 소비자의 수요 패턴을 완벽하게 파악하고 있다고 하자. 즉 각 소비자가 상품에 대해 얼마의 가격을 지불할 용의가 있는지를 소상하게 알고 있다는 가정인데, 이는 그 상품에 대한 각 소비자의 보상수요곡선을 완전하게 알고 있다는 의미이다. 제1급 가격차별 하에서 독점기업은 모든 소비자잉여를 획득하게 되며, 제1급 가격차별은 파레토 효율적이다.

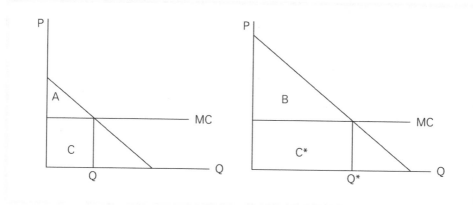

위 <그림 1>에서 소비자잉여는 각각 A와 B이다. 제1급 가격차별은 독점기업이 정해진 수량을 'take-it-or-leave-it' 가격에 판매하는 것이라고 생각할 수 있다. 따라서 생산자는 소비자 1에게는 Q의 수량과 A+C의 금액을 제시하고, 소비자 2에게는 Q*의 수량과 B+C*의 금액을 제시한다. 즉 수요곡선 아래의 면적을 제시하여 판매하게 된다.

이와 같은 유형의 가격차별은 우리가 생각할 수 있는 가장 극단적인 차별이며, 피구는 이를 제1급 가격차별이라고 불렀다. 사람에 따라서는 완전가격차별(perfect price discrimination)이라고 부르기도 한다. 제1급 가격차별은 현실적으로 발견하기가 쉽지 않은데, 그 이유는 독점기업이 각 소비자의 지불 의사 내지 수요곡선을 정확히 알고 있는 경우가 거의 없기 때문이다. 그러나 디지털 경제하에서 개인 정보의 획득이 용이해져서 수요곡선의 파악이 보다 용이해지고 있다.

(5) 제2급 가격차별 분석

제2급 가격차별은 각 소비자 개인별 정보를 완전하게 파악할 수는 없지만 소득이나 구매량 등 일정한 기준에 의해 소비자 집단을 구분할 수 있으며, 구분된 집단의 내적인 정보를 이용하여 가격을 차별하는 것을 말한다. 즉 집단별 소득수준의 차이, 집단별 소비량의 차이, 집단별 상품의 품질에 대한 지불의사

금액의 차이 등에 따라 시장 분할이 가능한 경우의 가격차별화를 말한다.

제2급 가격차별은 같은 시장의 같은 소비자에게 서로 다른 가격을 부과한다는 점에서 제1급 가격차별과 유사하지만 개별 소비자의 수요에 대한 정보를 모른다는 점에서 다르다. 그러나 수요의 가격탄력성에 따라 큰 덩어리별로 수요 단위를 나누고 탄력성이 큰 수요 단위에 낮은 가격을 책정한다는 점에서는 제3급 가격차별과 유사하다. 이러한 제2급 가격차별은 비선형 가격 책정(nonlinear pricing)으로도 불린다(<그림 2> 참조).

제2급 가격차별은 슈퍼마켓의 다량 소비자에 대한 할인 판매, 여행사의 마일리지 확보에 대한 추가 서비스 제도, 고가 상품 소비자에 대한 우대 제도 등이 그 예이다. 앞에서도 언급했듯이, 현실적으로 소비자들의 수요곡선을 정확히 파악하는 것은 매우 어렵다. 한 가지 방법은 두 개의 서로 다른 <가격-수량> 패키지(price-quantity package)를 제시함으로써 소비자들이 스스로 자기 선택(self-select)을 하도록 하는 것이다. 이는 높은 수요를 가진 소비자(high-end consumer)와 낮은 수요를 가진 소비자(low-end consumer)가 스스로 자기에게 맞는 패키지를 선택함으로써 가격차별을 시현하는 방법이다(Varian, 2014).

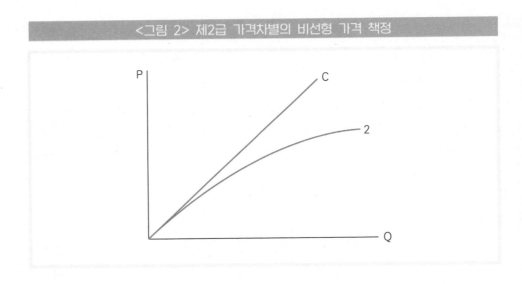

<그림 2> 제2급 가격차별의 비선형 가격 책정

서로 다른 두 소비자들의 수요가 <그림 3>처럼 주어져 있고, 생산의 한계비용은 0이라고 가정한다(한계비용이 반드시 0일 필요는 없다). 여기에서 독점기

업은 누가 높은 수요를 가진 소비자인지 또한 누가 낮은 수요를 가진 소비자인지 알지 못한다.

　1) <그림 3>에서 독점기업이 다음의 <가격-수량 패키지 Ⅰ>, 즉 소비자 1은 Q1의 수량에 A의 가격을 책정하고, 소비자 2는 Q2의 수량에 A+B+C의 가격을 책정하여 제시하면, 소비자 2는 소비자 1처럼 행동하게 된다.

　<가격-수량 패키지 Ⅰ>
　- 소비자 1: (Q1, A)
　- 소비자 2: (Q2, A+B+C)

　이 경우 소비자 2의 소비자잉여는 B가 되고, 기업의 이윤은 2A가 된다.

<그림 3> 서로 다른 두 소비자들의 수요곡선과 가격 책정 1

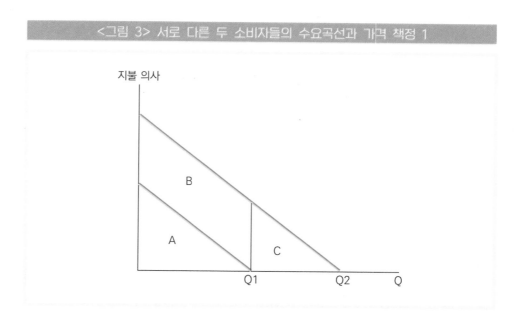

　2) 이제 독점기업이 다음의 <가격-수량 패키지 Ⅱ>, 즉 소비자 1은 Q1의 수량에 A의 가격을 책정하고, 소비자 2는 Q2의 수량에 A+C의 가격을 책정하여 제시한다.

<가격-수량 패키지 Ⅱ>
- 소비자 1: (Q1, A)
- 소비자 2: (Q2, A+C)

이 경우 소비자 2는 두 번째 패키지를 선택하고, 소비자 2의 소비자잉여는 B가 되고 기업의 이윤은 2A+C가 되어 이윤이 증가하게 된다.

그러나 여기에서 독점기업이 <가격-수량 패키지 Ⅱ>에서의 이윤을 보다 더 증가시키는 가격-수량 패키지가 존재한다.

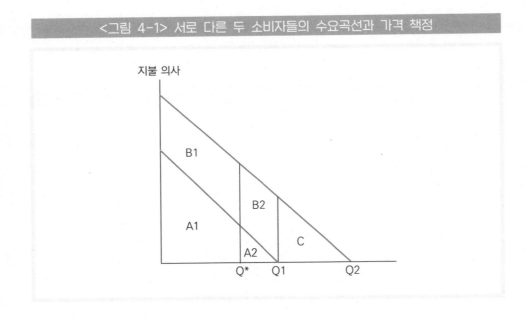

3) 이제 <그림 4-1>에서 독점기업이 다음의 <가격-수량 패키지 Ⅲ>, 즉 소비자 1은 Q*의 수량에 A1의 가격을 책정하고, 소비자 2는 Q2의 수량에 A1+A2+B2+C의 가격을 책정하여 제시한다.

<가격-수량 패키지 Ⅲ>
- 소비자 1: (Q*, A1)
- 소비자 2: (Q2, A1+A2+B2+C)

이 경우 소비자 2는 두 번째 패키지를 선택하고, 소비자 2의 소비자잉여는 B1이 되고 기업의 이윤은 2A+C+(B2−A2)가 되어 이윤이 더욱 증가하게 된다 (이윤=A1+A1+A2+B2+C=A+C+A1+B2=A+A+C+(B2−A2) > 2A+C).

4) 이제 <그림 4−2>에서 독점기업이 다음의 <가격−수량 패키지 Ⅳ>, 즉 소비자 1은 Q**의 수량에 A1의 가격을 책정하고, 소비자 2는 Q2의 수량에 A1+A2+B2+C의 가격을 책정하여 제시한다. 여기에서 <가격−수량 패키지 Ⅲ>와 비교할 때, 소비자 1에게 제공되는 수량 Q**는 Q*보다 작아지고 가격은 더 낮아지게 된다.

<그림 4-2> 서로 다른 두 소비자들의 수요곡선과 가격 책정

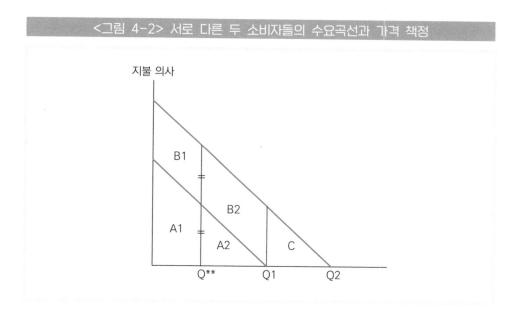

<가격−수량 패키지 Ⅳ>
− 소비자 1: (Q**, A1)
− 소비자 2: (Q2, A1+A2+B2+C)

이 경우 소비자 2는 두 번째 패키지를 선택하고, 소비자 2의 소비자잉여는 B1이 되고 기업의 이윤은 2A+C+(B2−A2)가 되어 이윤이 더욱 증가하게 된다.

위 <그림 4-2>의 <그림 4-1>과의 차이는 소비자 1에게 제공되는 수량을 더 줄이고 가격도 더 낮춘 것이다. 가격-수량 패키지에서 소비자 1에게 제공되는 수량을 한 단위 줄였을 때(marginal quantity), 그 수량에서의 소비자 1의 가격은 기업의 이윤에서 제외되는 부분(marginal costs)이 되지만, 그 수량에서의 소비자 2의 가격과 소비자 1의 가격의 차이는 기업의 이윤에서 더해지는 부분(marginal benefits)이 된다. 이 두 부분이 같아지는 <가격-수량 패키지 Ⅳ>에서 기업의 이윤이 극대화된다.

여기에서 수량(quantity) 대신 품질(quality)로 해석할 수도 있다. 일반적으로 독점기업은 시장의 낮은 수요를 가진 소비자에게 제공되는 제품의 품질을 저하시키고, 높은 수요를 가진 소비자의 가격을 높이는 방식으로 보다 더 많은 이윤을 창출하려는 경향이 있다. 예를 들면 항공료 책정에서 비행기의 일반석을 불편하게 만들고 일등석의 가격을 높이는 방식으로 기업 이윤을 보다 더 확대하고자 한다. 이는 제품차별화와 관련이 되어 있다.

결과적으로 높은 수요를 가진 소비자가 없으면, 낮은 수요를 가진 소비자는 보다 질 좋은 제품을 제공받을 수 있으나 소비자잉여는 여전히 0이 된다. 그러나 낮은 수요를 가진 소비자가 없으면, 높은 수요를 가진 소비자는 소비자잉여가 0가 된다. 따라서 낮은 수요를 가진 소비자의 존재가 높은 수요를 가진 소비자에게 유리하게 작용한다. 디지털경제에서는 등록 절차, 웹페이지 액세스 관찰 등 소비자에 대한 정보를 획득하기가 훨씬 용이하기 때문에 가격차별이 보다 용이하다.

(6) 제3급 가격차별 분석

제3급 가격차별은 소비자의 집단별 내적 정보를 획득하기 어려운 경우에 직접적으로 손쉽게 얻을 수 있는 외적 정보에 의해 제품의 가격을 차별화하는 것을 말한다. 예를 들면 학생인가 아닌가의 구분, 연령에 따른 노인과 어린이의 구분 등에 따라 할인하거나 가격 차이를 유지하는 전략이다. 이러한 제3급 가격차별은 요구되는 정보량을 손쉽게 얻을 수 있다는 점에서 일상적으로 널리 사용되는 가격 책정 기법이라 할 수 있다.

<그림 5>에서 보는 바와 같이 수요의 특성이 다른 두 개의 시장 A, B로 분리되는 가격차별을 고려해보자. 시장 A에서의 수요곡선은 B에서의 수요곡선

보다 기울기가 더 가파르게 그려져 있다.

독점 생산자의 이윤이 극대화되는 산출량은 통합된 시장에서 한계수입 (MR)이 한계비용(MC)과 같아지는 수준이며, 다음과 같이 나타낼 수 있다.

$$MR_A = MR_B = MC$$

이 조건을 만족하는 산출량과 두 시장으로의 배분은 <그림 5>를 통하여 설명할 수 있다. 먼저 그림 (i), (ⅱ)의 두 수요곡선에 상응하는 한계수입곡선 MR_A, MR_B를 그린 다음에 이 둘을 수평으로 더하여 그림 (ⅲ)의 MR_T 곡선 을 만든다. 그다음에 한계비용곡선 MC를 그려 넣고 MR_T 곡선과의 교차점 T 점에서의 산출량이 바로 이윤 극대화 산출량이 된다. 이렇게 생산된 상품을 각 시장에서 얼마만큼씩 판매해야 할지는 T점에서 왼쪽으로 그은 수평선이 두 시 장의 한계수입곡선과 교차하는 R점과 S점에 의해서 결정된다. 즉 시장 A에서 는 Q_A만큼의 상품이 P_A의 가격에 판매되고, 시장 B에서는 Q_B만큼의 상품이 P_B의 가격에 판매됨으로써 이윤이 극대화될 수 있다.

<그림 5> 제3급 가격차별

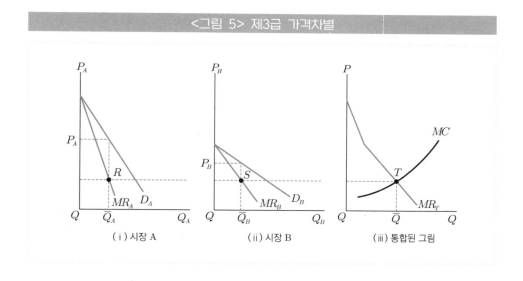

(i) 시장 A　　　　(ⅱ) 시장 B　　　　(ⅲ) 통합된 그림

<그림 5>를 보면 시장 A에서의 가격이 시장 B에서의 가격보다 더 높은 것을 알 수 있다. 이렇게 시장 A에서의 가격이 더 높은 것은 이 시장에서의 수

요의 가격탄력성(ϵ_p)이 더 낮다는 사실과 밀접한 관련을 갖고 있다. 여기서 가격과 한계수입 사이에는 $MR = P\left(1 - \frac{1}{\epsilon_P}\right)$의 관계가 성립하고 $MR_A = MR_B$의 조건을 만족시키고 있으므로 다음의 관계가 성립하게 된다.

$$P_A\left(1 - \frac{1}{\epsilon_P^A}\right) = P_B\left(1 - \frac{1}{\epsilon_P^B}\right)$$

그러므로 $\epsilon_p^A = \epsilon_p^B$의 관계가 성립하고 있다면 $P_A > P_B$의 관계가 되어 시장 A에서의 가격이 시장 B에서의 가격보다 더 높게 된다.

지금까지 설명한 제3급 가격차별은 독점 생산자가 소비자들을 특성이 다른 몇 개의 그룹으로 구분한 다음에 그룹마다 다른 가격을 설정하는 형태로 행해지고 있다. 그러므로 한 그룹에 속한 소비자는 모두 같은 가격으로 그 상품을 구입할 수 있게 된다(Bergemann, Benjamin and Stephen, 2015).

2. 제품차별

(1) 제품차별의 개념

제품차별(product differentiation)이란 차별화된 제품에 대해서 각기 다른 가격을 책정하는 방법이다. 디지털경제에서뿐만 아니라 산업경제에서의 일반적인 재화에서도 광범위하게 발견되고 있다. 기업들은 자기 기업의 상품이 다른 기업의 상품과 쉽게 구분될 수 있도록 디자인, 상표, 색채, 스타일 등을 독특하게 하거나 상품의 질을 약간씩 달리함으로써 기호가 다른 소비자들을 만족시키고 시장점유율을 높여나가고자 한다. 제품차별화는 가격차별을 용이하게 하기 위한 하나의 방법이라고도 할 수 있다.

디지털재의 경우에도 변환 용이성에 의해 제품차별화 및 주문품화가 더욱 광범위하게 실현될 것으로 예상된다. 인터넷은 개인 정보를 보다 손쉽게 획득할 수 있는 기술적 기반을 제공하기 때문에 예를 들어 레지스트레이션(registration)이나 웹페이지 액세스 관찰 등 주문품화를 보다 용이하게 달성할 수 있다.

(2) 제품차별화의 종류

제품차별화는 크게 다음의 두 종류가 있다(Degryse, 1996). 첫째, 수평적 차별화(horizontal differentiation)는 소비자의 개인적인 선호나 제품의 외양에 의한 차별화이다. 여러 가지 색깔을 가진 동일한 차종이 하나의 사례이다. 둘째, 수직적 차별화(vertical differentiation)는 동일한 가격에서는 모든 소비자가 하나의 제품을 다른 제품보다 선호하는 경우에 성립되는 차별화이다. 삼성전자의 휴대전화 갤럭시 20과 갤럭시 21이 수직적 차별화의 일례이다.

수직적으로 차별화된 제품은 흔히 서로 다른 가격에 판매되는데, 이 경우 책정된 가격이 항상 비용을 반영하는 것은 아니다(Sutton, 1986). 품질 할증(quality premium)은 보다 높은 품질을 가진 제품의 가격이 생산비용보다 높게 책정되었을 경우이다. 반면에 품질 할인(quality discount)은 보다 높은 품질을 가진 제품의 가격이 생산비용보다 낮게 책정된 경우를 말한다.

생산자들이 제품을 차별화하는 이유는 첫째, 제품에 대하여 높은 가치를 부여하는 소비자 집단을 낮은 가치를 부여하는 소비자 집단으로부터 분리하고, 둘째, 제품들 간의 호환성을 줄여서 제품들이 보다 덜 대체적(substitutable)이 되도록 하여 궁극적으로 이윤을 극대화하는 데에 있다.[1]

주문품화는 제품차별화가 극도로 진행된 상태로 파악할 수 있다. 주문품화는 생산자의 입장에서는 개인별로 특화된 제품을 제공함으로써 가격차별을 용이하게 하고 불법복제를 통한 소비자 간의 거래를 방지할 수 있다는 장점이 있다. 사회적으로는 불필요한 정보를 생산할 필요가 없어 낭비를 줄일 수 있다는 장점이 있다. 반면에 소비자의 입장에서는 자신에게 꼭 필요한 정보만 선택할 수 있는 장점과 동시에 가격차별로 인해 소비자잉여의 상당 부분을 생산자에게 빼앗긴다는 단점이 있다. 한편 주문품화는 제품차별화와는 다르게 소비자에 대한 정보가 요구된다는 점에서 개인 정보 보호(privacy) 및 익명성(anonymity) 등의 정책 이슈와 관련이 있다.

---

[1] 높은 가치를 부여하는 소비자가 높은 품질의 제품을 자발적으로 선택하는 과정을 경제학에서는 자기선택(self-selection)이라고 부른다.

(3) 제품차별화의 방법 및 실례

 1) 제품차별화의 방법

첫째는 지연(delay)이다. 적시성(timeliness)이 필요한 정보재의 경우, 예를 들어 주식 정보 및 이자율 정보들의 경우에는 지연을 통한 제품차별화를 달성할 수 있다. 지연을 통한 제품차별화는 일반 재화의 경우에도 쉽게 관찰되는데, 예를 들면 우체국의 보통우편과 속달우편이 있다.

둘째는 기능(functionality)이다. 기능의 차이로 제품차별화를 달성하는 것도 매우 일반적인 방식이다. 정보재의 경우 동일한 데이터베이스를 기초로 검색능력(search capability)을 달리하는 두 제품을 판매하여 전문가와 일반인들을 분리하고 다른 가격을 책정하는 방식이 있을 수 있다. 일반 재화의 경우 비행기의 일반석과 일등석의 구분이 기능을 통한 제품차별화 방식이다.

셋째는 애프터서비스(technical support)이다. 애프터서비스의 유무로 제품차별화를 달성할 수도 있다.

이외에도 User Interface, Convenience, Image resolution, Speed of operation, Flexibility of use, Capability, Comprehensiveness, Annoyance 등 여러 가지 방법으로 제품차별화가 가능하다. 셔피로와 베리언(Shapiro and Varian)은 이러한 행위를 디지털재의 버저닝(versioning)이라고 부른다. 회사들이 제품차별화를 하면서 제품을 더 좋게 만들기 위해서 비용을 들이는 것이 아니라 더 나쁜 제품을 공급하기 위해서 비용을 들이는 경우가 많다(damaged good).

많은 경우에 제품차별화는 소비자 집단을 분리하고 이에 따라 가격차별을 용이하게 하기 위한 생산자의 전략으로 시행된다. 이런 경우에 지나친 제품차별화에 대한 정부의 개입은 경우에 따라 경제 효율성을 높일 수 있다.

 2) 제품차별화의 실례

제품차별화의 실례로는 비행기의 일등석(first class), 비즈니스석(business class)과 일반석(economy class)과 책의 경우에는 하드커버(hardcover)와 페이퍼백(paperback), 그리고 소프트웨어의 경우에는 일반용과 학생용(학생용은 일부러 일부 기능을 무력화시킴) 등을 들 수 있다.

(4) 제품차별화 분석: 위치모형

위치모형(location model)은 1929년 호텔링(Hotelling, 1929)이 처음 제시했다. 기본 가정은 다음과 같다. <그림 6>에서 보는 바와 같이, 크기 [0, 1]의 해변에 소비자들이 균등하게 분포되어 있다. 여기에 아이스크림을 판매하는 2명의 아이스크림 판매자가 A와 B가 있으며, 이들은 mc > 0이다. 아이스크림의 품질과 가격은 동일하며 소비자들은 자신의 위치에서 가까운 곳에서 구매한다.

<그림 6> 호텔링의 위치모형

먼저 A는 0에서부터 거리 a에 위치해 있고, B는 1에서부터 b의 거리에 위치해 있다고 하자. 이 경우에 a에 있는 모든 소비자들은 판매자 A의 아이스크림을 구매하고, b에 있는 모든 소비자들은 판매자 B의 아이스크림을 구매한다. 나머지 A와 B 사이에 있는 소비자들은 가장 가까운 판매자로부터 구매한다. 그렇다면 B가 A쪽으로 이동해 갈 이윤 동기를 가지며, 마찬가지로 A는 B쪽으로 다가가면 이윤이 증가할 것이다.

이와 같이 소비자의 분포와 운송비를 고려하는 단순 모형에서 위치를 차별화하는 과점 경쟁의 균형은 두 판매자 A와 B 모두가 해변의 정중앙($\overline{X}$)에 위치하는 것이다. 이 경우에 각 기업들은 시장의 1/2을 얻게 된다.

동 모형은 생산자들이 시장점유율이나 고객을 더 확보하기 위해 전략적인 선택을 하다 보면, 결과적으로 사회 전반적인 효율은 감소하지만 비슷한 위치에서 공존할 수밖에 없는 상황을 설명해준다.

참고문헌

Bergemann, D., B. Benjamin and M. Stephen, 2015, "The Limits of Price Discrimination", *American Economic Review*, 105(3), 921–957.

Degryse, H., 1996, "On the Interaction Between Vertical and Horizontal Product Differentiation: An Application to Banking", *The Journal of Industrial Economics*. 44, No. 2, 169–172.

Hotelling, H., 1929, "Stability in Competition", *Economic Journal*, 39(153), 41–57.

Sutton, J., 1986, "Vertical Product Differentiation: Some Basic Themes", *The American Economic Review*, 76(2), 393–398.

Varian, H. R., 2014, *Intermediate Microeconomics with Calculus*, New York: W. W. Norton & Company.

디지털재의 가격 결정 방식 Ⅱ
: 묶음판매와 공유 및 대여

디지털재는 보완성을 갖는 상품들이 하나의 시스템을 이루어야만 비로소 소비자가 원하는 기능을 수행하기 때문에 묶음판매(bundling) 및 끼워 팔기(tying)가 자연스럽게 이루어진다. 디지털재의 경우에는 구매 이외에도 공유(sharing)나 대여(renting)의 방식으로 소비가 이루어지고 있다.

가격차별이 여의치 않을 경우 독점기업이 다른 방법에 의하여 소비자잉여를 독점이윤으로 흡수하는 방법 중 하나가 이부가격(two-part tariff) 설정 방식이다. 디지털재의 파괴 불가능성으로 인해 자신이 과거에 판매한 제품과의 경쟁을 극복하기 위해 디지털재의 내성을 약화시키는 전략이 바로 계획적 퇴화(planned obsolescence)이다. 디지털재의 경험재적인 특징에 대응하는 한 방법으로 많은 디지털재 판매자들은 제품의 일부를 맛볼 수 있게 하는 맛뵈기(previewing and browsing) 전략을 채택하고 있다.

여기서는 디지털재의 가격 결정 방식으로 묶음판매와 공유 및 대여에 대하여 분석하고, 그 밖에 이부가격의 설정, 계획적 퇴화와 맛뵈기에 대하여 고찰한다.

1. 묶음판매와 끼워 팔기

(1) 묶음판매 및 끼워 팔기의 개념

묶음판매(bundling)란 두 개 이상의 제품을 일정한 비율로 묶어서 같이 판매하는 것을 의미한다. 컴퓨터를 구입하는 경우에 운영체계(OS)가 장착되어 거래되는 것은 묶음판매의 예이다. 다음의 경우도 일종의 묶음판매라고 볼 수 있다. 사이트 라이선싱(site licensing)은 소비자들을 묶어서 제품을 판매하는 것이며, 잡지의 정기구독(subscription) 또는 케이블 TV에 대한 월정액 가입의 경우는 각 호/방송분의 묶음 또는 시간상의 묶음판매로 볼 수 있다. 일자별 신문이나 잡지 한 권도 기사의 묶음판매이며 자동차도 일종의 묶음판매라 할 수 있다.

끼워 팔기는 기본적으로 두 개 이상의 제품을 일정한 비율로 묶어서 같이 판매한다는 점에서 묶음판매와 같은 현상을 지칭한다고 볼 수 있으나, 끼워 팔기의 경우 재화 간의 비대칭성이 일반적으로 존재하는 것이 차이점이라 할 수 있다. 끼워 팔기에는 tying good과 tied good이 존재하는데, 일반적으로 tying good 시장은 독점적이고 tied good 시장은 경쟁적이다. 예를 들어 마이크로소프트의 윈도우는 tying good이고 인터넷 익스플로러는 tied good이라 할 수 있다. 이러한 끼워 팔기는 하나의 시장에서 독점력을 행사하고 있는 기업이 이 독점력을 이용하여 다른 시장을 지배하려는 전략이며, 네트워크 효과가 존재할 경우에 더욱 효과적이다. 끼워 팔기는 다양한 시장에서 관찰되며 공정거래법에 저촉되는 행위라 할 수 있다. 넓은 의미의 묶음판매는 협의의 묶음판매와 끼워 팔기를 모두 포함한다.

디지털재는 시스템적인 특징을 가지고 있으므로 묶음판매의 필요가 매우 높다. 즉 디지털재는 보완성을 갖는 상품들이 하나의 시스템을 이루어야만 비로소 소비자가 원하는 기능을 수행하기 때문에 묶음판매가 자연스럽게 이루어진다는 논리이다.

(2) 묶음판매의 이유

묶음판매의 주된 이유로는 기술적인 상호 보완성과 가격차별을 통한 독점기업의 이윤 추구를 들 수 있다.

1) 상호 보완성(complementarity)

생산, 분배, 소비상의 기술적 보완성 때문에 묶음판매는 비용을 절감할 수 있다. 일자별 신문은 운송, 포장비의 절감을 위해 기사들을 묶음판매(기사들을 하나씩 배달하는 경우 상상)하는 예이며, 이는 분배상의 상호 보완성이 있기 때문이다. 소비상의 보완성이 있는 경우는 오른쪽 구두와 왼쪽 구두의 묶음판매가 일례라 하겠다.

2) 독점기업의 이윤 추구를 위한 가격차별(price discrimination)[1]

묶음판매는 묶음판매를 구성하는 개별 상품에 대한 소비자 선호가 이질적일수록 더 많은 이익을 창출할 수 있다는 점에서 다음의 예를 들어 설명해보자. 지금 두 명의 수학 교수 미 교수와 적 교수가 존재하고 두 개의 학술지『미분 연구』와『적분 연구』가 존재한다고 하자. 두 교수의 두 학술지에 대한 최대 지불의사 가격이 <표 1>과 같다고 하고, 출판사의 한계생산비는 0이라고 하자.

〈표 1〉 학술지에 대한 교수들의 지불 의사

	미 교수의 지불 의사	적 교수의 지불 의사
『미분 연구』	25만 원	20만 원
『적분 연구』	20만 원	25만 원

미분의 대가인 미 교수는『미분 연구』에 25만 원을 지불할 의사가 있는 반면, 『적분 연구』에는 20만 원을 지불할 의사가 있다. 적분의 대가인 적 교수는 『적분 연구』에 25만 원을, 그리고『미분 연구』에 20만 원을 지불할 의사가 있다. 출판사가 두 학술지를 독립적으로 판매한다면, 이윤을 극대화하는 전략은 각 학술지에 20만 원의 가격을 책정하는 것이고, 이 경우 출판사의 수입은 80만 원이 된다. 그러나 출판사가 두 학술지를 묶어 45만 원에 판매한다면 수입은 90만 원이 되어 개별 판매의 경우보다 높은 이윤을 창출할 수 있는 것이다.

이 경우는 미 교수와 적 교수의 지불의사금액이 음의 상관관계(negative correlation)를 가진다. 이런 경우에는 출판사는 묶음판매를 통해 완전가격차별과 같은 효과를 얻는다.

(3) 묶음판매의 가격차별 효과 분석 모형

바코스와 브린졸프손(Bakos and Brynjolfsson, 1999)은 상품의 개수가 아주 많을 때의 효과를 분석했다. 여기에서는 대수의 법칙(law of large numbers)에 의

---

[1] 여기에서 가격차별이란 용어는 묶음판매가 독점생산자의 이윤을 증가시킨다는 넓은 의미로 사용된다.

해 상품의 개수가 증가할수록 생산자가 소비자의 모든 잉여를 획득할 수 있음을 보여준다.

인터넷의 발전으로 다수의 재화를 묶음판매하는 것에 대한 기술적 제약이 약화되고 있다. 완전가격차별이 가능하면 기업이 모든 잉여를 획득할 수 있으나 실제로 완전가격차별은 어렵다. 일반 독점기업은 이윤이 최대가 되는 하나의 가격 수준을 결정하게 되며, 이 경우 <그림 1>에서와 같이 소비자잉여(consumer surplus, CS)와 사중손실(dead weight loss, DWL)이 발생한다.

<그림 1> 독점기업의 가격 결정(C=0)

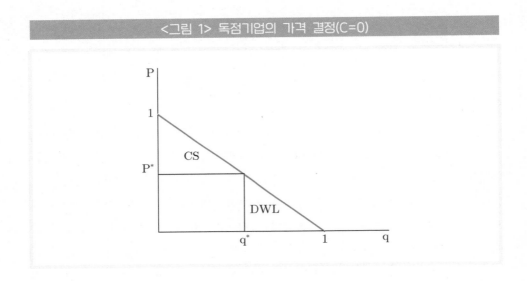

기업이 재화들을 다수의 묶음으로 판매한다고 상정하면, 즉 재화의 수 n이 커짐에 따라 대수의 법칙이 성립하여 소비자잉여(CS)와 사중손실(DWL)이 작아지고 기업의 이윤은 증가한다.

재화의 수 n이 커짐에 따라, 수요곡선은 <그림 2>와 같이 보다 중심으로 몰려 평균 근처에서 평평한 수요곡선이 나온다(대수의 법칙). 따라서 기업은 거의 확실하게 모든 소비자잉여를 획득할 수 있게 된다. 이런 의미에서 묶음판매는 일종의 가격차별이라 할 수 있다. 즉 이질적인 소비자에게 각기 다른 가격을 책정하는 것이 아니라, 소비자의 이질성(heterogeneity)을 줄임으로써 이윤을 증가시키고 DWL을 줄여서 효율성도 증가시킨다.

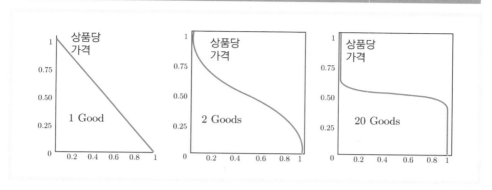

(4) 인터넷이 묶음판매에 미치는 영향

앞서 살펴본 바와 같이, 묶음판매의 가격차별적인 효과는 인터넷이든 인터넷이 아니든 존재한다. 디지털경제에서도 생산자들은 이윤 극대화를 위해 묶음판매를 시도할 것이다.

인터넷은 분배비용을 획기적으로 낮추기 때문에, 소액지불시스템(micro-payment system)이 완비되기만 한다면 예전에는 불가능하였던 낱개판매가 기술적으로 가능해진다. 각 신문기사의 낱개판매, 자바 애플릿(Java applet)으로 대표되는 컴퓨터 기능의 낱개판매 등이 주요 예들이다. 반면에 디지털재의 경우 재생산비용이 0에 가깝기 때문에, 1년 치 신문 기사를 CD로 제공하는 등 예전보다 더 광범위한 규모의 묶음판매가 가능하게 된다.

결론적으로 인터넷이 재생산비용 및 분배비용 중 어느 비용을 더 낮추는지에 따라 묶음판매 또는 낱개판매가 더욱 성행할 것으로 보인다. 인터넷은 다양한 bundling 및 unbundling을 기술적으로 가능하게 하고, 따라서 기존의 디지털재 판매자들은 가장 적절한 묶음판매의 형태 및 가격 전략이 어떠하여야 하는지에 대해서 분석하고 선택해야 한다.

2. 디지털재의 공유 및 대여

디지털재의 경우에는 구매 이외에도 공유(sharing)나 대여(renting)의 방식으로 소비가 이루어지고 있다. 예를 들면 도서관의 도서 대여, 소프트웨어의 공유, 불법복제도 일종의 공유 행위이다.

소비자 간 공유나 대여가 가능할 경우 판매자의 이윤은 감소하는가? 공유나 대여가 있을 경우에 디지털재의 가치는 높아지고 판매량은 감소한다. 따라서 판매자는 각 판매 단위에 대해 보다 높은 가격을 책정할 수 있는 반면에 전체적으로 판매량은 감소한다. 일례로는 저널(journal)의 기관 가격(institution price)과 개인 가격(individual price)의 차이를 들 수 있다. 이 두 가지 효과를 비교함으로써 기업의 이윤, 소비자잉여 및 사회 후생의 변화를 측정하는 것이 가능하다.

공유나 대여는 전유성(appropriability)의 문제와 연관된다. 전유성은 직접 전유성(direct appropriability)과 간접 전유성(indirect appropriability)으로 구분하는데, 직접 전유성은 정보재의 판매자가 초기 구매자에게서 직접적으로 보상을 받는 것을 의미하고, 간접 전유성은 판매자가 초기 구매자 이외의 소비자에게서 간접적으로 얻게 되는 보상을 의미한다. 공유나 대여는 간접 전유성을 보여주는 대표적인 사례이다(Varian, 2000).

(1) 대여모형(renting)

이 모형의 가정은 다음과 같다. 정보재의 생산자(예: 출판사)가 존재하며, 이 생산자의 한계비용은 c이다. 이 경제 내에는 n명의 소비자와 m개의 대여점(예: 도서관)이 존재한다. 출판사는 1) 소비자에게만 판매하거나, 2) 도서관에만 판매하며 이 둘 중 하나를 선택한다고 가정한다.

이 경우에 소비자의 효용은 다음과 같다.

$U = v - P^b$: 구매할 때

$U = v - P_i^r - w$: i 대여점에서 대여할 때

$U = 0$: 소비하지 않을 때

여기에서 P^b는 정보재의 판매 가격, P_i^r는 i 대여점의 정보재 대여 가격, w는 대여 시의 비용으로 예를 들어 이동 시간, 대기 시간 등 또는 소유하지 않음으로 인한 효용 감소 등이다.

1) 출판사가 소비자에게만 판매하는 경우

이 경우에 균형에서 $v = P^b$가 되고, 출판사의 이윤은 $\Pi^b = n(v-c)$가 된다.

2) 출판사가 대여점에 판매하는 경우

이 경우에 균형에서 각 대여점의 대여 가격은 $P_i^r = v - w$가 된다. 그리고 n명의 소비자와 m개의 대여점이 있으므로 각 대여점의 대여 수량은 $q_i = \dfrac{n}{m}$이 된다. 따라서 출판사가 각 대여점에 판매할 때의 최대 가격은 $P_i = P_i^r q_i = (v-w)\dfrac{n}{m}$이 된다. 그러므로 출판사의 이윤은 $\Pi^r = (P_i - c)m = (v-w)n - cm$이 된다.

3) 두 경우의 출판사 이윤의 비교

$$\Pi^r \geq \Pi^b \iff (v-w)n - cm \geq n(v-c)$$
$$\iff c(n-m) \geq wn$$
$$\iff w \leq \frac{c(n-m)}{n}$$

정리 1(Theorem 1)
① w가 작을수록, ② c가 클수록, ③ n−m이 클수록, 소비자에게만 판매하는 것보다 대여가 출판사에게 유리하다.
직관적으로 볼 때 대여점의 존재는 출판사가 보다 적은 부수로 같은 규모의 소비자에게 접근할 수 있게 한다. 여기의 단순한 모형에서는 생산자가 모든 잉여를 획득하기 때문에 사회적 후생은 생산자의 이윤과 동일하다. 물론 도서관 운영 비용을 고려하면, 그만큼 대여 시의 사회 후생은 낮아지게 된다.

정리 2(Theorem 2)
m이 커지면 Π^r이 감소하여, 상대적으로 소비자에게 직접 판매하는 것이 유리하게

된다. 그러나 m이 커지면 w가 감소하는 것이 자연스럽고, 이 경우 위의 정리가 성립하지 않을 수 있다.
이 단순 모형이 가지고 있는 한계는 소비자들이 동일한 선호를 가지고 있다는 가정이다.

(2) 공유모형(sharing)

특정한 정보재를 한 단위 소비하고자 하는 일정 수의 소비자가 존재하는 모형을 고려해보자. 이 소비자들을 지불의사금액이 좋은 순으로 배열하고, <그림 3>과 같이 y번째 소비자의 지불의사금액을 r(y)로 표시하는 역수요함수를 도출한다.

<그림 3> 역수요함수의 도출

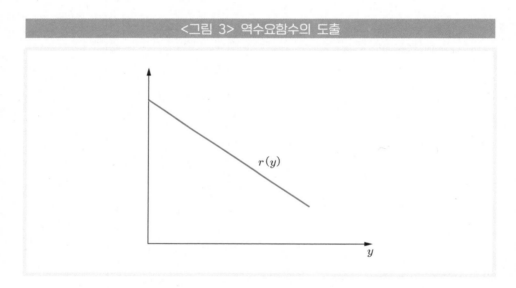

1) 소비자 공유가 없는 경우 생산자 문제

생산의 한계비용은 c이고 고정비용을 F라고 할 때, 이윤 극대화를 위한 생산자의 문제는 다음과 같다.

$$\max \ r(y) - cy - F \ \text{···} (1)$$

이 문제의 해(solution)를 y_b라고 하자(여기에서 b는 buy를 나타낸다). 그러면 y_b에서 $MR(y) = c$가 된다.

2) 소비자 공유 시의 생산자 문제

이제 소비자들이 k명으로 구성된 클럽(club)을 조직하여 정보재를 공유한다고 하자. 그리고 각 구성원들은 동일한 금액을 지불하고, 판매자가 x만큼의 정보재를 판매하면, kx만큼의 소비가 이루어진다. 그리고 대기 시간, 이동 시간 등 정보재 공유의 거래비용(transaction cost)은 t라 하자.

여기에서 kx만큼의 정보재가 소비되면, 한계소비자의 지불의사금액은 r(kx)이고 거래비용은 t이므로, 이 소비자는 $r(kx) - t$만큼 지불하려고 한다. 따라서 이 경우 정보재의 가격은 $k[r(kx) - t]$가 된다.

예를 들면 6명의 소비자가 있고 이들의 지불의사 금액은 (9, 8, 7, 6, 5, 4)이라 하자. 비공유의 경우에는 가격이 6이면 4명의 소비자가 구매한다. 공유의 경우에는 2명으로 구성된 3개의 클럽이 지불의사금액이 높은 순서대로 [(9, 8), (7, 6), (5, 4)]와 같이 존재하고, 여기에서 거래비용 t=0이라 하자. 그리하면 가격이 16이면 1 클럽이 구매하고, 가격이 12이면 2 클럽이 구매한다.

이 경우에 클럽 형성 시 이윤 극대화를 위한 생산자 문제는 다음과 같다.

$$\max k[r(kx) - t] - cx - F$$

이를 다시 전개하면

$$\max r(kx)kx - \left(t + \frac{c}{k}\right)kx - F.$$

여기에서 $y = kx$로 놓으면,

$$\max r(y)y - \left(t + \frac{c}{k}\right)y - F \quad\cdots\cdots\cdots\cdots\cdots\cdots\cdots\cdots\cdots (2)$$

이 문제의 해를 y_s라 하자(여기서 s는 sharing이다). 그러면 y_s에서 $MR(y) = t + \frac{c}{k}$가 된다. 여기에서 식 (2)는 식 (1)의 유형과 매우 유사한 방정식이며, 단지 한계비용의 유형에서만 차이가 난다.

3) 직접 구입과 공유의 비교

이제 공유가 직접구입보다 유리한 경우, 즉 $y_s > y_b$ 의 경우는 오직 $\left[t + \dfrac{c}{k}\right] < c$ 일 때이다. 이를 다시 정리하면 다음과 같다.

$$t < c\left[\frac{k-1}{k}\right] \quad\text{···(3)}$$

<그림 4> 직접 구입과 공유의 균형 비교

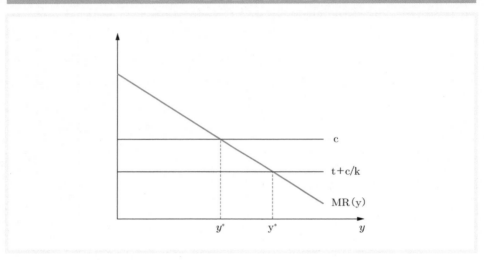

정리(Theorem)

만일 $t < c\left[\dfrac{k-1}{k}\right]$ 이면 공유의 경우가 순수 구매의 경우보다, ① 보다 많은 정보재가 소비되고, ② 소비 단가가 더 낮으며, ③ 판매자 이윤이 더 높고, ④ 소비자잉여가 더 증가한다.

즉 공유의 거래비용이 낮을수록 공유가 직접 구매보다 효율적인 제공 방식이다. 이는 실질적으로 생산비용이 낮아지는 효과를 발생시킨다. 그러나 만일 t=c=0이면 공유와 순수 구매가 모든 면에서 동일하게 된다.

---

3. 이부가격(two-part tariff)

가격차별이 여의치 않을 경우 독점기업은 다른 방법으로 소비자잉여를 독점이윤으로 흡수하려고 노력하게 된다. 이러한 방법 중 하나가 이부가격 (two-part tariff) 설정 방식이다(Varian, 2014). 이부가격은 하나의 제품에 대해 두 가지 종류의 요금을 책정하는 것을 지칭한다. 예를 들어 디즈니랜드나 롯데월드 같은 놀이공원에서 입장료를 내고 들어가 놀이시설을 이용하려면 다시 요금을 내야 한다든가, 코스트코 같은 쇼핑몰을 이용하려는 사람이 연회비를 내고 들어가 다시 각 물건에 대하여 구입비를 지불해야 한다든가, 휴대전화의 사용에 기본료와 통화료를 내야 하는 것 등이 바로 이에 해당한다.

이제 디즈니랜드에 하나의 탑승 기구만 있고, 이에 대한 사람들의 수요는 동질적이며, <그림 5>에서와 같이 대표적 소비자의 수요곡선이 주어졌다고 가정한다. 이 경우에 이윤 극대화를 추구하는 독점기업은 입장료(entry fee)와 탑승료(usage fee)를 어떤 수준으로 설정해야 할까? 입장료를 높게 책정하는 대신 답승료을 낮추어줄 수도 있고, 탑승료를 낮게 해주면서 입장료를 비싸게 받을 수도 있다. 문제는 이 둘의 어떤 조합이 기업의 이윤을 가장 크게 해줄 수 있느냐에 있다.

<그림 5> 이부가격

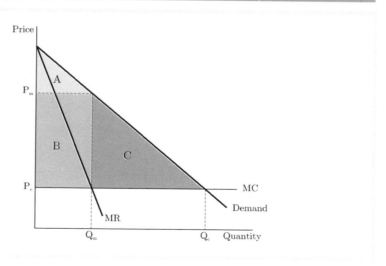

만약 지금 고려의 대상이 되고 있는 상품의 가격이 이 독점기업의 이윤을 극대화하는 조건(즉 MR＝MC)을 만족하는 P_m이라면 Q_m만큼을 소비할 것이며 이때의 소비자잉여는 A가 된다. 이 경우에 디즈니랜드는 A만큼의 소비자잉여를 입장료로 징수할 수 있게 되어 기업의 이윤은 A＋B가 된다. 그러나 만약 탑승료를 한계비용에 일치시켜 소비자로 하여금 Q_c를 선택하게 할 때 디즈니랜드가 입장료로 거두어들일 수 있는 소비자잉여는 최대(A＋B＋C)가 되어 기업의 이윤은 A＋B＋C가 된다.

즉 독점기업이 소비자의 수요 조건을 완전하게 파악할 수 있는 경우라면, 탑승료를 한계비용과 일치하게 하고 입장료는 그의 소비자잉여와 같게 만들 때 이윤을 극대화할 수 있게 된다(Hayes, 1987).

4. 계획적 퇴화(planned obsolescence)

계획적 퇴화란 디지털재의 판매자가 잦은 업그레이드 버전(upgrade version)의 출시를 통해 구버전을 의도적으로 쇠퇴시키는 방식을 지칭한다. 업그레이드는 환경의 변화나 자체적인 기술발전에 따라 과거 상품 원본의 기능을 향상시켜 새로운 상품을 만드는 것이다.

디지털재의 판매자는 디지털재의 파괴 불가능성으로 인해 자신이 과거에 판매한 제품과의 경쟁하에서 신규 제품을 판매하여야만 하는데, 이를 극복하기 위해 디지털재의 내성을 약화시키는 전략이 바로 계획적 퇴화이다. 이러한 계획적 퇴화는 새로운 기능을 갖춘 상품을 출시함으로써 시장에서 우위를 얻고자 하는 상품 차별화의 수단일 뿐만 아니라 시간에 따른 가격 차별화를 실현할 수 있는 수단이기 때문이다(Bulow, 1986).

그런데 이러한 계획적 퇴화 시에는 후방호환성(backward compatibility)에 대한 고려가 매우 중요하다. 만약 후방호환성이 불가능하면 구제품 소비자들로부터 신제품 소비자가 네트워크 외부성을 얻을 수 없기 때문이다.

계획적 퇴화는 특히 소프트웨어 제품에서 행해지고 있음에도 소비자가 지속적으로 신제품을 구입하는 현상이 광범하게 발견된다. 이러한 현상이 발생하는 이유는 만약 새로운 제품을 구입하지 않으면 소비자 자신이 낙후되어 세상과 호환되지 않을까 우려하기 때문이다(Ellison and Fudenberg, 1999). 이와 같은 제품 품질의 실질적인 향상이 없는 신제품의 출시는 소비자의 전환비용을 증가시키고 자원의 낭비를 조장하는 측면이 있다고 할 수 있다.

5. 맛뵈기(previewing and browsing)

맛뵈기는 사용자들에게 시험(try-out)할 기회를 제공함으로써, 시장을 높은 수요를 가진 소비자와 낮은 수요를 가진 소비자로 분할하여 최대한 높은 가격을 책정하기 위한 판매자의 전략이라 할 수 있다.

디지털재의 경험재적인 특징에 대응하는 한 방법으로 많은 디지털재 판매자들은 제품의 일부를 맛볼 수 있게 하는 전략을 채택하고 있다. 맛뵈기는 컴퓨터 프로그램의 경우에는 셰어웨어(shareware),[2] 이중제품 제공(dual track)[3] 방식 등이 있다. 온라인 음악 CD 판매의 경우 수록 음악의 일부를 들려주는 방법이 있고, 인터넷 서점에서 책을 사기 전에 내용을 훑어보는 것도 일종의 맛뵈기라 할 수 있다.

---

[2] 셰어웨어(체험판, 보통 평가판, 후불 소프트웨어, 지불 프로그램)는 컴퓨터 소프트웨어의 마케팅 방식의 하나이다. 데모웨어(demoware), 평가 소프트웨어라고도 부른다. 셰어웨어 소프트웨어는 보통 인터넷에서 내려받거나 잡지에 포함된 디스크를 통해 무료로 제공된다. 사용자는 그 프로그램을 시험 삼아 써볼 수 있다. '구매하기 전에 한번 써보라'라는 뜻을 셰어웨어는 내포하고 있다. 셰어웨어 프로그램은 구매 요청 메시지를 보여주며, 소프트웨어 배포 라이선스는 그러한 지불 방식을 요구하게 된다. 보통 이러한 소프트웨어는 사용 기간과 기능에 제약이 있다.

[3] 이중제품 제공 방식은 동일한 업무를 수행하는 두 가지 유사 제품을 제공하는 방식이다. 상급 제품은 다양한 기능을 갖춘 제품으로 가격이 책정되며 하급 제품은 몇 가지 기본적인 기능만 갖춘 제품으로 무료로 제공된다. 이는 하급 제품을 사용해본 자가 제품이 유용하다고 판단할 때 가격을 지불하고 상급 제품을 구매하도록 하기 위해서다.

참고문헌

Bakos, Y. and E. Brynjolfsson, 1999, "Bundling Information Goods: Pricing, Profits and Efficiency", *Management Science*, 45(12), 1613−1630.

Bulow, J., 1986, "An Economic Theory of Planned Obsolescence", *The Quarterly Journal of Economics*, 101(4), 729-749.

Ellison, G. and D. Fudenberg, 1999, *The Neo−Luddite's Lament: Exessive Upgrades in the Software Industry*, Harvard Institute of Economic Research, Working Papers 1870.

Hayes, B., 1987, "Competition and Two−Part Tariffs", *Journal of Business*, 60(1), 41-54.

Varian, H. R., 2000, Buying, Sharing, and Renting Information Goods, *Journal of Industrial Economics*, 48(4), 491−488.

Varian, H. R., 2014, I*ntermediate Microeconomics with Calculus*, New York: W. W. Norton & Company.

디지털재의 가격 결정 방식 Ⅲ
: 공짜 경제학과 공유경제

　최근 부상하는 사물인터넷의 엄청난 생산성으로 인한 제로 수준의 한계비용 사회로의 전환으로 협력적 공유사회(collaborative commons)라는 새로운 경제 시스템이 등장할 것으로 예상된다. 무언가 디지털화할 수 있는 것은 결국 공짜 버전을 피할 수 없다면 살아남을 수 있는 대안을 모색해야 한다.

　디지털 전환에 따라 부상하는 공유경제(sharing economy)는 가격에 의해 규정되지 않고 사회적 관계의 복잡한 조합에 의해 규정되는 경제를 의미한다. 특히 디지털 사회는 모든 부문에서 제로 수준의 한계비용으로 협력하며 가치를 창조해나가는 보편적인 공유사회를 제공한다. 이러한 전제 안에서 소통 매개체의 존재의 당위성이 보장되고 있으나, 오늘날 인터넷의 주요 부문 대부분은 독점이나 과점이 지배한다. 따라서 소통 매개체의 상업적 사유화 문제는 심도 있게 다뤄야 할 중요한 쟁점이다.

　여기서는 디지털재의 가격 결정 방식으로 공짜 경제학과 공유경제에 대하여 분석하고, 소통 매개체의 독과점 문제에 대하여 살펴보고자 한다.

1. 공짜 경제학(freeconomics=free+economics)

　디지털화할 수 있는 모든 것은 마치 중력(重力)처럼 값이 공짜에 가까워지는 현상에서 벗어날 수 없다. 크리스 앤더슨(Chris Anderson)은 "디지털 재화라면 조만간 공짜가 될 것이다. 무료화의 힘은 법과 규제로 막을 수 없다"라고 말했다. 당신이 공짜 상품을 제공하지 않으면 다른 누군가 그 방법을 찾아낼 것이다. 실제로 리눅스를 상대했던 마이크로소프트, 구글을 상대했던 야후에서도 일어난 일이다. 그렇다면 살아남는 방법은 무엇일까? 공짜 경제를 피할 수 없는 현실로 간주하고 이 시대에 살아남을 수 있는 창의적인 대안들을 살펴보자.

(1) 프리미엄(freemium=free+premium) 모델

95%의 범용 서비스는 공짜로 제공하되 나머지 5%의 차별화되고 개인화된 서비스를 소수에게 비싸게 팔아서 수지를 맞추라는 것이다. 공짜로 해서 효과적인 일에는 공짜 버전(version)을 제공하되, 그중 일부를 유료화해서 소수의 사용자로 하여금 돈을 지불하게 하는 것으로, 일종의 시장 세분화(market segmentation) 전략이다(Anderson, 2009).

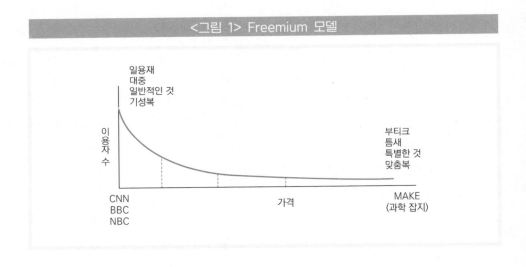

<그림 1> Freemium 모델

1) 수직축의 공짜 부분에 있는 것은 일용재(commodity)와 대중(mass), 일반적인 것(general), 범용품(one size fits all)이다.
2) 수평축의 희귀한 것(scarcity)과 부티크(boutique), 틈새(niche), 특별한 것(specific), 맞춤형(tailored) 등은 자신에게 특별한 의미가 있는 것들이다.

왼쪽, 즉 공짜 부분에 있는 것은 일용재(commodity)와 대중(mass), 일반적인 것(general), 범용품(one size fits all)이다. 반면 오른쪽은 희귀한 것(scarcity)과 부티크(boutique), 틈새(niche), 특별한 것(specific), 맞춤형(tailored) 같은 자신에

게 특별한 의미가 있는 것들이다. 예를 들어 어떤 이는 "CNN 같은 것은 내게 특별하지 않다. 그게 없으면 BBC, NBC로 가면 된다. 하지만 나는 『메이크 (MAKE: 과학잡지)』라는 잡지는 돈을 주고 사 본다"라고 말한다.

1) '테드(TED)' 강연

저명인사 초청 콘퍼런스로 유명한 학술 기관 '테드(TED)' 강연은 인터넷 동영상으로 공짜로 볼 수 있음에도 불구하고 사람들은 실제 강연에 참석하기 위해 장당 6,000달러를 지불한다. 강연에 참석하는 것은 단순히 강연장에 앉아 있는 것 이상의 경험이기 때문이다. 즉 유명인과 복도에서 대화를 나눌 수 있고, 때로는 식사를 같이할 수도 있다. 그리고 어쨌든 시장이 그만큼 가치를 지불하려고 한다는 사실이 중요하다. 시장이 기꺼이 값을 치른다면, 정의상 그것은 성공적인 가격인 것이다.

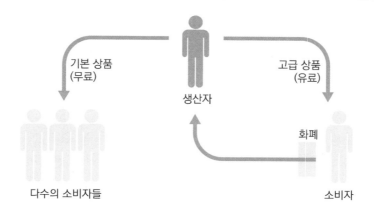

<그림 2> 공짜모델: 프리미엄(freemium: free+premium)

1) 기본 상품은 다수의 소비자들에게 무료로 제공한다.
2) 고급 상품은 소수의 소비자들에게 유료로 제공한다.

2) 와이어드(Wierd) 잡지

앤더슨은 "와이어드(Wierd) 잡지의 경우 인터넷으로는 콘텐츠를 공짜로 제공한다. 이렇게 공짜로 보는 사람이 1,400만 명이다. 정기구독을 하면 연 12달러이니 월 1달러인데, 구독자가 80만 명이다. 가판대에서는 한 권에 5달러에 파는데 9만 명이 이렇게 사 본다. 그런데 나아가서 20달러 버전, 99달러 버전, 1,000달러 버전도 나올 수 있다. 예를 들어 '와이어드 클럽'이란 것을 만들어서 누가 편집장인 나랑 식사하면서 대화를 나누는 데 비싼 돈을 내게 만들 수도 있다"라고 말했다.

3) 넥슨(Nexon)의 게임

프리미엄 모델의 사례로는 넥슨(Nexon: '메이플스토리'와 '카트라이더'로 어린이들 사이엔 신화적인 게임회사)을 꼽을 수 있다. 이 한국의 온라인게임은 기본적으로 누구나 공짜로 즐길 수 있다. 하지만 게임 곳곳에 유저들로 하여금 돈을 지불하게 하는 온갖 장치들이 있다. 심리학을 응용해서 말이다. 예를 들어 메이플스토리를 하다가 죽으면 처음부터 다시 시작하지 않고(이른바 '경험치'가 깎이지 않고) 예전 상태로 부활하는 '호신부적'을 구입할 수도 있다.

4) 기타 프리미엄(freemium) 모델의 실제 사례들

- 세일즈포스: 30일 무료, 그 이후 유료 전환
- 스카이프: 컴퓨터 간의 통화는 무료, 컴퓨터와 전화 간의 통화는 유료
- 대부분의 비디오 게임: 데모용 소프트웨어는 무료, 완전판은 유료
- 잡지와 서적 등 많은 상품: 웹 콘텐츠는 무료, 인쇄 콘텐츠는 유료
- 구글의 북서치를 이용하는 출판업체들: 서적의 일부 콘텐츠는 무료, 서적은 유료
- 플리커: 사진 공유 서비스는 무료, 저장 공간이 더 필요 시 유료 판매
- 매킨지와 매킨지저널: 일반적인 경영 정보는 무료, 맞춤 경영 정보는 유료
- 세컨드 라이프: 가상 관광을 무료 제공하고, 가상 토지를 유료 판매

(2) 공짜의 심리학

행동경제학자 댄 애리얼리(Dan Ariely, 2010)의 실험을 살펴보자. 그는 15센

트짜리 초콜릿과 1센트짜리 초콜릿을 각각 피실험자들에게 팔았다. 그러다가 값을 각각 1센트씩 낮췄다. 그래서 하나는 14센트가 되고, 하나는 공짜가 됐다. 값의 차이는 여전히 14센트로 같았는데도, 하나가 공짜가 되자 판매가 폭발적으로 늘어났다.

우리는 물건 하나를 살 때도 여러 가지를 고민한다. 뭔가 손해를 보지 않을까 두려워한다. 그러나 공짜가 되면 손해를 걱정할 필요가 없다. 다시 말해 공짜의 진정한 힘은 '심리적 거래비용(mental transaction cost)'을 제로로 만드는 것이다.

앞으로 공짜가 될 가능성이 높은 제품이나 서비스는 아마도 의료 관련 산업일 것이다. 보다 많은 정보와 보다 나은 소프트웨어가 일을 쉽게 만들 것이고, 이로 인해 공짜로 될 가능성이 높아진다. 대신 값비싼 의사들의 시간은 보다 특화된 일에 초점을 맞추게 될 것이다. 세무 회계가 비슷한 과정을 거쳤다.

그렇다면 어떻게 공짜와 경쟁할 수 있는가? 무언가 디지털화할 수 있는 것은 결국 공짜 버전이 나오고 만다. 공짜 버전이 제공하지 못하는 것을 제공하라. 아이튠즈(iTunes: 애플의 온라인 음악 판매 사이트)가 제공한 것은 편리함이었다(여전히 인터넷에서 공짜로 음악을 다운로드받을 수 있지만, 아이튠즈를 이용하면 편리하기 때문에 한 곡에 99센트를 주고 이용한다는 의미). 제품을 파는 시대에서 서비스를 파는 시대로 바뀌고 있다.

(3) 한계비용 제로 사회(zero marginal cost society)

제레미 리프킨(Jeremy Rifkin, 2014)은 최근 부상하는 사물인터넷을 통해 세계가 엄청난 생산성과 제로 수준의 한계비용 사회로 전환하며 '협력적 공유사회(collaborative commons)'라는 새로운 경제 시스템이 세계 무대에 등장하고 있다고 분석한다.

1) 한계비용 제로 사회

인터넷이라는 매개체의 속성은 분산적이고 협력적이며, 피어투피어(peer-to-peer, P2P) 생산과 경제활동의 수평적 규모 확대를 가능하게 해준다. 특히 커뮤니케이션 인터넷, 에너지 인터넷, 물류 인터넷이 하나의 상호작용 시스템으로 연결되어 사물인터넷이 형성되면 사회를 유지하는 온갖 요소와 프로세스에 관한 방대한 빅데이터가 제공될 것이며, 개방형 글로벌 공유사회에서 세계 모든 사람들이 그러한 빅데이터를 협력적 방식으로 공유하면서 높은 생산성과 한계비용 제로 사회의 방향으로 나아갈 수 있을 것이다.

　　자본주의 경제의 종반전에 이르면 치열한 경쟁으로 기술은 계속 발전하고 그에 따라 생산성이 최고점에 달해 판매를 위해 생산하는 각각의 추가 단위가 '제로에 가까운' 한계비용으로 생산되는 상황이 발생한다. 다시 말하면 한계비용이 기본적으로 제로 수준이 되어 상품과 서비스의 가격을 거의 공짜로 만드는 상황이 발생한다.

　　리프킨이 지적하는 한계비용 제로 현상은 이미 오래전부터 '정보 상품' 산업계 전반을 사정없이 파괴해왔다. 수백만에 달하는 소비자들이 파일 공유 서비스를 통해 음악을, 유튜브를 통해 동영상을, 위키피디아를 통해 지식을, 소셜 미디어를 통해 뉴스를, 심지어 월드와이드웹을 통해서는 무료 전자책까지 자체적으로 생산하고 공유하기 시작하면서, 이러한 현상은 음악 산업을 굴복시켰고 영화 산업을 뒤흔들었으며 신문과 잡지를 폐간시켰고 출판 시장에 심각한 손상을 안겨주었다.

　　교육도 마찬가지이다. 코세라(Coursera), 유다시티(Udacity), 에드엑스(EdX) 같은 개방형 온라인 강좌(massive open online courses, MOOCs)에는 이미 600만 명에 달하는 학생이 등록해 있다. 세계적으로 유명한 교수들을 내세우는 이러한 서비스는 현재 대학 학점으로도 인정되며, 대학의 값비싼 비즈니스 모델에 대한 의심을 불러일으키고 있다.

　　한계비용 제로 사회는 전반적 복지를 증진하는 최적의 효율 상태로서 자본주의의 궁극적 승리를 상징한다. 그렇지만 그 승리의 순간은 또한 자본주의가 세계 무대의 중앙에서 불가피하게 물러날 수밖에 없음을 의미한다. 물론 자본주의가 아예 사라지지는 않겠지만, 그것이 우리를 한계비용 제로 사회에 가까이 데려다 놓을수록 한때 도전을 불허하던 스스로의 권능은 감소할 수밖에 없을 것이며 희소성보다는 풍요가 특징인 시대에서 경제생활을 구성하는 완전히 새로운 방식에 자리를 내줄 것이다.

2) 협력적 공유사회

　　커뮤니케이션 인터넷과 에너지 인터넷, 물류 인터넷이 결합한 사물인터넷은 상호 연결된 글로벌 공유사회 안에서 모든 인류를 통합할 수 있는 신경 시스템과 물리적 수단을 제공해준다. 이것이 바로 스마트 도시, 스마트 지역, 스마트 대륙, 그리고 스마트 지구이다.

모든 인간 활동을 지능형 글로벌 네트워크 안에서 연결하면 전혀 새로운 경제적 존재가 탄생한다. 그것은 금융 자본보다는 사회적 자본을 더 필요로 하며, 수직적이 아니라 수평적으로 규모를 확대하고, 엄격한 자본주의 시장 메커니즘이 아니라 공유사회 관리 방식이 보다 적합하다. 앞으로 도래하는 시대에는 사회의 경제활동을 조직하던 정부와 민간 부문의 오랜 동반자 관계가, 공유사회가 추가된 삼자 관계로 대체될 것이다. 협력적 공유사회의 역할이 갈수록 커져가는 가운데 정부와 시장의 힘이 보완적 역할을 수행하는 식으로 바뀌어 갈 것이다.

수십억에 달하는 사람들이 이미 그들 경제생활의 이런저런 부분을 자본주의 시장에서 글로벌 협력적 공유사회로 옮겨놓고 있다. 협력적 공유사회의 프로슈머들은 더 이상 제로 수준의 한계비용으로 각자의 정보와 오락, 녹색에너지, 3D 프린터, 방대한 개방형 온라인 강좌만 생산하고 공유하는 것이 아니다. 그들은 낮거나 제로 수준의 한계비용으로 소셜 미디어 사이트나 대여 및 재배포 동호회, 협동조합을 통해 서로 자동차와 집, 심지어 옷까지 공유하고 있다.

인터넷의 분산적, 협력적 성격은 수백만 명이 자기는 넉넉히 가지고 있으면서 타인에게 유용한 모든 것을 공유할 적합한 상대를 찾게 도와주었다. 협력적 공유사회의 탄생이다. 이는 시장 자본보다 사회적 자본에 훨씬 더 의존하는 새로운 종류의 경제이다. 익명의 시장 권력보다는 사회적 신뢰를 토대로 살아 숨 쉬는 경제이다.

'협력적 공유사회'는 이미 우리가 경제생활을 조직하는 방식에 변혁을 가하며 소득 격차를 극적으로 축소할 수 있는 가능성을 제시하고 글로벌 경제의 민주화를 촉진하는 한편 환경 면에서도 보다 지속 가능한 사회를 창출하고 있다.

2. 공유경제(sharing economy)

공유경제는 물품을 소유의 개념이 아닌 서로 대여해주고 차용해 쓰는 개념으로 인식하여 경제활동을 하는 것을 가리키는 표현이다. 현재는 '물건이나 공간, 서비스를 빌리고 나눠 쓰는 인터넷과 스마트폰 기반의 사회적 경제 모델'이라는 뜻으로 많이 쓰인다. 인터넷과 SNS가 발달함에 따라 시공간의 제약 없이도 공유경제가 확산될 수 있었다. 이는 자신이 소유하고 있는 것을 타인과 공유, 교환, 대여함으로써 그 가치를 창출해낼 수 있는 협력적 소비의 일종이다.

2008년 로런스 레시그(Lawrence Lessig)가 공유경제가 무엇인지 가장 구체적으로 설명하였다. 레시그는 상업경제(commercial economy)를 대척점에 세워두고 문화에 대한 접근이 가격에 의해 규정되지 않고 사회적 관계의 복잡한 조합에 의해 규정되는 경제 양식을 의미한다고 공유경제를 정의했다. 또한 공유경제의 참여 동인을 '나 혹은 너'의 유익이라고 강조하여, 공유경제와 상업경제를 구분하는 기준점을 언급하였다.

(1) 공유경제의 특성

순다라라잔(Sundararajan, 2017)은 공유경제를 다음과 같은 특성을 가진 경제체제로 묘사한다.

① 주로 시장 기반: 공유경제는 상품의 교환과 새로운 서비스의 출현을 가능하게 하는 시장을 창출하여 잠재적으로 더 높은 수준의 경제활동을 야기한다.

② 영향력이 큰 자본: 공유경제는 자산과 기술에서 시간과 돈에 이르기까지 모든 것이 최대 역량에 더 가까운 수준에서 사용될 수 있는 새로운 기회를 연다.

③ '계층(hierarchies)'의 중심 기관보다는 군중 기반 '네트워크': 자본과 노동력의 공급은 기업이나 국가의 집합체보다는 분산형 개인 집단에서 이루어진다. 미래의 교류는 중앙집권화된 제삼자가 아닌 분산형 군중 기반 시장에 의해 중재될 수 있다.

④ 개인과 전문가 사이의 경계 모호: 노동과 서비스의 공급은 종종 누군가

를 태워주거나 누군가에게 돈을 빌려주는 것과 같은 피어투피어 활동을 상업화하고 확장하는데, 예전에는 '개인적'으로 여겨지던 활동이다.

⑤ 완전 고용과 임시 노동, 독립 고용과 종속 고용, 일과 여가 사이의 경계 모호: 전통적으로 많은 정규직 일자리는 시간 약속, 세분성, 경제적 의존성 및 기업가 정신의 연속 수준을 특징으로 하는 계약 작업으로 대체된다.

(2) 디지털 기술과 경제활동의 조직

챈들러(Chandler, 1993)가 보기에 역사에서 빼놓을 수 없는 것은 기술적 진보가 시장에서 벗어나 점점 더 정교한 계층구조로 나아가는 것을 강화하는 것으로 보인다는 것이다. 이러한 맥락에서, 디지털 기술이 우리를 반대 방향으로 이끌 것이라는 MYB(Malone, Yates and Benjamin: MYB, 1987)의 예측은 특히 주목할 만해 보인다.

<그림 3> 디지털 기술과 경제활동의 재조직

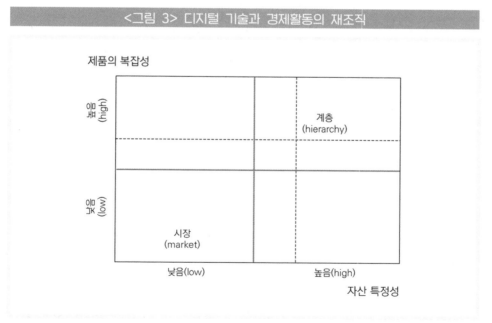

자료: Sundararajan, 2017.

1) 시장(market)은 '보이지 않는 손'이 수요과 공급의 균형을 이루는 가격을 결정하는 곳이다.
2) 계층(hierarchy)은 '보이는 손', 즉 기업이나 정부 등 계층 구조로 관리되는 곳이다.
3) 제품의 복잡성(complexity of product)은 경제적 거래에 필요한 측면을 기술하기 위해 정보의 필요한 양의 정도를 측정한다.
4) 자산 특정성(asset specificity)은 특정 거래를 지원하기 위해 투자한 금액이 다른 목적을 위해 재배치되는 경우보다 그 거래에 더 높은 가치를 갖는 정도를 측정한다.
5) 디지털 기술이 발전함에 따라, 시장을 통한 복잡한 제품 설명 처리와 관련된 조정 비용이 감소하므로, 보다 큰 일련의 활동에 대해 시장 기반 활동을 가능하게 한다,
6) 디지털 기술의 진보는 많은 경제활동에서 자산 특수성을 감소시켜, 일련의 경제활동을 시장으로 이동시킨다.

'시장'과 '계층'이라는 용어가 의미하는 바를 좀 더 잘 이해하는 것으로 시작해보자. 자본주의 경제는 적어도 두 가지 경제활동의 조직화 방법을 가지고 있다. 개인들이 다른 개인들로부터 사고 팔고, 그들의 시간과 돈을 그들 자신의 장비를 사용하여 상품과 서비스를 생산하는 데 투자하고, 때때로 돈을 빌려주는 다른 사람들에 의해 자금을 조달하는 시장이 있다. 시장은 애덤 스미스의 유명한 '보이지 않는 손'이 수요와 공급의 균형을 이루는 가격을 결정하는 곳이다. 그리고 우리가 일반적으로 기업이나 조직(또는 정부 기관)으로 생각하는 '보이는 손'인 '계층'이 있다. 이러한 기업에는 봉급생활자의 계층 구조로 관리되는 일련의 운영 단위가 포함되어 있다. 각 사업부에는 다양한 경제활동을 하는 추가 급여 근로자가 있다. 이 경영진의 위계질서에 의해 촉진되는 사업부 간의 조정과 교환이 있으며, 사업부 전체는 시장을 통해 고객뿐만 아니라 공급자와도 상호작용한다.

경제활동이 조직되는 방식은 생산비용의 상대적 규모와 시장을 통해 서로 다른 활동을 조정하는 비용에 기초한다. 후자를 '외부 조정비용'이라고 하자. 외부 조정비용이 생산비용에 비해 낮은 경우, 시장을 통해서 경제활동을 조직

하는 것을 선호한다. 그 반대라면, 위계질서적인 회사 내에서 활동을 조직하는 것이 더 이치에 맞다.

그러나 MYB는 더욱 중요한 것은 제품의 복잡성과 자산 특정성의 두 가지 추가 요소를 고려하는 것이라고 주장한다. 이 용어들이 무엇을 의미하는지 자세히 살펴보자. 경제적 거래에 필요한 측면을 기술하기 위해 더 많은 양의 정보가 필요할 때(또는 사업 보험 정책과 같이 상품이 복잡할 때) 해당 제품과 관련된 '상품 명세의 복잡성'이 더 높다. 이와는 대조적으로 주식 거래에서는 근원 자산이 복잡할 수 있지만, 티켓 기호, 가격, 수량 등 특정 제안을 평가하는 데 필요한 정보는 매우 간단하다.

MYB에 따르면 "매우 복잡한 제품 설명은 더 많은 정보 교환을 요구하기 때문에 시장보다 계층 구조의 조정 비용 이점도 증가시킨다. 따라서 단순히 기술된 제품(주식 또는 등급 상품)의 구매자는 시장의 많은 대체 공급업체를 더 쉽게 비교할 수 있는 반면, 복잡한 명세를 가진 제품의 구매자는(내부 또는 외부와 상관없이) 긴밀한 계층적 관계에서 단일 공급업체와 협력할 가능성이 더 높다."

MYB가 제공하는 프레임워크는 <그림 3>에 설명되어 있다. 디지털 기술이 발전함에 따라, 시장을 통한 복잡한 제품 설명 처리와 관련된 조정 비용이 감소하므로, 보다 큰 일련의 활동에 대해 시장 기반 활동을 가능하게 하거나, <그림 3>의 수평선을 점선으로 묘사되는 곳으로 이동시킨다.

다음으로 자산 특정성은 특정 거래를 지원하기 위해 투자한 금액이 다른 목적을 위해 재배치되는 경우보다 그 거래에 더 높은 가치를 갖는 정도를 측정한다. 경제활동에 관련된 입력(기술, 물리적 속성)이 그 경제활동에 특정할 때 경제활동을 조직이나 계층 구조 내에서 조직하는 것이 더 타당하다. MYB의 주장의 두 번째 부분은 디지털 기술의 진보는 많은 경제활동에서 자산 특수성을 감소시켜 <그림 3>의 수직선을 오른쪽으로 이동시키고, 일련의 경제활동을 시장으로 이동시킬 것이라는 것이다.

이러한 MYB의 설명은 최근 디지털 기술의 발전이 보다 효율적인 시장 메커니즘을 제공하고 관련 시장 거래 비용을 낮춤으로써 시장 경제에 상당한 운영 효율성을 가져다 준 것과 부합한다고 할 수 있다.

3. 커뮤니케이션 매개체의 상업적 사유화 문제

오늘날 인터넷의 주요 부문 대부분은 독점이나 과점이 지배한다. 구글은 검색을, 페이스북은 소셜 네트워크를 '소유'하고, 이베이는 경매를, 애플은 온라인 콘텐츠 배급을, 아마존은 소매를 지배하는 식이다.

이에 대하여 갈수록 많은 통신업계 분석가, 독점 금지 변호사, 자유문화운동 지지자가 가상공간의 이 새로운 실세들이 20세기의 전력 및 공익사업 회사들이나 AT&T처럼 실제로 자연 독점이 되는 것인지 묻고 있다. 이는 이들 소통 매개체들에 대해서 독점 금지 조치의 타당한 후보로 삼아야 할지 아니면 공익사업체로 규제할 대상인지 묻는 것이다.

공유사회 지지자들에 따르면 구글과 같은 검색 엔진이 말 그대로 '필수 기능'이 된다면, 그에 견줄 만한 대안적 검색 엔진이 없고 모두가 거기서 보편적 서비스를 제공받는 상황이 되면 구글은 자연 독점처럼 보이고 또 그렇게 작용하기 시작할 것이다. 여기저기서 '검색 중립성'을 요구하는 목소리가 나오기 시작한 이유가 여기에 있다. 그들은 민간 부문의 지배적인 검색 엔진은 영리적인 이유에서든 정치적인 이유에서든 검색 결과를 조작하고 싶은 유혹을 느낄 것이라고 경고한다.

더욱이 트위터 같은 소셜 미디어 사이트가 '순위'를 조작하도록 유혹받을 수도 있다. 각종 순위는 회원들을 끌어들이는 데 이용되는 인기 기능 중 하나이다. 예를 들어 트위터는 관심의 대상으로 떠오르는 주제와 이슈를 파악하는 트위터 트렌드(Twitter Trend)라는 기능을 관리한다. 트렌드를 파악해 순위를 매기는 데 사용되는 이 알고리즘이 그것을 감독하는 관리자의 편향을 반영해서 프로그래밍될지도 모른다는 의문이 제기되었다. 탈레톤 길레스피(Tarleton Gillespie, 2011)는 알고리즘 조작이 전적으로 불가능한 게 아니라고 말한다. 금전적인 이유나 이념적인 이유로 데이터에 손을 댈 수도 있는 영리 회사가 알고리즘을 만들었을 때는 특히 그렇다. 길레스피는 정보를 분류하고 정렬하고 우선순위를 매기는 알고리즘에 대한 대중의 의존도가 높아질 것이라고 말한다.

인류 역사가 축적되어 있는 집단지성의 대부분이 구글 검색 엔진으로 통제된다면 그것은 과연 무엇을 의미할까? 또한 페이스북이 30억 인구의 사회적 삶을 연결하는 가상 공공 광장의 유일한 감독관이 된다면? 또는 트위터가 인류의 독점적 가십난이 된다면? 오프라인 상업의 세계 역사상 이런 독점과 견줄 만한 것은 없었다.

오늘날 커뮤니케이션 매개체의 상업적 사유화 문제를 다뤄야 한다는 필요성은 의문의 여지가 없다. 모든 인류가 사회생활의 모든 부문에서 제로 수준의 한계비용으로 협력하며 가치를 창조해나가는 보편적인 공유사회를 제공한다는 전제 안에서 커뮤니케이션 매개체의 존재의 당위성이 보장되기 때문이다.

참고문헌

Anderson, C., 2009, *Free: The Future of a Radical Price*, New York: Hyperion.

Ariely, D., 2010, *The Upside of Irrationality: The Unexpected Benefits of Defying Logic at Work and at Home*, HarperCollins.

Chandler Jr., A. D., 1993, *The Visible Hand: The Managerial Revolution in American Business*, Cambrige, MA: Harvard University Press(orginal published 1977).

Gillespie, T., 2011, "Can an Algorithm Be Wrong? Twitter Trends, the Specter of Censorship, and Our Faith in the Algorithm around Us," *Social Media Collective*, Oct. 2011, Retrieved from https://escholarship.org/uc/item/ 0jk9k4hj.

Hauben, M. and R. Hauben, 1997, *Netizens: On the History and Impact of Usenet and the Internet*, Los Alamitos, CA: IEEE Computer Society Press.

Malone, T. W., J. Yates and R. I. Benjamin, 1987, "Electronic Markets and Electronic Hierarchies," *Communications of the ACM*, 30(6), 484−497.

Rifkin, J., 2014, *The Zero Marginal Cost Society: the internet of things, the col− laborative commons, and the eclipse of capitalism*, New York: St. Martin's Press Edison.

Sundararajan, A., 2017, *The Sharing Economy: The End of Employment and the Rise of Crowd−Based Capitalism*, Cambridge, Massachusetts: The MIT Press.

III

디지털 전환과 경제성장

기술 진보와 경제성장

　기술은 인류의 역사가 시작된 이래로 끊임없이 발전했고, 지난 100년간 그 이전과 비교해 놀라운 속도로 발전했다. 이 장에서는 기술 진보가 경제성장에 미치는 영향에 대한 주요 이론과 연구에 대하여 고찰하고자 한다.

　분업과 특화에 의한 기술 진보가 경제성장의 원천이며, 특화의 정도는 시장 규모에 의해 제한을 받는다는 애덤 스미스의 『국부론』은 최초의 경제성장 이론이라 할 수 있다. 신고전주의 성장이론에서 장기성장률은 외생적인 기술진보율(Solow 모형)에 따라 결정된다고 주장한다. 그러나 이 이론에서는 기술진보율이 설명되지 않고 있다.

　내생적 성장이론은 경제성장이 외생적인 힘이 아니라 내생적인 힘을 통해 내부에서 촉발된다고 설명한다. 내생적 성장이론에서는 인적자본, 혁신 및 지식에 대한 투자가 경제성장에 중요한 기여를 한다. 이 이론은 경제발전을 이끌 지식 기반 경제의 긍정적인 외부효과와 파급효과에 초점을 맞추고 있다. 내생적 성장이론은 경제의 장기적인 성장률이 정책적 조치에 달려 있다고 주장한다. 내생적 성장론은 신기술과 인적 자본이 생산에 결정적으로 중요하다고 본다.

　내생적 성장모형을 적용한 두 가지 연구 결과를 소개한다. 먼저 도시 성장의 연구에서는 주요 대도시별 성장률을 비교하여 지식의 파급현상이 중요한 것이라는 것을 보여준다. 그리고 인구와 기술과의 관계의 연구에서는 지식의 비경쟁적 요소가 경제에 미치는 영향이 얼마나 큰지를 입증한다.

1. 애덤 스미스의 국부론

(1) 보이지 않는 손: 시장의 자동 조절 기능

애덤 스미스(Adam Smith, 1776)는 세계를 하나의 상호 의존적인 거대 시스템과 자체 조절 능력이 있는 시장으로 보았고, 그 시장에서 가격은 모든 자원(토지, 노동, 자본)의 경쟁적 사용과 분배를 관리하는 자동적인 피드백 기능을 한다고 주장했다.

1) 경쟁과 균형

시장에서 물가가 제자리로 돌아오도록 하는 것은 바로 경쟁(competition)이다. 이러한 시스템이 잘 돌아가게 하려면 누구나 시장에 자유롭게 들어오고 나갈 수 있도록 해야 하며, 가능한 한 거래를 자주 하게 해야 한다. 경쟁이 자유로운 곳에서는 경쟁자끼리 서로를 시장에서 밀어내기 위해 치열하게 경쟁한다. 이때 상대를 밀어내려면 자신의 일을 어느 정도 수준 이상으로 정확하게 해내야 한다. 물론 사람들은 시장이 허용하는 한 최고로 높은 가격에 상품을 판매하고 싶어 하지만, 서로 경쟁자를 의식하기 때문에 시간이 흐르면서 가격은 균형이 잡힌다.

2) 경쟁의 불완전성

애덤 스미스는 경쟁 과정에 불완전한 요소가 매우 많다는 것을 인정한 최초의 경제학자이다. 그는 이 불완전한 과정을 직접적으로 언급했다. "시스템이 완벽하게 돌아가려면 상인들이 마음 내킬 때마다 자유롭게 상업 분야를 바꿀 수 있어야 하는데, 실제로는 그렇지 못하다. 비밀은 인위적으로 가격이 높은 수준에서 유지되도록 하는 데 기여한다. 비밀 중에서도 제조와 관련된 비밀은 거래에 관한 비밀보다 더 오래 지속될 수 있다. 또한 일부 지리학적 이점(예를 들어 보르도 포도 경작자가 누리는)은 수백 년 동안 가격이 자연스러운 수준 이상으로 유지될 수 있도록 해준다. 공식적인 독점, 허가권 요구, 노조, 모든 종류의 규제는 가격을 상승시켜 한동안 높은 가격을 유지하도록 하는 역할을 한다. 반대로 어떤 생필품이 자연스러운 가격선 이하로 내려가 그 낮은 가격이 오래 유지되는 경우는 드물다."

3) 시장의 자동 조절 기능

애덤 스미스가 주장하는 자연스러운 자유 시스템(system of natural liberty)은 국가 정책과 크게 관련이 있는 개념이다. 시장은 대부분 자체 조절 기능을 지니고 있다는 점이다. 따라서 레세 페르(laissez-faire), 즉 스스로 알아서 하도록 내버려 두어야 한다. 즉 인간이 예측하고 이에 대비하는 정책을 구사해 얻을 수 있는 결과가 아니라, 각자가 이익을 추구하는 수많은 이해당사자가 경쟁해 탄생한 자연스러운 결과라고 할 수 있다. 여기서 우리가 이해해야 할 애덤 스미스의 주장을 살펴보자. "그러한 점에서 개개인은 자신의 자본을 이용해 최고의 가치를 창출하려 노력한다. 이처럼 개개인은 특별히 공공의 이익을 증진시킬 목적으로 일하는 것이 아니며, 어떻게 하면 공공의 이익을 증진시킬 수 있는지 그 방법을 알지도 못한다. 개인은 오로지 자신의 이익을 추구할 뿐이며 이러한 이익 추구는 개인의 의도와 상관없이 목적을 달성하기 위한 보이지 않는 손의 영향을 받는다. 그러나 개인의 이익을 추구하다 보면 저절로 사회의 이익도 추구되는데, 이 경우 처음부터 의도적으로 사회의 이익을 추구하려 노력할 때보다 오히려 더 큰 효과를 낼 수 있다"라는 것이다.

4) 경쟁의 위험 요소

애덤 스미스는 시장의 자유 경쟁 성향을 음해하려는 시도를 지속적으로 도모하려는 사업가를 맹목적으로 존경하는 바보는 아니었다. 그는 "같은 상품 분야에서 장사를 하는 사람들은 거의 만나지 않는다. 어쩌다 만나면 대중을 속이거나 교묘한 담합으로 가격 상승을 유도할 음모로 이들의 대화는 끝이 난다. 그렇게 해서 상당 기간 유착관계가 지속되는데, 이때 정부는 어느 정도 대응책을 마련할 책임이 있다"라고 말했다.

또한 시장 세력을 밀어내고 대신 인간의 손으로 시장을 조절하려 하는 정부의 상습적인 시도에도 분노를 표했다. 즉 "인간 사회라는 거대한 체스판 위에서 각 체스 말들은 각자의 원칙에 따라 움직인다. 이러한 움직임을 법률로 억지로 바꾸려 해서는 안 된다"라고 주장했다.

(2) 핀 공장의 논리: 규모와 특화에 대한 이론

애덤 스미스는 미국 독립선언문이 발표된 1776년에 출간된 저서 『국부론』

에서 특화가 영국의 경제적 번영에 결정적 역할을 했다고 파악하고 있다.

1) 노동 분업과 생산성

애덤 스미스는 핀 공장의 작업 공정을 소개하며 노동 분업이 어떻게 해서 효과를 낼 수 있는지 그 원리를 설명하고 있다, 핀을 만드는 기계를 갖추지 못한 노동자는 잘해야 하루에 한 개 정도 만들 수 있다. 그러나 공정 분업에 의한 생산의 경우는 한 사람당 핀 5,000개를 생산할 수 있다는 것이다.

그는 "첫 번째 사람은 철선을 뽑아내고, 두 번째 사람은 그 선을 반듯하게 펴며, 세 번째 사람은 반듯하게 펴낸 철선을 자른다. 네 번째 사람은 집어내고 다섯 번째 사람은 핀의 머리 부분을 만들기 위해 그것을 그라인드에 간다. 이렇게 핀의 머리 부분만 해도 두 종류의 다른 공정이 필요하다. 이외에 핀을 하얗게 만드는 공정은 별도의 과정에 해당한다고 볼 수 있다. 또한 핀을 팔기 위해서는 핀들을 종이에 포장하는 작업도 필요하다. 이처럼 핀 하나가 탄생하는 데 필요한 과정은 모두 18개 공정으로 이루어진다"라고 핀 공장의 작업 공정을 기술했다.

2) 노동 분업과 시장 규모

그러나 노동 분업은 시장 규모에 의해 제한을 받는다. 특화의 정도는 얼마만큼의 상품을 판매할 수 있는가 하는 사업 규모에 따라 달라진다. 시장 규모가 커야 고정비용을 충당하고도 약간의 이익을 남길 수 있을 것이 아닌가? 그리고 부는 특화에 달려 있고 특화는 규모에 달려 있다. 수송 네트워크가 잘 발달되고 규모가 큰 나라일수록 특화하기가 쉽고, 결과적으로 그런 나라가 강이나 도로망이 제대로 구축되지 않는 작은 나라보다 더 부자가 되기 쉽다. 그런 점에서 바다에 접한 나라는 어떤 나라보다 부자가 될 가능성이 크다.

(3) 애덤 스미스의 딜레마: 모순된 두 가지 명제

애덤 스미스의 말에는 언뜻 아무 문제가 없어 보이지만, 여기에는 상호 모순된 두 명제가 공존하고 있다. 노동 분업은 시장 규모에 의해 제한을 받는다는 핀 공장 이야기를 검토해보자.

어떤 핀 제조업자가 일찌감치 시장에 진출해 새로운 기계 및 연구 개발에 투자한 끝에 사업을 확장하고 특화에 성공했다고 가정해보자. 이 제조업자는 핀에 사용되는 강철의 품질을 향상시키고 포장 방법은 물론 유통 채널도 효율적으로 개선한다. 이 경우에 그의 시장이 크면 클수록 이러한 특화 효과는 더욱 커질 수 있다. 또한 특화가 강해질수록 생산이 보다 효율적으로 이루어지므로 핀 가격은 더 하락하게 될 것이다. 그러면 같은 노력을 투입하고도 더 큰 수익을 얻을 수 있는데, 이를 두고 규모 수준 도달에 의한 수확체증이라고 할 수 있다.

이러한 핀 공장의 경제학에서 가장 먼저 시장에 진입한 사람은 가격 하락 효과 덕분에 핀 사업에서 나머지 경쟁자를 몰아낼 수 있다는 것이다. 그렇다면 그런 독점 사업은 불가피한 시장 경쟁의 귀결인가? 과연 이것은 바람직한 현상일까? 이 경우에 보이지 않는 손을 통한 경쟁은 어떻게 실현할 수 있는가? 문제는 애덤 스미스가 내세운 가장 중요한 두 가지 명제가 서로 다르고, 궁극적으로 모순된 방향으로 나아가고 있다는 점이다. 이것은 오늘날 경제학자들이 시급히 찾아야 할 답변이다.

핀 공장 사례의 경우 가격 하락과 수확체증에 관한 원칙을 강조하고 있는 반면, 보이지 않는 손의 경우에는 가격 상승과 수확체감에 관한 원칙을 강조하고 있다. 그렇다면 두 가지 원칙 중 과연 어떤 원칙이 더 중요할까? 이와 관련된 조지프 스티글리츠(Joseph Stiglitz)의 서술을 살펴보자. 그는 "노동 분업이 시장 확장에 의해 제한되어 산업이 독점화되는 성향으로 변화한다는 명제와 산업에는 경쟁적인 성향이 있고 보이지 않는 손이 이를 조절한다는 명제 중 하나는 잘못된 것이거나 아니면 중요성이 거의 없는 것이다"라고 주장한다.

2. 신고전주의 성장모형

신고전주의 성장론은 노동, 자본, 기술 등 세 가지 경제력이 작용했을 때 꾸준한 경제성장률이 어떻게 나타나는지를 정리한 경제성장모형이다. 신고전주의 성장모형의 가장 간단하고 가장 인기 있는 버전은 솔로-스완 성장모형이다(Solow, 1994). 이 이론은 단기 경제 균형이 생산 과정에서 필수적인 역할을 하는 다양한 양의 노동력과 자본의 결과라고 가정한다. 그 이론은 기술적 변화가 경제의 전반적인 기능에 상당한 영향을 미친다고 주장한다.

신고전주의 성장모형의 중요한 가정은 첫째, 경제가 폐쇄적인 경제라면 자본(K)은 수익 체감의 대상이 된다는 것이다. 둘째, 노동력이 고정적이거나 일정하다면, 축적된 자본의 마지막 단위의 총생산량에 대한 영향은 항상 이전 것보다 적을 것이다. 셋째, 단기적으로는 수익률 감소 효과가 나타나면서 성장률이 둔화되고, 경제는 모든 거시경제 변수가 동일한 속도로 성장하는 일정한 상태에서 균형상태, 즉 '정상상태(steady-state)' 경제로 전환된다는 것이다.

(1) 신고전주의 성장모형의 생산함수

신고전주의 성장모형은 경제 내 자본 축적, 그리고 이를 어떻게 활용하느냐가 경제성장을 결정하는 데 중요하다고 주장한다. 또한 경제에서 자본과 노동 사이의 관계가 그것의 총생산량을 결정한다고 주장한다. 마지막으로, 이 이론은 기술이 노동의 생산성을 증가시키고 노동의 효율성을 증가시킴으로써 총산출량을 증가시킨다고 말한다. 따라서 신고전주의 성장모형의 생산함수는 경제의 성장과 균형을 측정하는 데 사용된다. 신고전주의 성장모형의 일반 생산함수는 다음과 같은 형태를 취한다.

$$Y = AF(K, \ L) \quad \cdots\cdots\cdots\cdots\cdots\cdots\cdots\cdots\cdots\cdots\cdots\cdots\cdots\cdots\cdots \ (1)$$

여기서 Y는 소득 또는 경제의 국내총생산(GDP), K는 자본, L은 노동, 그리고 A는 결정적인 기술 수준을 나타낸다. 또한 노동력과 기술의 역동적인 관계 때문에 경제의 생산 기능은 종종 Y=F(K, AL)로 재확장된다. 이는 기술이 노동력을 증강하는 것이며 노동자의 생산성은 기술 수준에 달려 있다는 것을 의미한다.

그러나 신고전주의 이론은 위의 생산함수를 그것의 집약적인 형태, 즉 1인당 단위로 사용하는 성장 과정을 설명한다. 1인당 기준으로 위의 생산함수를 얻기 위해 주어진 생산함수의 양쪽을 노동력의 수인 L로 나눈다.

$$Y/L = AF(K/L, \ L/L) = AF(K/L, \ 1) = AF(K/L) \quad \cdots\cdots\cdots\cdots\cdots \ (2)$$

우선 기술적 진보가 없다고 가정해보자. 이 가정에서는 식 (2)는 다음과 같이 감소한다.

$$Y/L = F(K/L) \quad \text{......................} \quad (3)$$

식 (3)에 따르면 1인당 산출량(Y/L)은 1인당 자본(K/L)의 함수이다. 이 경우 Y/L는 y, K/L는 k로 대체하면 다음과 같이 쓸 수 있다.

$$y = f(k) \quad \text{.......................} \quad (4)$$

<그림 1>에서는 생산함수 y=f(k)는 1인당 단위로 나타낸다. <그림 1>에서 1인당 자본(k)이 증가함에 따라 1인당 생산량이 증가한다는 것을 알 수 있을 것이다. 즉 노동력의 한계 산출량은 긍정적이다. 그러나 <그림 1>에서 볼 수 있듯이 생산함수 곡선의 기울기는 1인당 자본이 증가함에 따라 감소한다. 이것은 자본의 한계생산이 감소한다는 것을 암시한다. 즉 1인당 자본의 증가로 인해 1인당 산출량은 증가하지만 증가율은 감소한다.

<그림 1>에서 자본 비율(즉 근로자당 자본)이 k_0일 경우, 1인당 생산량이 y_0임을 알 수 있다. 마찬가지로 생산함수 곡선 y=f(k)에서 1인당 다른 자본에 해당하는 출력을 읽을 수 있다.

(2) 신고전주의 성장이론의 기본 성장 방정식

신고전주의 이론에 따르면 저축률은 경제의 성장 과정에서 중요한 역할을 한다. 해로드-도마(Harrod-Domar) 모형과 마찬가지로, 신고전주의 이론은 저축을 소득의 일정한 부분으로 간주한다. 따라서

$$S = sY \quad \text{.......................} \quad (5)$$

여기서 S는 저축, Y는 소득, 그리고 s는 저축 성향을 나타낸다. s는 소득의 일정 부분이기 때문에 평균 저축 성향은 저축하는 한계 성향과 같다. 또한 국민소득은 국민생산과 같기 때문에, 우리는 다음과 같이 식 (5)를 다시 쓸 수 있다.

$$sY = sF(K, \ L)$$

신고전주의 이론에서와 같이, 계획투자는 계획저축과 항상 동일하며, 자본의 스톡 외에 순추가는 투자(I)와 같은 것으로 계획 저축에서 일정 기간 동안 자본 스톡의 감가상각을 차감하여 얻을 수 있다. 따라서

$$\Delta K = I = sY - D \quad\text{..(6)}$$

여기서 ΔK = 순증자 자본 재고, I는 투자, D는 감가상각을 나타낸다. 감가상각은 기존 자본스톡의 일정 비율에서 발생한다. 총감가상각(D)은 다음과 같다.

$$D = dK$$

식 (6)에서 dK를 D로 대체하면,

$$\Delta K = sY - dK, \ \text{또는} \ sY = \Delta K + dK \quad\text{..............................(7)}$$

이제 식 (7)의 왼쪽 첫 번째 항을 K로 나누고 곱하면,

$$sY = K \cdot (\Delta K / K) + dK \quad\text{..(8)}$$

위에서 우리는 정상상태 균형에서 자본의 성장($\Delta K/K$)이 노동력의 성장($\Delta L/L$)과 같아야 하며, 그에 따라 근로자 1인당 자본과 그에 따른 1인당 소득은 일정하게 유지된다는 것을 보았다. 만약 노동력 증가율($\Delta L/L$)을 n으로 나타낸다면, 그다음에는 정상상태의 자본 증가율($\Delta K/K$)은 n이 된다. 식 (8)에서 n을 $\Delta K/K$로 대체하면 다음과 같다.

$$sY = K \cdot n + dK \ \text{또는} \ sY = (n + d)K \quad\text{...............................(9)}$$

위의 식 (9)는 신고전주의 성장모형의 기본 성장 방정식으로, 인구나 노동력이 증가하고 있음에도 근로자 1인당 자본과 1인당 소득이 일정하게 유지될 때 안정적인 상태의 균형 성장률을 나타내는 조건이다. 따라서 정상상태의 성장 균형 자본은 (n+d)K와 같이 증가해야 한다. 그러므로 (n+d)K는 자본과 소득이 노동력(또는 인구)과 같은 비율로 증가해야 할 때 정상상태를 보장하는 필요한 투자(또는 자본 스톡의 변화)를 나타낸다.

(3) 성장 과정과 정상상태 성장률

성장 방정식 (9)로부터, 계획된 저축 sY가 1인당 소득을 일정하게 유지하기 위해 필요한 투자(즉 (n+d)K)보다 크면 근로자의 1인당 자본이 증가할 것이다. 근로자 1인당 자본의 증가는 근로자의 생산성 증가를 초래할 것이다. 결과

적으로, 경제는 정상상태 균형 성장률보다 더 높은 속도로 성장할 것이다. 그러나 이러한 높은 성장률은 끊임없이 발생하지는 않을 것인데, 왜냐하면 자본에 대한 수익 감소가 1인당 소득과 근로자 1인당 자본의 더 높은 수준에서 그것을 정상상태 성장률로 끌어내릴 것이기 때문이다.

성장 과정을 그래픽으로 보여주기 위해 성장 방정식은 전통적으로 집중적인 형태, 즉 1인당 단위로 사용된다. 이를 위해 식 (9)의 양쪽을 L로 나누면,

$$sY/L = (n+d)K/L$$

여기서 Y/L은 1인당 소득을 나타내고 K/L은 근로자당 자본(자본-노동 비율)을 나타낸다.

Y/L를 y로 K/L를 k로 대체하면,

$$sy = (n+d)k \cdots\cdots (10)$$

식 (10)은 1인당 기준으로 기본적인 신고전주의 성장 방정식을 나타낸다.

<그림 1> 신고전주의 모형: 성장 과정과 정상 상태 균형

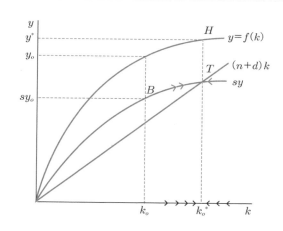

1) 자본 비율(즉 근로자당 자본)이 k_0일 경우, 1인당 산출량은 y_0이다.
2) 1인당 자본 k_0에서, 1인당 저축 sy_0는 1인당 자본이 k_0와 같도록 유지

하는 데 필요한 투자를 초과한다($sy_0 > (n+d)k$). 그 결과 1인당 소득의 증가로 이어지는 1인당 자본(k)이 상승하고(수평 화살로 표시) 경제는 우측으로 이동하게 된다.

3) 점 T와 그와 관련된 1인당 자본은 k_0^*와 같고, 1인당 소득 또는 산출량은 y_0^*와 같은 정상상태 균형을 나타낸다.

<그림 1>은 초기 위치에서 정상상태 균형 성장률로의 시간 경과에 따른 성장 과정을 보여준다. 이 <그림 1>에서는 1인당 생산함수 (y=f(k))와 함께 1인당 저축함수 곡선을 그렸다. 또한 우리는 인구 또는 노동력이 주어진 속도로 증가하고 있을 때 1인당 자본 수준을 일정하게 유지하기 위해 필요한 근로자 1인당 투자를 나타내는 (n+d)k 곡선을 그렸다. <그림 1>에서 y=f(k)는 1인당 생산함수 곡선이다. 1인당 저축량은 1인당 산출량(즉 소득)의 일정 부분이기 때문에, 1인당 저축 함수를 나타내는 곡선은 1인당 생산함수 곡선(y=f(k)) 아래에 같은 모양으로 그려진다. (n+d)k라는 또 다른 직선이 그려져 있으며, 이 선은 1인당 자본(즉 자본-노동 비율)을 1인당 자본 수준에서 일정하게 유지하는 데 필요한 투자를 나타낸다.

현재 1인당 소득(또는 산출량)이 y_0이고 1인당 저축량이 sy_0인 1인당 자본이 k_0인 것으로 가정해보자. <그림 1>에서 볼 수 있듯이 1인당 자본 k_0에서 1인당 저축 sy_0는 1인당 자본이 k_0와 같도록 유지하는 데 필요한 투자를 초과한다($sy_0 > (n+d)k$). 그 결과 1인당 소득의 증가로 이어지는 1인당 자본(k)이 상승하고(수평 화살로 표시) 경제는 우측으로 이동하게 된다. 이 조정 과정은 $sy > (n+d)k$인 경우에는 계속된다. 경제가 k_0^*와 같은 1인당 자본에 도달하고 1인당 소득이 y_0^*와 같을 때, 저축 곡선 sy가 T 지점에서 (n+d)k 선과 교차하는 것을 볼 수 있다. 이 상태에 해당하는 저축 및 투자는 k_0^*에서 1인당 자본을 유지하는 데 필요한 투자와 같기 때문에 조정 과정이 1인당 자본이 k_0^*와 같은 점에서 멈추게 된다는 점을 <그림 1>에서 알 수 있다. 따라서 점 T와 그와 관련된 1인당 자본은 k_0^*와 같고, 1인당 소득 또는 산출량은 y_0^*와 같은 정상상태 균형을 나타낸다.

경제가 처음에는 k_0^*의 왼쪽이든 오른쪽이든 조정 과정은 T 지점의 정상상태로 이어진다는 점에 주목할 필요가 있다. 그러나 정상상태 균형에서 경제는 노동 증가율(즉 n 또는 $\Delta L/L$와 동일)과 같은 속도로 성장하고 있다는 점에 유의한다. <그림 1>에서 경제성장이 꾸준한 성장률로 내려오지만, T 지점의 1인당 자본과 1인당 소득 수준은 B 지점의 초기 상태에 비해 더 크다는 것을 알 수 있을 것이다. 신고전주의 성장모형에서 가시화된 위의 성장 과정의 중요한 경제적 의미는 비록 이 수렴 과정이 국가마다 다른 시간이 걸릴 수 있지만, 같은 저축률 및 인구 증가율과 같은 기술을 가진 다른 나라들이 궁극적으로는 동일한 1인당 소득으로 수렴할 것이라는 것이다.

3. 내생적 성장이론

내생적 성장이론은 경제성장이 외생적인 힘이 아니라 내생적인 힘을 통해 내부에서 생성된다고 말한다. 이 이론은 기술 진보 등 외부 요인이 경제성장의 주요 원천이라고 주장하는 신고전주의 성장모델과 대비된다. 내생적 성장이론은 인적 자본, 혁신 및 지식에 대한 투자가 경제성장에 중요한 기여를 한다고 주장한다. 이 이론은 또한 경제발전을 이끌 지식 기반 경제의 긍정적인 외부효과와 파급효과에 초점을 맞추고 있다. 내생적 성장이론은 경제의 장기적인 성장률이 정책적 조치에 달려 있다고 주장한다. 예를 들어 연구 개발이나 교육에 대한 보조금은 혁신에 대한 동기를 증가시킴으로써 일부 내생적 성장모형의 성장률을 증가시킨다.

신고전주의 성장모형에서 장기 성장률은 저축률(해로드-도마 모형) 또는 기술 진보율(Solow 모형)에 따라 크게 결정된다. 그러나 저축률과 기술 진보율은 여전히 설명되지 않고 있다. 내생적 성장론은 미시경제적 토대를 바탕으로 거시경제 모형을 구축함으로써 이러한 단점을 극복하려고 한다. 가계는 예산 제약에 따라 효용을 극대화하는 반면 기업은 이익을 극대화하는 것으로 가정한다. 신기술과 인적 자본이 생산에 결정적 중요성을 부여한다. 성장 동력은 규모에 대한 수익 불변 생산함수(AK모형)와 같이 간단할 수 있고, 또는 파급효과 (spillover effect는 양의 외부성(positive externalities), 다른 기업의 비용에서 기인하는 편익), 상품의 수 증가, 품질 향상 등과 함께 더 복잡한 설정일 수도 있다.

내생적 성장이론은 종종 총수준에서 자본의 일정한 한계 생산물을 가정하거나, 적어도 자본의 한계 생산물의 한계가 0을 향하지 않는다고 가정한다. 이 것은 대기업이 중소기업보다 더 생산적일 것이라는 것을 의미하지 않는다. 왜 냐하면 기업 수준에서 자본의 한계 생산은 여전히 감소하고 있기 때문이다. 그 러므로 완전 경쟁으로 내생적 성장모형을 구축할 수 있다. 그러나 많은 내생적 성장모형에서 완전 경쟁의 가정은 완화되며 어느 정도의 독점력이 존재하는 것으로 생각된다. 일반적으로 이러한 모형의 독점력은 특허 보유에서 비롯된 다. 이 모형들은 두 부문이 있는 모형인데, 최종재 생산자와 R&D 부문이다. R&D 부문은 기업들에게 독점권이 부여되는 아이디어를 개발한다. R&D 기업 들은 생산업체에 아이디어를 판매하여 독점적 이익을 낼 수 있을 것으로 추정 되지만, 자유로운 진입 조건은 이러한 독점 이익이 R&D 지출에 낭비된다는 것 을 의미한다.

(1) AK모형

경제성장의 AK모형은 현대 거시경제학의 하위 분야인 경제성장 이론에 사용되는 내생적 성장모형이다. 1980년대에 표준 신고전주의 외생적 성장모형 은 이론적으로 장기 성장을 탐구하는 도구로서 만족스럽지 못하다는 것이 점 차 분명해졌다. 이러한 모형들은 기술적 변화가 없는 경제를 예측했기 때문에 결국 1인당 성장률이 0인 안정적인 상태로 수렴될 것이기 때문이다. 이것의 근 본적인 이유는 자본의 수익체감이다.

AK 내생적 성장모형의 주요 특성은 자본에 대한 수익체감의 부재이다. 코 브－더글러스(Cobb－Douglas) 생산함수의 일반적인 매개 변수화에 의해 암시되 는 자본의 수익체감 대신에, AK모형은 생산량이 자본의 선형함수인 선형모형 을 사용한다.

AK모형 생산함수는 코브－더글러스 생산함수의 특별한 경우로, 일정한 규 모로 복귀한다.

$$Y = AK^{\alpha}L^{1-\alpha}$$

이 방정식은 경제에서 Y가 총생산을 나타내는 코브－더글러스 생산함수를 보여준다. A는 총요소 생산성을 나타내고, K는 자본, L은 노동력을 나타내며, 매개변수는 자본의 출력 탄성을 측정한다. $\alpha = 1$인 특수한 사례의 경우, 규모에 대한 수익 불변에서 생산함수는 자본에서 선형으로 된다.

y = 근로자 1인당 소득 또는 산출량
k = 근로자 1인당 자본금
s = 저축률
n = 인구 증가율
δ = 감가상각

대안적인 형태로, $Y = AK$, K는 물리적 자본과 인적 자본 모두를 구현한다.

$$Y = AK \cdots\cdots\cdots (11)$$

위의 식에서 A는 양의 상수이고 K는 자본의 양을 나타내는 기술 수준이다. 따라서 1인당 생산량은 다음과 같다.

$$\frac{Y}{L} = A \cdot \frac{K}{L}, \text{ 즉 } y = Ak$$

이 모형은 자본의 평균 생산이 자본의 한계 생산과 같다고 암시적으로 가정하며, A > 0이다. 이 모형은 다시 노동력이 일정한 비율 'n'으로 성장하고 있으며 자본의 감가상각이 없다고 가정한다($\delta = 0$). 이 경우 신성장모형의 기본 미분 방정식은 다음과 같다.

$$k(t) = s \cdot f(k) - nk \cdots\cdots\cdots (12)$$

따라서 $\frac{k(t)}{k} = s \cdot \frac{f(k)}{k} - n$, 하지만 모형에서는 $\frac{f(k)}{k} = A$

따라서 $\frac{k(t)}{k} = s \cdot A - n \cdots\cdots\cdots (13)$

즉 $sA > n$이 성립하면 1인당 자본량과 산출량은 증가한다.

<그림 2> AK모형

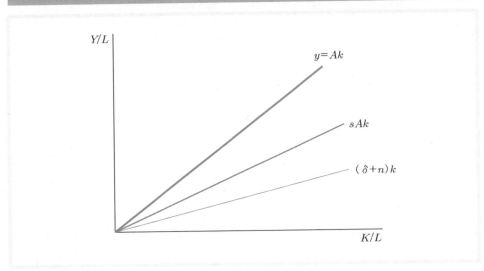

1) 근로자 1인당 저축액, sAk와 근로자 1인당 필요 투자액, $(\delta+n)k$ 간의 차이는 항상 긍정적인 순투자를 나타낸다.

2) 근로자 1인당 산출량을 나타내는 생산함수, $y = Ak$의 일정한 기울기는 자본의 지속적인 한계 산출물을 나타낸다.

3) 자본에 대한 수익률이 일정할 경우, 순투자는 항상 긍정적일 수 있으므로 근로자 1인당 산출량의 균형 수준은 존재하지 않는다.

(2) R&D모형

1980년대 중반 폴 로머(Paul Romer)가 새로운 성장 이론을 창안했는데, 여기서 그는 성장 과정을 다른 방식으로 설명하려고 했다(Romer, 1994). 따라서 신고전주의 모형에 대한 불만은 핵심 결정들이 모형에서 내생적인 새로운 성장 이론의 구축에 동기를 부여했다. 장기간의 성장은 외생적인 요인이 아니라 그러한 모형의 내생적인 요인에 의해 결정된다.

그러나 내생적 성장이론은 가계가 소비와 저축을 최적으로 결정하여 기술적 진보를 이끄는 연구 개발에 대한 자원 할당을 최적화하는 모델로 더욱 뒷받침되었다. 로머(Romer, 1990)와 아기온과 하윗(Aghion and Howitt, 1992)과 그로스

먼과 헬프먼(Grossman and Helpman, 1991)의 중요한 기여는 독점적 경쟁시장과 R&D를 성장모형에 통합한 점이다.

이 모형의 성장은 이익 극대화에 의한 의도적인 투자 결정에서 비롯되는 기술적 변화에 의해 주도된다. 투입물로서의 이 기술의 특징은 그것이 전통적인 재화도 아니고 공공재도 아니라는 것이다. 그것은 비경합적이고 부분적으로 배제될 수 있는 재화이다. 비경합적 상품으로 인한 비볼록성 때문에 가격순응 경쟁은 지원될 수 없다. 대신 그 균형은 독점적인 경쟁과 하나가 된다. 주요 결론은 인적 자본의 축적이 성장률을 결정짓고, 균형에서 너무 적은 인적자본이 연구에 투입되며, 세계 시장에의 통합은 성장률을 증가시킬 것이고, 많은 인구를 갖는 것은 성장을 일으키기에 충분하지 않다.

로머의 모형은 R&D 부문을 포함하고 독점적 경쟁 구조를 도입한 점이 솔로 모형과 다르다.

1) R&D 부문

이 모형은 연구 개발(R&D) 분야를 포함하고 있다. 다시 말해 사람들은 더 새로운 기술을 개발하기 위해 연구 개발을 한다는 것이다. 이러한 기술 개발은 우리가 무한차원 스프레드시트라고 부르는 분산화된 일반 균형 프레임워크에 의거해 이루어지고 있다. 이러한 지적을 통해 로머는 기술 변화가 내생적이라고 주장했다.

비록 비밀 유지 및 재산권에 대한 다른 가정이 고려될 수 있지만, 여기서의 균형은 연구에 종사하는 모든 사람이 지식의 전체 스톡에 자유롭게 접근할 수 있다는 가정에 기초한다. 이것은 지식이 비경합적 투입이기 때문에 실현 가능하다. 모든 연구자가 동시에 A(지식의 총량)를 활용할 수 있다. 따라서 연구자 j의 생산량은 $\delta H^j A$ 이다. 연구에 종사하는 모든 사람들을 합하면 지식의 총 스톡은 다음과 같이 진화한다. 즉 로머의 지식생산함수는 다음과 같다.

$$\dot{A} = \delta H_A A$$

여기서 H_A는 연구에 고용된 총인적 자본이다. 위의 식은 두 개의 실질적인 가정을 포함한다. 첫 번째 실질적인 가정은 연구에 더 많은 인적 자본을 투입하는 것이 새로운 디자인의 생산 비율을 높인다는 것이다. 두 번째는 디자인

및 지식의 총스톡이 클수록 연구 분야에서 일하는 엔지니어의 생산성이 높아
질 것이라는 점이다.

2) 독점적 경쟁 구조

로머의 새로운 모형은 독점적 경쟁을 당연한 것으로 받아들이고 있다. 핀
공장은 하나의 성장 엔진, 아니 조지프 슘페터(Joseph Schumpeter)가 주장했듯
유일한 성장 엔진이라고 할 수 있다. 이제는 더 이상 기술 우위로 인한 이익이
시장 실패로 받아들여지지 않게 되었다. 시장 실패보다 일종의 게임 법칙의 일
부로 받아들이게 된 것이다. 다시 말해 새로운 기술 개발로 제조나 마케팅 분
야에서 얻은 이익은 한동안 비밀로 유지되거나 특허 및 상표권 형태로 보호받
으며, 그 결과 제조업체는 적어도 한동안은 한계비용을 훨씬 웃도는 가격으로
상품을 판매할 수 있게 된다. 그리고 그렇게 벌어들인 수입을 다시 새로운 노
하우 개발을 위해 투자한다. 그러면 대부분의 상황에서라고 말할 수는 없지만,
상당수의 경우 수확체증의 법칙이 표준 역할을 하게 된다.

이 이론에서 혁신은 새로운 다양한 제품을 만들어 생산성의 성장을 야기
한다. 이 이론은 최종 생산량은 노동력과 중간 생산물의 연속체에 의해 생산되
는 딕시트-스티글리츠-이디어(Dixit-Stiglitz-Ethier)의 독점적 경쟁 모형 생산
함수(Weitzman, 1994; Dixit and Stiglitz, 1997)를 사용한다.

$$Y = L^{1-\alpha} \int_0^A x(i)^\alpha di, \; 0 < \alpha < 1$$

여기서 L은 총노동력 공급량(일정하다고 가정함), x(i)는 중간 생산물 i의 흐
름 입력, 그리고 A는 사용 가능한 다른 중간 생산물들의 측정치이다. 직관적으
로, A에 의해 측정되는 제품 다양성의 증가는 사회가 중간 생산을 더 많은 수
의 활동에 걸쳐 더 얇게 확산시킬 수 있게 함으로써 생산성을 높인다. 각각의
활동은 수익 체감을 초래하므로 낮은 강도로 운영될 때 더 높은 평균 생산을
나타낸다.

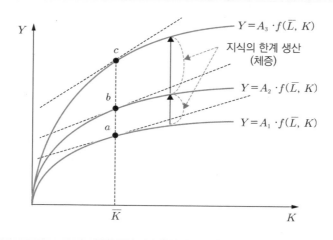

1) 외생적인 기술 진보 없이도 경제 주체들의 자발적인 사익 추구의 결과 내생적인 기술 진보가 존재한다($A_1 < A_2 < A_3$), 즉 R&D를 통한 지식의 축적으로 지식의 한계 생산이 체증한다.
2) 파급효과를 통한 경제 전체의 생산성(자본의 한계 생산＝접선의 기울기: $a < b < c$)과 생산량(소득)이 지속적으로 증가한다.

(3) 내생적 성장론의 정책적 시사점

내생적 성장이론의 의미는 개방, 경쟁, 변화와 혁신을 수용하는 정책이 성장을 촉진한다는 것이다. 반대로, 특정 기존 산업이나 기업을 보호하거나 우대하여 변화를 제한하거나 늦추는 효과가 있는 정책은 시간이 지남에 따라 지역사회의 불리한 점으로 성장을 둔화시킬 가능성이 있다. 즉 ① 정부 정책이 더 많은 시장 경쟁을 시행하고 제품과 공정의 혁신을 촉진하는 방향으로 향한다면 경제의 성장률을 높일 수 있다. ② 교육, 보건 및 통신의 '지식 산업'에 대한 자본 투자로부터 규모에 대한 수익률이 증가하고 있다. ③ R&D에 대한 민간 부문 투자는 경제의 필수적인 기술적 진보의 원천이다.

피터 하윗(Peter Howitt)은 "지속적인 경제성장은 도처에 있으며 항상 지속적인 변화의 과정이다. 산업혁명 이후 가장 부유한 나라들이 누려온 일종의 경제적 발전은 사람들이 급격한 변화를 겪지 않았다면 가능하지 않았을 것이다. 스스로 변신을 멈추는 경제는 경제성장의 길에서 벗어날 운명이다. '개발국'이라는 칭호를 가장 많이 받을 만한 나라는 세계에서 가장 가난한 나라가 아니라 가장 부유한 나라다. 지속적인 번영을 누리려면 끝없는 경제발전 과정에 참여해야 한다"라고 주장했다.

4. 집중, 경쟁 그리고 다양성 이론

에드워드 글레이저(Edward Glaeser)는 지식의 파급현상이 중요한 것이라면, 주요 대도시별 성장률을 비교하여 그것을 보여줄 수 있는 방법이 있을 것으로 생각하고, 먼저 세 가지 경쟁적인 이론을 파악했다.

(1) 집중론

집중론에 따르면 이스트먼 코닥(Eastman Kodak) 같은 기업은 움직이지 않고 한 영역에 계속 머무는데 이러한 기업은 한곳에 집중해 오래된 것을 새롭게 만드는 동시에 다른 기업보다 먼저 새로운 것을 개발하면서 세를 확장한다. 즉 대기업에는 연구 개발에 투자할 돈은 물론 아이디어 흐름을 규제하는 힘이 있고, 연구 개발 투자 이익을 환수할 만한 마케팅 능력을 갖추고 있다는 점에서 독점은 성장의 좋은 방법이라는 것이다. 이러한 견해를 일찌감치 내세운 사람은 바로 슘페터였다.

(2) 경쟁론

경쟁론은 특정 산업에 속한 기업들끼리의 경쟁 덕분에 성장이 이루어진다는 주장이다. 즉 동종 산업에 종사하면서 기술을 공유하는 기업들 간에 이루어지는 치열한 경쟁이 성장을 유발한다는 것인데, 이러한 기업들을 '포도송이 기업'이라 부른다.

디트로이트나 피츠버그 같은 기업 도시는 침체를 면하지 못할 가능성이 큰 반면, 실리콘밸리 같은 곳은 앞으로도 지속적인 발전을 이룩할 가능성이 크다. 이러한 곳에서는 수백 개의 경쟁 기업이 다른 기업을 염탐하고 모방하고 다른 기업의 직원을 스카우트하면서 치열한 경쟁을 벌이고 있기 때문이다.

(3) 다양화론

다양화론을 주장하는 사람들은 특화보다 다양화가 성장을 유발하는 결정적 주역이라고 주장했다. 가장 중요한 지식은 대개 핵심 산업 내부가 아닌 외부에서 오는 것처럼 보이기 때문이다. 이 이론은 1969년 제인 제이컵스(Jane Jacobs)가 『도시 경제』에서 영국의 두 도시 맨체스터와 버밍엄을 분석함으로써 정립되었다고 할 수 있다.

19세기 중반 맨체스터에는 거대한 섬유공장들이 집중되는 현상이 나타났고, 이 회사들은 전문적인 기업 경영을 시도했다. 이 점에서 이 도시는 극히 세분화되고 경쟁적인 성격을 띤 실리콘밸리보다 디트로이트에 더 가깝다고 볼 수 있다. 이에 반해 버밍엄은 실리콘밸리나 디트로이트와 공통점이 없는 도시였다. 이 도시는 각자 자신이 맡은 분야의 일을 하는 작은 회사가 모인 도시라고 할 수 있었다. 그렇게 어느 회사에 몸담고 있던 직원이 회사를 나와 철강, 유리, 가죽, 총, 보석, 장신구, 펜촉, 장난감 등 다양한 분야의 상품을 만들어냈다. 즉 버밍엄에는 맨체스터 경제처럼 한눈에 이해하기 쉽고 강한 인상을 주는 그런 확실한 전문 분야가 없었다. 20세기 후반이 되자 영국에서는 오직 두 도시만이 여전히 활기를 띠고 발전하는 도시로 남게 되었는데, 그중 하나가 버밍엄이고 다른 하나는 런던이었다. 기업 도시였던 맨체스터는 점점 쇠락하여 쓸모없는 도시로 변해갔다.

제이컵스는 "도시는 기존의 일에 새로운 일이 더해져야 활발히 발전할 수 있다"라고 주장했다. 도시가 활기를 띠며 발전할 수 있는 이유는 서로 다른 인생을 살고 있는 사람들 사이에서 일어나는 급속한 상호 반응 때문이다. 그 점에서 더욱 복잡하고 다양한 상호 반응이 일어날 수 있는 장소가 발전할 가능성이 보다 크다. 이들이 상호 반응을 보이는 영역에 서로 겹치는 부분이 있다는 사실도 도시 발전에 중요한 역할을 한다.

그렇다면 세 가지 특성 중 어느 것이 가장 크게 성장을 유발할까? 글레이저(Glaeser, 1992)는 68개 도시(1956~87)를 분석한 결과, 대기업이 다른 도시보다 더 많이 진출한 도시의 경우 오히려 평균보다 느린 속도로 성장했다는 사실을 발견했다. 반면에 동일 산업에 종사하는 기업들끼리 치열한 경쟁을 통해 성장한다는 포터 스타일과, 다양성으로 성장하는 것이라는 제이컵스 스타일은 모두 빠른 성장을 보였다는 사실을 확인했다. 이는 시간이 흐르면서 디트로이트나 피츠버그처럼 특별한 산업 분야가 전문적으로 발달한 도시보다 뉴욕이나 시카고처럼 다양성을 띤 도시가 더 발전할 것이라는 사람들의 예상과도 일치한다.

5. 인구와 기술 변화의 관계

마이클 크레머(Michael Kremer)는 인구와 기술의 관계를 밝히기 위해 원인과 결과를 입증할 수 있을 만큼 충분히 오랜 기간 변화를 추적했다. 그가 구축한 내생적 기술 변화에 대한 정형화된 모델에서 각 개인은 먹을 것을 각자 벌어 먹고 인구 크기에 상관없이 새로운 것을 발견할 기회는 개개인에게 동일하게 부여한다. 연구에 투여되는 자원 부분도 동일하게 처리된다. 그 점에서 기술 발전은 인구가 증가하면 할수록 가속화되고 기술, 즉 지식의 비경쟁성 덕분에 인구는 계속 증가한다. 크레머는 이 가정하에 "새로운 기술을 발명하는 비용은 그것을 사용하는 인구의 숫자와 상관없기 때문이다"라고 말했다.

(1) 연대별 인구와 기술 변화

크레머(Kremer, 1993)는 논문 「인구 증가와 기술 변화: 기원전 100만 년 전부터 1990년까지」에서 그때까지 발견한 내용을 다음과 같이 기술하고 있다. "인류라는 종족에게 일어난 일은 로머의 모형이 예측한 것과 거의 같다. 여기에서 기술이란 인류 역사상 가장 중요하다고 생각되는 발견, 즉 불, 사냥 및 낚시, 농업, 바퀴, 도시, 기계화 산업, 배종설, 공공 보건 등 새롭게 사용될 수 있는 것을 의미한다. 일단 이러한 기술이 발명된 후 그것이 전 세계적으로 급속히 퍼져나갔을 것으로 짐작되는데, 기술과 인구를 연관시켜 보면 그 시대의 지구 상 인구가 100만 년 전에 비해 왜 그렇게 많이 증가했는지 쉽게 이해할 수 있다. 따라서 기술 발전은 인류의 생활수준 향상을 유발했다기보다 인구 증가를 유발했다고 봐야 한다. 역사상 모든 증거를 보면 알 수 있듯 숫자는 늘었지만 인류의 생활수준은 1만 2,000년 전부터 1800년까지 큰 차이가 없었다. 겨우 생계를 유지하는 수준에 머물렀던 것이다."

<표 1> 연대별 인구 증가와 기술 변화

연대	인구 증가(명)	기술 변화
BC 100만 년 전	125,000	
1만 2,000년 전	4,400,000	이 기간의 변화에서 인류의 생활수준은 큰 차이가 없음, 즉 겨우 생계를 유지하는 수준임.
AD 1년	170,000,000	
증기력 출현 시(1800년)	1,000,000,000	
잡종 옥수수 개발 시(1920년)	2,000,000,000	
1950년	2,500,000,000	이 기간의 인구 증가율은 연간 2% 증가: 기술 발전은 인류의 생활수준 향상을 유발했다고 봐야 함.
1970년	4,000,000,000	
2006년	6,500,000,000	

그러다가 어느 시점에서 인구학적 변화가 일어났고, 그때부터 지구 상의 인구는 꾸준히 증가했다. 이처럼 인구가 증가하자 시장 규모가 확대되었고 시장이 확대되자 특화가 강화되었으며, 특화 강화로 더 큰 부가 창출되었다. 그리고 더 큰 부는 당연히 더 많은 사람을 먹여 살릴 수 있게 되었다.

<그림 4> 시장 규모와 특화

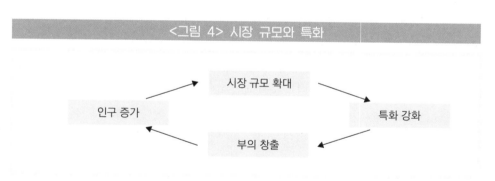

1) 인구 증가로 시장 규모가 확대되고 시장 규모의 확대로 특화가 강화된다.
2) 특화 강화로 부가 창출되고 더 큰 부는 인구의 증가로 연결된다.

이러한 현상은 부가 점점 증가해 인구 증가가 억제될 때까지 계속되었고 적어도 산업혁명을 경험한 국가에서는 이러한 현상이 발생했다. 크레머의 생산 함수에 따라 계산해본 결과, 인구 증가율은 앞으로 오히려 감소한다는 결론이 도출되었다. 그것도 대대적인 기아 사태나 환경 붕괴 때문이 아니라 수입이 증가함에 따라 전 세계적으로 자녀를 덜 낳기 때문이다. 이러한 현상은 세계적으로 부유한 나라에서 이미 150년 전부터 나타나고 있었다.

크레머는 약간 조악하기는 하지만 애덤 스미스의 주장이 옳았다는 강력한 증거를 제시했다. 다시 말해 노동 분업은 시장 규모에 의해(여기에서는 인구에 의해) 제약을 받는다는 사실을 입증한 것이다. 그러나 지식의 성장, 즉 특화 현상의 강화는 궁극적으로 인구 규모라는 전통적인 한계를 뛰어넘는 데 결정적인 역할을 한다.

(2) 공간별 인구와 기술 변화

그러면 이와 정반대 상황에서 같은 관측이 이루어진 사례를 살펴보자. 지금부터 1만 년 전 극지방 빙하가 녹으면서 육지 형태로 붙어 있던 대륙이 분리되는 현상이 발생했다. 유라시아와 북아메리카 간, 오스트레일리아와 태즈메이니아, 플린더스 아일랜드 간을 연결하던 육지 부분이 갈라져버렸던 것이다.

빙하가 녹아 육지에 속했던 부분이 섬으로 떨어져 나가기 전까지만 해도 사람들은 대륙 사이를 왕래했다. 이에 따라 모든 대륙에 살던 사람들이 같은 기술, 즉 불, 돌, 금속 도구, 사냥 및 전쟁 기술 등을 보유할 수 있었다.

기술은 인구밀도나 토지 상황과 상관없이 꾸준히 성장한다는 솔로 모형대로라면, 콜럼버스가 지역 간의 끊긴 기술의 연결 고리를 다시 연결하려 했을 때 기술은 어느 지역이든 동일한 수준에 있어야만 했다. 그러나 실제 상황은 솔로 모형과는 전혀 다르게 나타났다.

빙하 붕괴로 대륙이 분리되고 나서 거대한 토지와 높은 인구밀도, 최고의 기술 수준을 보유한 곳은 유라시아 구대륙이었고, 구세계는 커다란 도시, 농지 면적 확장, 고도의 달력 기술을 갖추고 계속 발전해나갔다. 이 구세계를 그다음 기술 수준으로 쫓아간 것은 아메리카 대륙이었고, 주로 사냥꾼과 채집꾼으로 구성된 오세아니아 대륙은 1, 2등 수준보다 한참 낮은 수준으로 3등을 달리고 있었다.

대륙에서 떨어져 나간 태즈메이니아는 불을 만드는 기술이나 작살 던지는 기술, 도구를 만드는 기술에서 오스트레일리아인이 갖고 있던 기초적인 기술조차 갖고 있지 못했다. 그리고 태즈메이니아에서 8,700년 전에 잘려나간 플린더스 아일랜드의 경우 기술이 발전하기는커녕 퇴보했을 가능성이 크다. 이 작은 섬은 그나마 인구가 그보다 많은 태즈메이니아섬 지역에서 분리된 후, 뼈를 이용해서 만드는 간단한 도구조차 만들지 못해 결국 약 4,000년 전쯤 마지막 거주민이 사라져버렸다. 이는 '노동 분업이 시장 규모(인구)에 의해 제약받는다'는 사실을 잘 입증하고 있다고 할 수 있다.

〈표 2〉 공간별 인구 증가와 기술 변화

시장 규모	구세계 유라시아	신세계 아메리카	오세아니아	태즈메이니아	플린더스 아일랜드
기술 수준	거대한 토지 높은 인구밀도 최고의 기술 수준		불 만드는 기술 작살 던지는 기술 도구 만드는 기술	오스트레일리아의 기초적인 기술도 결여	기술의 퇴보 (간단한 도구조차 만들지 못함)

크레머의 논문은 지식의 비경합적 요소가 경제에 미치는 영향이 얼마나 큰지를 입증했다는 점에서 경제학계의 고전으로 인정받았다.

참고문헌

Aghion, P. and P. Howitt, 1992, "A Model of Growth Through Creative Destruction", *Econometrica*, 60(2), 323−351.

Dixit, A. K. and J. E. Stiglitz, 1977, "Monopolistic competition and optimum product diversity", *The American Economic Review*, 67(3), 297−308.

Glaeser, E., H. Kallal, J. Scheinkman and A. Shleifer, 1992, "Growth in Cities," *Journal of Political Economy*, 100(1992), 1126−1152.

Grossman, G. M. and E. Helpman, 1991, "Trade, knowledge spillovers, and growth", *European Economic Review*, 35(2−3), 517−526.

Jacobs, J., 1969, *The Economy of Cities*, New York: Random House.

Kremer, M., 1993, "Population Growth and Technological Change: One Million B.C. to 1990", *The Quarterly Journal of Economics*, 108(3), 681−716.

Romer, P., 1990, "Endogenous Technological Change", *Journal of Political Economy*, 98(5), S71−S102.

Romer, P., 1994, "The Origins of Endogenous Growth", *The Journal of Economic Perspectives*, 8(1), 3−22.

Smith, A., 1776, *An Inquiry into the Nature and Causes of the Wealth of Nations*, Oxford: Clarendon Press.

Solow, R. M., 1994, "Perspectives on Growth Theory", *Journal of Economic Perspectives*, 8(1), 45−54.

Weitzman, M., 1994, "Monopolistic Competition with Endogenous Specialization", *The Review of Economic Studies*, 61(1), 45−56.

CHAPTER 09 범용기술(GPT)

경제사학자들 사이에 기술적 변화가 현존 기술의 개선인 점진적 유형 (incremental types)인지 아니면 이따금씩 도약으로 나타나는 급진적 유형(radical types)인지에 대해서 오랫동안 논란이 돼왔다. 사실 모든 성장하는 경제의 전반적인 기술 시스템은 적은 점진적인 개선과 종종 일어나는 도약 모두를 포함하는 경로를 따라 진화해왔다. 여기서는 경제 전반에 심대한 구조적 조정(DSAs)을 초래하는 새롭고 편재적인 범용기술(general purpose technology, GPT)을 집중하여 분석한다.

먼저 범용기술을 규정하는 공식 이론 및 감상이론에 대하여 살펴본다. 그리고 역사적으로 광범위하게 사용된 신기술들로 그 효과가 때로는 정치적, 경제적 및 사회적 구조에 영향을 주는 경제 전반에 걸친 큰 반향을 불러일으킨 중대한 신기술의 사례들을 고찰한다. 역사적 목록의 모든 기술들은 초기에는 한정된 용도를 가진 상당히 조잡한 기술로 시작된다. 그러나 경제 전반에 걸쳐 그 용도의 다양성과 사람들이 생산하는 경제적 생산량의 극적인 증가로 훨씬 더 복잡한 기술들로 진화한다. 성숙된 기술로서 범용기술들(GPTs)은 몇 가지 상이한 목적에 광범위하게 사용되며 많은 보완성을 가진다. 아울러 이러한 범용기술의 기술적 특징들과 함께 그 필요 및 충분조건을 분석하고 정의한다.

1. 범용기술

(1) 공식 이론(formal theories)

1) 브래스나한과 트라젠버그(Bresnahan and Trajtenberg, BT)

브래스나한과 트라젠버그(Bresnahan and Trajtenberg, 1995)는 GPTs 이론에

관한 독창적인 논문에서 기술은 주된 선도자들이 상부에 위치해 있고 모든 다른 기술들은 그들로부터 퍼져나가는 나무와 같은 구조를 가지고 있다고 주장했다.

그들은 GPTs는 편재성(pervasiveness), 기술적 역동성(technological dyna-mism), 그리고 혁신적 보완성(innovational complementarities)의 세 가지 주요 특징을 가졌다고 규정했다. 편재성은 하나의 GPT는 회전운동과 같은 포괄적인 기능을 제공하기 때문에 많은 후속 부문들에 사용되는 것을 의미한다. 기술적 역동성은 시간의 흐름에 따라 GPT의 효율성을 크게 증가시키는 지속적인 혁신 노력과 학습을 지원하는 잠재력으로부터 발생한다. 혁신적 보완성은 GPT에서 혁신의 결과로 후속 부문들에서 R&D의 생산성이 증가하기 때문에, 또한 역으로도 존재한다.

GPT 개선의 결과는 후속 응용 부문, 개선된 후속 제품들의 개발, 그리고 광범위한 후속적인 사용에서 GPT의 채택으로 비용이 감소된다. GPT를 개선하는 결정은 최종 응용 부문들에서 더 많은 혁신 노력을 유도하며, 이는 결국 GPT에서 더 많은 혁신을 이끌어낸다. 이러한 수직적 보완성(vertical com-plementarities)은 GPT 부문과 응용 부문들 사이의 조정에 문제를 일으키는 R&D에 대한 암묵적인 생산함수의 비볼록성(nonconvexity), 즉 수익체증을 야기한다. 비볼록성은 정보의 비대칭성, 혁신의 지속성, 기술적 불확실성과 조정 문제들을 포함하는, 혁신을 에워싸는 많은 현실적 현상을 반영하는 것으로 보인다.

단 하나의 불멸의 GPT는 그 일반적 생산성을 얼마나 빠르게 개선하는가를 최적으로 선택하는 독점자에 의해 소유된다. GPT의 사용자들은 그들의 특정한 활용을 얼마나 빠르게 개선할지를 선택한다. 브래스나한과 트라젠버그는 단기적인 비협력적 균형으로부터 완전히 조정된 균형으로 이동하는 일련의 부분 균형을 낮은 혁신율로 규정한다. 추후에 모든 보완 관계들이 인정되어 혁신율은 사회적으로 최적화된다.

2) 헬프먼과 트라젠버그(Helpman and Trajtenberg, HT)

헬프먼과 트라젠버그(Helpman and Trajtenberg, 1998a)는 명시적인 일반 균형 틀을 사용하여 기술나무 형태를 모형화하고, 신GPT의 거시적 통합에 대한 효과를 추적하며, 수평적 외부성(horizontal externalities)을 포착하기 위한 신GPT의 확산을 명백히 모형화함으로써 앞선 BT모형을 확장한다.

GPT의 생산성은 하나의 GPT에 특정되어 있는 지원 부품들(supporting components)의 수에 달려 있다. HT모형은 독점적 경쟁하에서의 딕시트－스티글리츠 효용함수(the Dixit－Stiglitz utility function)에 바탕을 두고 있는 그로스먼－헬프먼(Grossman and Helpman, 1991)의 생산함수를 개선한 것이다. 이 생산함수에 따르면 GPT 개발에 제한을 둘 때, 새로운 지원 부품들이 개발됨에 따라 부품당 생산성은 감소하나 총산출량은 증가한다. 동 함수는 GPT와 그 지원 부품들 사이의 수직적 보완성(vertical complementarities)과 지원 부품들 사이의 수평적 대체성(horizontal substitutablities)을 시사하고 있다.

각 GPT는 외생적으로 주어진다. 그것은 즉각적으로 GPT로서 인정되며, 자원들은 최종 생산으로부터 새로운 GPT의 지원 부품을 개발하는 R&D로 전환된다. HT모형에서는 부품 생산으로부터 R&D로의 노동의 전환이 산출 저하(output slowdown)를 가져온다. 산출 저하의 두 번째 원인은 최종재 생산에 직접적으로 기여하지 않는 새로운 R&D의 완전한 가치에 대한 측정 오류이다. 궁극적으로 신GPT의 생산성이 구GPT의 생산성을 능가하는 충분한 부품들이 개발되고, 최종재 생산자들도 구GPT로부터 신GPT로 전환한다.

HT는 다른 논문(Helpman and Trajtenberg, 1998b)에서 신GPT의 확산 과정을 모형화하고 있다. 잠재적으로 GPT를 채택할 수 있는 많은 부문들(sectors)이 존재하고, 각 부문들은 GPT를 사용함으로써 상이한 생산성을 갖게 된다. 각 부문은 자원을 생산 부문에서 R&D 부문으로 전환함으로써 GPT에 관련된 부품들(components)을 개발한다. 초기의 부품들이 만들어지면, 각 부문은 그 경제의 R&D의 최종 단계가 완결될 때까지 기다린다. 그러면 모든 부문들이 최종 단계를 완료하도록 R&D 과정에 재합류한다. 한 GPT로부터 다른 GPT로의 전환 패턴은 GPT의 확산에 의해서가 아니라 연속적인 R&D에 의해서 결정된다.

3) 아기온과 하윗(Aghion and Howitt, AH)

아기온과 하윗(Aghion and Howitt, 1992)은 HT 논문의 실증적으로 관련된 이슈들에 대한 그들의 견해를 제공한다. 첫 번째 쟁점은 신GPT의 출현 직후에 발생하는 생산 저하의 시기와 관련된다. AH는 HT의 견해는 신기술이 거시경제 활동에 중대한 영향을 주는 데는 수십 년이 걸릴 수 있다는 데이비드(David,

1991)의 관찰과 일치하지 않는다고 주장한다. AH는 거시 데이터들은 신GPT의 도래에 의해서 영향을 받지 않는 초기의 기간이 있어야 한다는 것을 의미한다고 해석한다.

AH는 측정 오차와 보완성은 우리가 이러한 작동하지 않는 시기를 상정해야 하는 세 가지 이유 중 두 가지라고 주장한다. 세 번째 이유는 사회적 학습이다. 이러한 세 번째 이유를 모형화하기 위해서 AH모형에서는 대부분의 HT의 분석 틀을 채택하고 있다. 새로운 특징은 각 부문은 누군가가 GPT에 관한 부품들을 이익이 되게 만들 수 있기 전에 특정한 중간재를 개발해야만 한다는 것이다. GPT가 도입된 후에, 기업들은 먼저 다른 용처가 없는 특화된 노동의 고정된 자원을 사용하여 부문 특화된 템플릿(templates)을 개발해야 한다. 이 단계에서는 자원이 이동하지 않고 측정된 총산출물의 변화가 없다.

확산모형(a model of epidemic diffusion)은 바람직한 동태적 사회적 학습(social learning)을 창출한다. 초기에는 모든 부문의 특화된 노동이 그들의 템플릿을 확보하기 위해서 종사한다. 초기에 낮은 확률로 성공하면 더욱더 많은 부문들이 템플릿을 확보하면서 성공 확률이 증가한다. 각 부문이 각자의 템플릿을 확보하면, 자원들은 생산 부문으로부터 GPT에 관한 부품들을 창출하는 R&D 부문으로 이동한다. 이러한 부품들의 수가 충분히 창출될 때에 그 경제는 생산에 신GPT를 사용하도록 바뀐다.

AH는 노동의 R&D 부문으로의 재배치에 기초한 생산성 저하의 최대치를 논의하고 있는 측정된 산출물의 감소에 대한 HT의 설명이 관측된 생산성 저하를 설명하는 데 충분하지 않을 수 있음을 언급하고 있다. 그 대신에 신GPT의 도입과 연계된 적응 및 조정 문제와 그에 수반된 높은 혁신율이 일자리 전환율(the rate of job turn over)을 증가시키고 퇴화율(the rate of obsolescence)을 가속화할지도 모른다. 수정 논문에서 그들은 증가된 일자리 전환으로부터 연유하는 실업을 다루고 있다. 또 다른 논문에서는 공식적으로 퇴화 문제(the obso-lescence problem)를 다루고 있다. 높은 기술 변화율이 초래하는 퇴화율의 증가가 측정된 산출물의 저하를 가져올 수 있음을 언급하고 있다.

4) 더들리(Dudley)

더들리는 정보통신기술(ICT)을 다른 모든 기술(GPT라는 용어는 사용하지 않지만)로 취급하는 데 있어서 이니스(Innis, 1972)와 더들리(Dudley, 1999)를 따른다. 그의 ICT는 정보의 저장, 전송, 재생산 등 세 가지 기본 특성을 가지고 있다. 각 ICT는 이러한 기능 중 일부를 다른 기능보다 잘 수행하며, R&D는 시간이 지날수록 다른 기능들에 비해 그 강도가 증가한다.

결국 기존 ICT는 가장 비효율적인 기능을 수행하므로 용인할 수 없다. 연구는 내생적 대응으로서 새로운 ICT의 개발로 전환한다. 새로운 ICT가 널리 채택될 수 있을 만큼 충분히 개발될 때까지 측정된 생산성 증가 속도는 느릴 것이다(모든 R&D가 전체 생산량에서 작은 비중을 차지하는 새로운 ICT를 생산하는 부문에 전념하기 때문이다). 이 전체 프로세스는 ICT의 내생적 순환(endogenous cycle)을 발생시키며, 각각은 다른 두 기능보다 세 기능 중 하나에서 더 우수하다. 각 사이클은 과도기적 둔화(slowdown)와 관련이 있다. 더들리는 1,000년에 걸친 광범위한 역사적 추세와 주기를 설명하기 위해 한 유형의 ICT에서 다른 유형의 ICT로의 전환을 사용한다.

(2) 감상이론(appreciative theories)

GPT라는 용어를 사용하고 있지는 않지만 편재적 기술 현상을 이해하는 데 충분히 유사한 개념들을 사용하고 있는 논문들에 대하여 살펴본다.

1) 프리먼, 페레스, 소에테(Freeman, Perez and Soete)

다수의 학자들이 GPT보다 광범위한 기술경제적 패러다임(technoeconomic paradigm, TEP)의 개념을 사용하고 있는데, 이는 실제 사용 중인 어떤 편재적 기술 집합을 에워싸고 있는 전체적인 경제 시스템을 포괄하기 때문이다(Freeman and Perez, 1988; Freeman and Soete, 1987). TEP는 제품, 과정, 조직, 그리고 경제적 활동을 조정하는 제도들 사이의 체계적 관계이다. 전형적인 패러다임은 상호적으로 재강화하는 몇 가지 주요 기술들과 상품들, 시간의 흐름에 따라 그 비용이 감소되는 몇 가지 주요 소재들, 경제적 활동을 조직하는 전형적인 방법, 전형적인 지원 구조, 산업 집중에 대한 전형적 패턴, 그리고 지리적 위치에 대한 전형적 패턴 등에 기초하고 있다. 모든 TEP의 요소들은 체계적으로 관련되어 있다고 가정하지만, 변화의 운동력은 다양한 기술들 간의 그리고 기술과 TEP의 다른 요소들 사이의 관계를 근본적으로 변화시키는 몇 가지 혁신, 즉

신GPT라 불리는 것으로부터 유래한다.

TEP의 개념은 두 가지 중요한 목적에 사용된다. 첫째는 중대한 기술 변화가 전체 경제를 가로지르는 구조적 변화를 유도하는지를 논의하는 것이다. 둘째는 우월한 기술이 추가적 R&D와 투자에 대한 심각한 수익체감을 초래하는, 궁극적으로 개선의 여지를 고갈시키는 장기 사이클에 대한 이론을 개발하는 것이다. 구TEP에 대한 이러한 위기는 신TEP의 핵심을 형성하는 신기술 개발에 대한 내생적 유인을 제공한다.

2) 모키르(Mokyr)

모키르(Mokyr, 1990)는 발명의 두 가지 유형을 고려한다. 미시적 발명(micro inventions)은 본질상 점진적이고, 현존하는 기술을 크게 개선하며, 경제적 유인들에 반응한다. 그리고 거시적 발명(macro inventions)은 명백한 선례가 없는, 급진적인 새로운 아이디어의 부상으로서의 발명들로 정의된다. 거시적 발명은 법칙에 순종하지 않고 인센티브에 반응하지 않으며, 그리고 외생적 경제 변수들과 관련된 대부분의 시도들을 무시한다.

모키르의 거시적 발명은 GPTs 토론에 관련된 두 가지 목적에 도움이 된다. 첫째, 미시적 발명 없이는 성장 과정은 궁극적으로 멈추게 된다. 둘째, 거시적 발명은 광범위한 보완성을 가지게 되기 때문에 많은 미시적 발명들을 지원하는 비옥한 토양을 제공한다.

3) 립시와 베카르(Lipsey and Bekar)

립시와 베카르(Lipsey and Bekar, 1994)는 주로 기술의 포괄적 사용 범위(extensive range of use)와 보완성(complementarities)에 의해 규정되는 '가능케 하는 기술(enabling technologies)'에 대하여 연구했다. 비록 이들은 우리가 GPT로 받아들이는 것보다 각 등급 내에서 보다 소수의 등급 및 사례를 가리키지만, '가능케 하는 기술'은 대략 GPT와 비슷하다.

역사적 및 현행의 사건을 사용하여, 그들은 두 가지 주요 요점을 논의한다. 첫째, 그러한 기술의 도입은 과거에 경제적 성과뿐만 아니라 경제의 전체 구조에서 중대한 변화, 즉 그들이 심대한 구조적 조정(deep structural adjustments, DSAs)이라 부른 변화를 초래하였다. 둘째, 지난 수십 년간 산업화된 경제들은 그 시대에 겪었고 현재는 두 가지 가능케 하는 기술, 즉 신소재와 컴퓨터 기반 ICTs 혁명에 의해 변화되고 있다. 그들 역시 새로운 가능케 하는 기술의 도입은 심대한 구조적 조정(DSAs)을 위해서 필요하지도 충분하지도 않다고 주장한다. 어떤 덜 편재적인 기술들은 그와 같은 경제 전반의 영향을 초래하기 때문에 필요한 것이 아니다. 어떤 가능케 하는 기술은 그와 같은 광범위한 영향과 연관되지 않기 때문에 충분한 것이 아니다.

2. GPTs의 역사

GPT의 개념이 유용한 것이라면, 범용기술들(GPTs)은 인식 가능해야만 한다. 여기에서는 관찰된 경제적 영향에 따른 중대한 기술 집합을 선정하고, 역사적으로 광범위하게 사용된 신기술이 경제 전반에 만연한 변화들(즉 DSAs)을 초래한 사례들을 발견해야 한다. 그 효과가 때로는 정치적, 경제적 및 사회적 구조에 영향을 주는 경제 전반에 걸친 큰 반향을 불러일으키는 중대한 신기술의 도입은 상대적으로 드문 일이다.

GPTs에 포함되는 분명하고 극적인 사례를 얻기 위하여, 여기서 경제적 역사에서 신석기시대의 농업혁명과 같이 먼 옛날로 소급하여 고찰한다. 여기서 검토하는 많은 GPTs의 영향은 어떤 독자들에겐 극단적으로 보일 수 있으나, 여기서 언급하는 GPTs 모두는 강력한 경험적 증거에 의해 지지되고 있다. 비록 완전하지는 않지만, 심대한 구조적 조정을 초래한 새롭고 편재적인 기술들이 대부분의 역사적 사례들로 확인되었다고 믿는다.

(1) 정보통신기술(information and communication technologies, ICT)

정보를 공급하고 분석하며 사용하는 것은 모든 조직화된 경제적 활동들에 필수적이다.

1) 문자(writing)

언어로 대표되는 상징의 발명 전에 대부분의 기록은 인간의 기억에 의존하고 구두로 소통되었다. 문자는 여러 장소에서 독자적으로 발명되었다. 이러한 문자는 정보가 시간과 거리를 넘어 정확히 소통되도록 하고, 복잡한 경제활동의 중대한 증가를 초래했다. 기원전 3500년경 수메르의 문자 발명은 정교한 과세 시스템의 발전과 공공 지출을 수반하였다. 이러한 시스템은 모든 기록이 기억에 의존했을 때에는 아주 불가능한 것이었다. 새로운 공공 저축은 대개 수리공사의 수행에 재원을 지출하였고, 이에 따라 수리공사 기술이 급격히 발전하였다. 수메르에서 경작 지역이 증가했고, 농산물의 잉여도 증가하였다. 수천 년간 수백 명이었던 최대 정착지의 인구가 두 세기에 걸쳐서 수만 명으로 증가하였다. 노동 분업이 세금을 부과하고 수리공사 시스템을 감독하는 사제들 사이에 나타났다. 그리고 전에 본 어떤 것보다도 더 크고 복잡한 사원들이 건축되었다.

요약하면, 티그리스-유프라테스 유역의 사회가 급격히 변화했다. 광범위한 문자의 사용으로 인한 2~3세기의 변화는 아마도 그전의 2,000~3,000년의 변화를 능가하였다. 이 모든 변화들이 직접적으로 문자 때문이라 할 수는 없지만, 문자가 없었다면 그들 대부분이 어렵거나 어떤 것들은 불가능했을 것으로 추정된다.

2) 인쇄(printing)

광범위한 인쇄술 사용이 1500~1700년 사이에 유럽에서 야기된 극적인 변화들에 중요한 역할을 하였다는 데 경제적, 정치적, 사회적 역사가들이 모두 동의하고 있다. 필사본에서는 복제본의 주된 비용은 필경 시간과 같은 가변비용이었다. 인쇄의 경우 주된 비용은 고정 조판 비용이었고, 추가본 인쇄의 한계비용은 미미했다. 이러한 새로운 비용 구조는 대중 전달(mass communication)을 가능케 했다.

우선 인쇄술은 네크워크 외부성을 가진 신기술의 전형적인 높은 수준의 균형을 달성하였다(Arthur, 1988). 성경은 소수만이 읽을 수 있는 라틴어로 발간되었다. 이런 낮은 수준의 균형을 탈피하기 위해서는 두 가지의 변화가 필요하였다. 첫째, 상대적으로 대량의 인쇄물이 대중적인 언어로 출간되어야만 했다. 인쇄술의 도입에 따라 유럽의 인쇄업자들과 문법학자들은 각 자국어 번역 성경을 번역하고 출간하는 데 중요한 역할을 수행하였다. 둘째, 인구의 중요한 부분이 자국어 번역 성경을 읽을 수 있게 훈련되어야만 했다. 여기서 신교도 혁명은 대단히 중요했다. 신교도 사상가들은 그들의 추종자들이 스스로 성경을 읽고 해석할 수 있어야 한다고 주장하였다. 대중 전달은 개신교 혁명을 도왔다. 사람들에 직접 호소하는 일은 자국어로 쓰인 많은 저렴한 인쇄물 없이는 불가능했다.

이러한 발전이 이루어지고 출판 비용이 크게 하락함에 따라서 민중의 학습이 폭발하였다. 지식의 독점이 틀어졌다. 네덜란드는 인쇄와 새로운 지식 모두에 대하여 관용적이었다. 유럽의 타 지역으로부터 각국의 사상가들, 작가들, 인쇄공들 등 신지식인들이 탈출하여 이주해 왔다. 인쇄물의 저비용 재생산에 기반한 네덜란드의 정보 네트워크의 출현은 생산의 효율성과 조세 수입을 크게 증가시켰다. 다른 많은 요인들이 네덜란드가 스페인에 궁극적으로 승리하고 세계무역 세력으로서 영국과 경쟁하는 데 기여하였지만, 연구자들은 네덜란드의 이러한 성공의 주된 부분은 그들의 인쇄 기술과 그에 맞게 체화된 학습에 대한 자유로운 태도에 힘입었다는 것을 보여준다.

3) 현행 정보통신기술 혁명(current ICT revolution)

최근 정보통신기술 혁명은 많은 다양한 형태의 전자 컴퓨터가 주도하고 있다. 이 혁명은 생산 디자인, 생산, 마케팅, 금융 및 기업 조직 등을 변화시키고 있다. 그것은 역시 코드화된 칩, 컴퓨터와 소프트웨어 등을 포함한 광범위한 신제품들을 창출하고 있다. 컴퓨터는 비행기의 항행, 기차 운행, 기계 작동, 건축 시스템 운용, 불안전한 운전 관행에 대한 경고, 건강 추적 관찰 등에 사용되며, 이메일과 전자출판을 통해서 소통의 활성화에도 사용된다. 정보 흐름의 관리를 과거의 계층적 조직과 많은 중간관리자들이 수행한 것보다 더 효과적으로 수행함으로써 컴퓨터는 기업의 관리에서 조직의 중요한 재편을 야기하고 있다. 노동의 생산성은 많은 정보통신기술 혁명에 영향받는 산업들에서 급격히 증가하고 있다.

(2) 소재(materials)

소재는 모든 소비재 제품들과 모든 공정 기술들에 요구된다. 서비스는 비보조 노동에서는 미약하게 공급되나, 대부분의 복합 서비스 활동에는 물적 자본에 체화된 정교한 공정 기술이 요구된다. 석기시대, 청동기시대, 철기시대와 강철시대 등의 개념은 소재의 중요성과 하나의 편재적 소재 기술이 다른 기술을 뒤따를 때 수반되는 구조 전환을 강조한다.

1) 청동(bronze)

금속시대가 도래하기 전에는 돌과 점토와 나무가 보편적인 소재였다. 청동시대는 기원전 2800년부터 출발하여 약 1,500년간 지속되었다. 청동이 발명됨에 따라 민간과 군사 분야 모두에서 광범위한 신기술들이 나타나게 되었다. 이는 많은 사회적 및 정치적 변화를 초래했다.

청동기시대 전에는 도시 거주민들에 대한 주된 외부적 위협은 이동하며 통제되지 않는 야만인들의 공격이었다. 청동 무기들과 청동 방패들은 대규모 군대들에 막대한 규모의 이점을 주었기 때문에, 청동 무기로 조련된 군대들과 다수의 도시 제국들이 최초로 등장하였다. 도시들은 이제 잘 갖추어지고 훈련된 군대들의 주된 외부적 공격 위협에 대항하여 성벽을 에워싸게 되었다.

최적의 국가 규모가 광범위한 지리적 영역을 덮을 정도로 커지면서 중앙집중된 권위를 통해서 거래들을 조정하는 것은 너무 비싸졌다. 결과적으로 명령 시스템은 대개 시장으로 대체되었다. 시장의 성장은 새로운 노동 분업을 촉진하였다. 기원전 2400년의 청동시대 제국은 기원전 3000년의 석기시대보다 경제적, 기술적 및 사회적 차원에서 명백하게 더욱 복잡해졌다. 그 이유는 적어도 부분적으로는, 그 시대를 규정하는 활용 가능한 금속의 도입 때문이다.

2) 주문 소재(made-to-order materials)

19세기 말 화학 산업의 성장 이후에 신소재(new materials)가 점증적으로 중요해졌다. 초기에 신소재는 별개로 발명되었고, 어떤 현존하는 소재를 대체하는 데 사용되었다. 그러나 오늘날에는 특별히 개발 중인 새로운 제품과 공정을 위해서 개발된다. 신소재는 많은 중요한 성장 부문의 지속적인 발전에 필요불가결한 것으로 보인다.

여기에는 초소형 전자공학(microelectronics), 교통(transportation), 건축학(architecture), 건설(construction), 에너지 시스템(energy system), 항공우주공학(aerospace engineering), 자동차 산업(automobile industry), 핵융합로(fusion reactors), 인간 장기 대용품(ersatz human organs), 태양열 전환 세포(solar conversion cells) 등이 포함된다. 주문 소재(made-to-order materials) 기술은 종종 널리 차별화된 산업

들에서 관련된 일군의 혁신을 창출하고 있다.

지난 반세기의 소재 혁신과 응용의 변화는 점진적이기보다는 혁명적이었다. 우리 시대의 소재 혁명은 양적일 뿐만 아니라 질적이다. 그것은 자연 소재의 개량이라기보다는 의도적인 창조적 태도와 새로운 접근, 즉 과학기술의 혁신적인 조직을 시도한다.

(3) 동력 전달 체계(power dilivery system)

사실상 모든 생산활동들은 힘의 적용(the application of power)이 필요하다. 어떤 경우에는 동력의 주된 발생기와 전달 체계를 구분하는 것이 유용하다. 예를 들면 전기는 발생 장소를 사용 장소로부터 분리한 최초의 동력 체계였다. 이러한 분리는 중대한 결과를 낳았다. 여기에서는 동력원과 그 전달 방법을 하나의 기술, 즉 동력 전달 체계로 취급한다.

1) 수차(waterwheel)

중세 유럽에서 광범위하게 사용된 수차(waterwheel)는 제조업의 기계화를 이끌었다. 동물과 인간의 동력은 수차에 의해 크게 대체되었고, 궁극적으로 이슬람과 중국의 산업을 뛰어넘어 유럽을 기계화의 궤도에 올렸다.

수차는 많은 개선을 통해 발전했다. 더욱이 중요한 보조적인 발명들, 특히 회전운동을 왕복운동으로 전환하는 장치(cam)는 톱질(sawing), 망치질(hammering), 갈음질(grinding), 퍼올림(pumping), 맥주 양조(beer brewing), 무두질(tanning), 종이 생산(paper making)과 다듬이질(cloth fulling)을 포함하여 그 범위를 확장하였다.

중세 동안에 수력의 사용은 부유식 공장, 대규모 댐, 그리고 조력을 연결한 제분소의 발달로 확대되었다. 이들은 자본집약적이었고 일부는 최초의 주식 발행으로 자금을 조달하였다. 새로운 재산권 역시 동력을 위한 강의 사용을 규제하도록 발전되어야 하였다. 기술적 개선은 19세기 내내 지속되었으나, 수차는 증기기관이 등장하자 입지가 흔들렸고, 결국 19세기 말과 20세기 초에 전기가 등장하자 거의 사라졌다.

2) 증기(steam)

상업적인 증기력은 토머스 세이버리(Thomas Savery)의 대기엔진과 함께 출발했다. 기술적으로 비효율적이고 위험했지만, 대부분 동물의 힘을 사용한 이용 가능한 대안들을 능가했기 때문에 아주 폭넓게 사용되었다. 1712년 토머스 뉴커먼(Thomas Newcomen)은 조악하지만 효율적이며 상대적으로 안전하여 곧 석탄광산에서 널리 사용된 대기 증기펌프를 발명하였다. 이어 아주 작은 개선으로 뉴커먼 엔진의 효율성은 배가되었다. 제임스 와트(James Watt)는 뉴커먼의 엔진을 대기압보다 증기가 주도하는 엔진으로 전환하였다. 그는 새로운 왕복기관의 효율성을 크게 개선했지만 높은 압력을 신뢰하지는 않았다. 1800년에 그의 특허가 소멸한 후에야 고압 엔진이 개발되어 증기가 특히 운송 부문에서 많은 새로운 용도로 쓰였다. 고압 엔진은 금속공학에서 많은 개선을 가져온 강력한 소재를 필요로 했다. 전반적으로 19세기 말 증기엔진들은 18세기 초의 막대한 효율성 증가에 대한 많은 요구들을 향유하였다(Von Tunzelman, 1995).

19세기 전반기를 통해서 주된 산업적 에너지원으로서 증기는 점차 수력을 대체하였다. 우선 증기는 수력을 목적으로 계획된 공장들에서 작동되었다. 그러나 나중에 새로운 공장들은 증기엔진에 맞게 계획되었다. 증기력에 연관된 규모의 경제는 소규모 공장보다 큰 공장들에 보다 더 효율적이었다. 공장들은 더 이상 빠르게 흐르는 물이 필요하지 않았기 때문에 지리적 이점들이 급격히 변화되었다. 산업에 이용 가능한 총동력은 수력 사용 공장들에 비해서 몇 배가 증가했다. 신·구기술들 간의 전형적인 경쟁에서와 같이, 수력에 의거한 시스템들은 저항하였고 일련의 기술적 진보는 19세기 전반기에 걸쳐서 효율성을 개선하였다. 19세기 말까지 특히 직물산업과 밀접한 공장들에서 수력이 사용되었다.

증기는 신제품, 신제조 기술, 그리고 궁극적으로 많은 신산업을 창출해냈다. 증기엔진들은 서서히 바다에서의 항해에 쓰이기 시작하였고, 지상에서의 원거리 마차 운송을 급격히 대체하였다. 곡식 재배에 알맞은 새로운 지역들이 확대되어 식품 가격이 상당히 낮아지면서, 기차는 도로와 수로 운송에 기인한 산업 입지의 패턴을 크게 바꾸었다.

3) 전기(electricity)

발전기(dynamo)는 기계적 동력을 다양한 용도를 지닌 전자의 흐름으로 전환한다. 아마도 모든 시대에 걸쳐 가장 편재적인 에너지 전달에 관한 혁신이라고 할 수 있다. 전기는 초기에 소수 분야에만 적용되었다. 서서히 기술적 문제점들이 해결됨에 따라서 용도의 수가 확대되었다. 생산의 기술과 입지를 전환하였고, 신제품들과 신산업들의 범위가 확대되었다.

전력은 공장들을 작동시키고 도시들을 밝게 비춘다. 또한 일련의 새로운 소비자들의 내구재들이 생겨나게 하였다. 예를 들면 세탁기, 식기세척기, 진공청소기, 다리미, 냉장고, 초저온 냉동기, 그리고 전기 스토브 등을 포함하는 전기로 작동하는 가전기기들로 가사를 바꾸었다. 1900년대 이후 중산층 가정에서 일하던 수많은 하인들이 사라졌다. 역사상 처음으로 정보를 인간 전달자들보다 빠르게 전달하는 공적으로 이용 가능한 시스템을 제공하는 전보를 출발점으로, 전기는 현재 진행 중인 커뮤니케이션 혁명을 작동시켰다. 발달한 전기 기술은 전화, 라디오와 TV 등을 통해 새로운 커뮤니케이션 기술이 가능하게 만들었다. 그러므로 전력은 새로운 컴퓨터 기반 범용기술(GPTs)과 보완적이다.

전기의 잠재력이 완전히 개발되려면 경제 전반을 통한 실질적인 구조적 변화가 필요했다. 가장 중요한 것 중 하나는 급격한 공장 배치의 변화였다. 물과 증기는 그 동력이 일련의 도르래와 벨트를 통해서 공장 전체로 배분되는 중앙의 구동축을 사용하였다. 벨트가 동력을 전달하는 과정에서 일어나는 큰 마찰 손실 때문에 대부분의 동력을 사용하는 기계들은 구동축에 최대한 근접해 놓여졌고, 공장들은 더 많은 기계들을 축 가까이에 배치하기 위해서 2층으로 지어졌다. 이후 중앙 구동장치를 위한 동력원으로서 전기 모터들이 증기와 물을 대체하였다. 이들은 종전의 동력원에 적합한 설계로 설치되었다. 나중엔 중간 단계의 집단 구동장치 설치 후에 분리된 모터가 각 기계에 부착되었다. 그 다음에 공장이 단층으로 지어질 수 있었고, 기계들은 서서히 생산의 흐름에 알맞게 배치되었다(Schurr, 1990; David, 1991).

전기는 규모의 경제를 바꾸었다. 생산 라인, 특히 조립 라인에서 규모의 경제가 증가되었다. 그러나 다른 한편으로 전기 모터가 각 기계장치에 부착될 수 있기 때문에, 소규모의 생산은 보다 더 비용 효율적이 되었다. 그 결과는 대규모 중앙집중화된 조립공장에 공급하는 소규모 분산된 부품 생산자 시스템,

즉 오늘날까지 사용되는 생산 방법이다. 1890년대는 역시 때로는 전력화의 원인으로, 때로는 그 결과로, 치열한 기업 합병 활동 기간이었다.

4) 내연엔진(internal combustion engine)

내연엔진의 발달은 증기의 후기 단계와 전기의 전기 단계와 겹쳐졌다. 이 엔진은 그 동력의 작동이 석탄가스의 폭발이 실린더를 위쪽으로, 그리고 대기 압력이 아래쪽으로 밀어내는 상대적으로 비효율적인 대기엔진으로 시작되었다. 그러나 곧 동력의 작동에 가스의 폭발이 사용되었고, 실린더를 나란히 배치함으로써 더 조용하고 효율적인 고도로 성공적인 4사이클 엔진이 생산되었다. 휘발유를 사용하는 기술적인 난점들이 극복되고 엔진이 이동하게 되는 데에는 10년이 소요되었다. 다수의 용도가 빠르게 개발되었다. 자동차는 이 엔진이 최초로 사용된 분야 중 하나였다. 엔진의 상대적으로 낮은 마력 대비 무게 비율은 또한 경비행기의 힘찬 비행에서 가장 중요한 장애 중 하나를 극복하였다. 그래서 휘발유 내연엔진은 20세기의 가장 중요한 운송 범용기술들 중 두 가지를 가능하게 하였다.

내연엔진의 디자인과 효율성이 개선됨에 따라 사용 범위도 넓어졌다. 동력 대비 무게도 충분히 낮아져서 잔디 깎는 기계(lawn mower), 기계 동력톱(powr saw), 소형 상업용 비행기(small commercial aircraft), 지게차(forklifts)와 경량의 믿을 수 있는 기동력원이 필요한 그 밖의 많은 곳에도 사용이 가능하게 되었다.

(4) 운송(transportation)

모든 상품의 생산에는 원자재든, 반제품이든, 최종재이든 공간의 이동이 필요하다.

1) 철도(railways)

철도는 최초의 내륙용 비동물 이동 동력 전달 시스템으로 증기엔진에 의해 출현하게 되었다(수차는 강에 연결되었고, 바람은 육지의 이동 동력원으로 적합하지 않았다). 시간의 흐름에 따라 철도는 중장거리 여행에 있어서 마차뿐만 아니라 운하를 크게 대체하였다. 철도는 자동차의 도전을 받았으나, 이러한 경쟁이 그

소멸로 이어지진 않았고 단지 그 영향은 시장 규모의 축소로 제한되었다. 오늘날에도 철도는 낮은 무게 대비 가치 비율 때문에 장거리 상품 운송에서, 그리고 많은 유럽 여행에서와 같이 중거리 여행의 인력 운송에서 효율적인 운송 방식으로 남아 있다.

철도는 증기선 및 전기와 함께 세상의 방대한 부분을 거주지로 가능하게 하였고, 원거리 시장을 감안한 식품 생산도 가능하게 하였다. 이러한 기술 집단은 역시 성장하는 관광산업의 토대가 되었다. 전신통신은 더 빠른 속도를 가능하게 했으며, 후에 철도회사로부터 다른 산업들로 확산된 더 복합적인 조직의 형태를 필요로 했다(Billington, 1996).

2) 자동차(motor vehicle)

자동차는 20세기 경제에 심대한 영향을 끼친 다목적 기술이다. 모든 형태의 트럭은 상업 및 군용 운송차이다. 트럭에 무장을 하면 막대한 영향을 갖는 장갑차와 탱크가 된다. 자동차는 업무용 운송과 쇼핑에 사용되며, 휴양, 운동과 셀 수 없이 많은 다른 목적들에 사용된다.

자동차에 기인한 많은 구조적 조정 가운데 중요한 것은 사람들의 삶의 방식이 변화했다는 점이다. 자동차는 전철에 의해 촉발된 교외로의 이동을 더욱 강화시켰다. 냉장고와 함께 자동차는 지배적인 소규모 야채 가게를 슈퍼마켓으로 대체하도록 하였고, 교외 쇼핑센터가 생기게 하였다. 상업용 트럭은 중장거리 이동에서 기차에 도전하였고 단거리에서는 마차를 도태시켰다. 다음으로 미국의 각 주간 초고속도로 시스템은 미국 도심의 쇠퇴를 심화시킨 철도의 끝머리 가까운 도심의 위치로부터 신고속도로를 따라 제조업이 교외로 이동하는 데 기여하였다.

자동차 산업은 20세기 초에 경화강을 자를 수 있도록 발달한 기계장비에 심대한 영향을 받았다. 새로운 기계장비는 생산에서 높은 정확도를 유지하게 하기 때문에 공학 설명서의 역할은 실제와 동일하게 되었다. 상호 교환 가능한 부품들은 헨리 포드(Henry Ford)의 초창기 공정 혁신을 가능케 하였다. 대중이 보기에는 대량 생산 기술을 상징하는 컨베이어 벨트를 추가하는 것은 사소한 단계였지만, 이는 사전 경화된 부품에서 이어진 기술혁신의 마지막 단계에 불과했다. 이러한 발전은 북미의 생산라인에서 많은 기능 보유자를 도태시켰고,

전담 기계에서 높은 보수를 받으나 상대적으로 비숙련된 근로자를 낳게 되었다. 직업 구분과 같은 많은 노동조합의 관행이 뒤이어 나타났다. 절약형 생산과 적기 생산 시스템과 같은 오늘날 제조업에서 일어나고 있는 많은 변화들이 새로운 생산기술의 꾸준한 혁신자인 자동차 산업에서 시작되었다.

3. 범용기술의 특징 및 정의

역사적 목록의 모든 기술들은 네 가지 특징들을 공유한다. 이 기술들은 한정된 용도를 가진 상당히 조잡한 기술로 시작된다. 그러나 경제 전반에 걸쳐 용도가 다양해지고 경제적 생산량이 극적으로 증가하여 훨씬 더 복잡한 기술들로 진화한다. 성숙된 기술로서 범용기술들(GPTs)은 몇 가지 상이한 목적에 광범위하게 사용되며 많은 보완성을 가진다(Lipsey, Bekar and Carlaw, 1998).

(1) 범용기술의 주요한 특징

범용기술의 주요한 특징은 다음과 같다. ① 많은 개선의 여지(much scope for improvement), ② 매우 다양한 용도(wide variety of uses), ③ 광범위한 사용(wide range of use), ④ 현존하거나 잠재적인 신기술들과의 강력한 기술적 보완성(strong technological complementarities with existing or potential new technologies) 등이다.

1) 많은 개선의 여지

기술을 배우는 방식과 경제의 전반적인 기술 체계의 복잡성은 많은 다양한 제품에 폭넓게 사용되는 어떤 기술은 그 진화 과정을 검토해야만 한다는 것을 시사하고 있다. 기술은 오랜 시간에 걸쳐 개선되며, 그 기술의 사용 비용은 하락하고, 지지(보조) 기술들(supporting technologies)이 개발됨으로써 그 기술의 가치는 향상되며, 기술의 다양한 용도가 증가하면서 사용 범위가 넓어지게 된다. 이는 철강 또는 인쇄와 같은 제품들 자체 및 그들의 생산 과정 기술들 모두에 대해서 사실이다. 앞서 역사적으로 고찰한 주된 기술들은 기술의 변화와 확산 과정 모두 시간, 공간 및 기능에 있어서 상호 간 뒤섞이는 진화를 경험했다. 기술이 처음 도입될 때 개선의 여지는 어떤 기술이 GPT가 되기 위한 필요조건이 되나 충분조건은 아니다.

2) 매우 다양한 용도

모든 기술은 단지 하나의 생산물을 생산한다. 예를 들면 우리는 단지 운송에 쓰이는 운송 기술 또는 단지 에너지를 생산하는 동력 전달 체계를 생각할 수 있다. 그러나 기술은 종종 하나의 특정 생산물 이상을 생산한다. 예를 들면 발전기는 전기 모터, 빛(lighting), 열(heating), 전신(telegraphs), 트랜지스터, 라디오, TV, 컴퓨터 등 매우 다양한 생산 활동에 기계력을 제공하고 있다.

각 범용기술들은 매우 다양한 제품 생산 및 생산 과정에 사용되고 있다. 더욱이 그들은 주된 기술 구조의 부분품으로서 또는 기술 체계 내의 주요 기술로서 사용되고 있다. 용도의 다양성은 시간 의존적이다. 새로운 GPT는 전형적으로 초기에는 소수의 매우 특화된 용도에 사용되지만, 기술이 진보함에 따라 많은 응용처들이 발견된다. 따라서 이런 유형의 신기술은 개선, 적응과 수정을 위한 주된 연구 과제를 내포하고 있다.

GPT가 되기 위한 필요조건은 그 발전의 어떤 단계에서 다양한 용도를 갖게 된다는 것이다. 그러나 이것은 이러한 조건을 공유하는 많은 비범용기술들(non-GPTs)이 존재하기 때문에 충분조건일 수는 없다. 예를 들면 벨트는 많은 기계들 내에서 동력 전달 체계로 사용되나, 조립공장과 공항과 선적 및 하역 차량에서 운송 체계로서 사용된다. 엑스레이(X-ray)는 의약 영상, 암 치료, 보안, 고고학, 제재와 광물학에 사용된다. 그러나 엑스레이와 벨트 모두 범용기술의 정의에 포함되는 충분한 보완성 및 광범위한 사용이 부족하다.

3) 광범위한 사용

우리는 그 기술을 사용하는 경제 내의 생산 활동의 비율로 기술의 사용 범위를 나타낸다. 이러한 범위는 한 산업에서부터 전체 경제에까지 모든 영역에 이른다. 예를 들면 전구나 스크루드라이버는 경제 전반에 걸쳐 사용되고 있으나 단 하나의 용도만을 가지고 있다. 이에 반해서 레이저는 현금등록기의 정보를 읽기도 하며, 외과수술에서 정밀 절단에 사용되기도 하고, CD를 판독하기도 하며, 컴퓨터의 산출물들을 프린트하는 데에도 사용되고 있다.

전형적으로 GPT는 초기에는 어떤 부문에 특화된 기술로서 부상하여 점차 경제 전반에 걸쳐 확산되어 사용된다. 일례로 증기력(steam power)은 초기에는 단지 채광에서만 중요시되었으나, 점차 그 영향이 많은 부문들로 확산되었다.

광범위한 사용은 연구되는 경제의 부분에 관한 것이다. 우리는 사용 범위를 전체 경제에 대해서 정의한다. 범용기술들(GPTs)은 많은 다른 기술들과 함께 이러한 광범위한 사용의 특징을 공유하기 때문에, 경제 전반에 걸쳐 널리 사용되는 단일의 경제적 생산물을 생산하는 전구와 스크루드라이버 같은 광범위한 사용은 GPT의 또 다른 하나의 필요한 특징이지만 충분할 수는 없다.

4) 현존 및 잠재적 신기술들과의 강력한 기술적 보완성

표준적인 미시경제이론에 있어서 보완성은 가격의 변화에 대한 수량의 반응을 나타낸다. 그에 반해서 기술 변화에 관해 관심이 많은 사람들은 보완성을 말할 때 자주 신기술의 영향을 참조한다. 게임이론에서는 한 요원의 행동들이 다른 요원들의 보수표에 영향을 주는 전략적 보완성의 개념을 소개한다. 기술적 경쟁에 있어서 가장 명백한 사례는 A가 수행한 R&D가 B가 수행한 R&D의 기대 가치를 증가시킬 때이다. 이러한 전략적 보완성은 어느 정도는 커버하나 우리가 보완성으로 부르는 것을 모두 포괄하지는 않는다. 우리는 보완성의 용어를 어떤 기술적 변화의 유형에 대한 그 시스템의 반응을 다루는 것으로 예비하고, 보완성의 두 유형, 즉 힉시안 및 기술적 보완성을 구분한다.

a) 힉시안 보완성(Hicksian complementarity)

생산이론에서 보완성과 대체성에 대한 힉시안의 개념은 어떤 가격의 변화에 대한 수량의 반응의 신호를 나타낸다. 총보완성은 한 투입 요소 가격의 변화에 대한 산출량의 반응 변화이며, 산출효과를 대체효과와 함께 결합하는 반면에, 순보완성은 일정한 생산 수준에 대하여 정의된다.

많은 생산 과정에서 한 서비스의 흐름으로 널리 사용되는 생산 요소 x의 비용이 하락하는 혁신은 생산 요소들 간의 대체를 유발할 것이다. 그에 따라 역시 x와 총괄 보완재라 증명된 다른 투입 요소들의 수요가 증가할 것이다. x 가격의 실질적 하락 또는 마치 가격이 하락된 것처럼 처리할 수 있는 x의 생산에서의 어떤 다른 변화에 대응하여, x 이외의 투입 요소들에 대해 수요가 상승하면 우리는 이를 힉시안 보완성(Hicksian complementarity)으로 부른다.

상호 간 서로 협력하는 기술들은 하나의 주요 기술 내의 하부 기술들로서 또는 어떤 기술 시스템의 분리된 독립 부분으로서 전형적으로 순대체적 및 총보완적이다. 만약 한 기술의 가격이 하락하고 산출량은 일정하다면, 그 기술의 사용은 대부분 다른 기술들을 희생해서 증가할 것이다. 그러나 전형적인 사례로서, 이러한 대체효과는 기술을 총보완적으로 만들므로 소득효과가 지배할 만큼 충분히 적다. 방금 언급한 것은 내연엔진의 부품들 또는 컴퓨터와 주변기기들과 같은 협력하는 포괄적 기술들을 나타낸다. 그러나 이미 언급한 바와 같이, 이러한 많은 포괄적 기술들은 경쟁판들이 밀려온다. 이들 경쟁판의 각각은 모두 상호 간 순대체적 또는 총대체적이다. 즉 한 가격의 하락은 다른 경쟁 브랜드 사용의 감소로 이어진다.

b) 기술적 보완성(technological complementarity)

그 기술과 관련된 많은 다른 기술들이 재설계되고, 그들을 포함한 자본재의 구성이 달라질 때까지는 모든 이익을 거둘 수 없는 한 기술에서의 혁신을 고려하자. 기술적 보완성이란 자본재의 한 품목에서 야기된 기술 변화가 그와 협력하는 몇몇 다른 품목들에 대한 재설계 또는 재조직을 필요로 할 때에 발생하는 것으로 정의한다. 이런 종류의 보완성에서 가장 중요한 점은 요소 서비스 흐름의 가격 변화의 결과가 단순 생산함수에서 발견되는 것과 같이 모형화될 수 없다는 점이다. 모든 활동이 자본재 구조에서 발생하며, 그 결과로 일어나는 변화들은 전형적으로 새로운 생산 요소들, 새로운 제품들, 그리고 새로운 생산함수들의 형태를 취할 것이다.

역사적인 사례들은 그것들이 가격 변화의 결과였던 것처럼 모형화할 수 없는 많은 기술적 보완성에 대한 사례들을 제공한다. 첫 번째 사례로, 공장에 전력을 도입한 결과는 생산함수에서 전력 가격의 변화에 따른 대응이 증기의 기술적 필요를 반영하도록 설계된 것처럼 모형화할 수 없었다. 무료인 증기력 조차도 효율성 확보의 주된 원천이 전력인 공장에 대한 급격한 재설계로 이어질 수 없었다(David, 1991). 이러한 재설계는 증기하에서는 불가능했던 어떤 것들, 효율적인 힘의 전달 체계를 각 기계에 부착한 구동 장치의 도입에 의존했다. 두 번째 사례로, 마치 상호 교환되지 않는 부품 가격의 하락이 상호 교환 가능한 부품으로부터 생기는 생산조직의 혁신과는 양적으로 보다 적고 질적으로 상이한 자동차산업에 영향을 주었을 것 같은, 포드식의 대량생산이 가져온 새로운 자본 구조에서 대규모의 조정은 모형화될 수 없었다.

광범위한 힉시안 및 기술적 보완성을 갖는 것은 어떤 기술이 범용기술이 되기 위한 필요조건이다. 다른 조건들이 같다면, 하나의 기술이 더욱 편재적이면 다른 기술들과의 보완성은 더욱더 확대된다. 범용기술들은 소재, 동력, 운송과 사실상 모든 생산 부문에 투입되는 ICT 부품들을 공급하기 때문에, 그리고 전형적으로 대규모 기술 체계의 중심적 역할을 담당하기 때문에, 다른 많은 기술들과 수직적으로 그리고 수평적으로 연관되어 있다. 이런 이유로 범용기술들의 혁신은 전형적으로 수많은 다른 기술들의 중대한 구조 변화를 야기하게 된다. 그러나 이러한 보완성은 많은 다른 기술들 역시 보완성을 갖기 때문에 충분하지 않다. 예를 들면 선박의 크기, 항구의 배치와 입지, 취급 시설, 노동 숙련, 트럭과 레일차와 생산의 국제적 입지의 조정을 유발하는 현대적인 선적 컨테이너는 화물 취급을 혁명화하고 많은 보완성을 가진 단용기술(one-purpose technology)이다.

(2) 범용기술의 필요 및 충분조건들

사실상 모든 새로운 기술은 위에서 확인한 범용기술들의 네 가지 필요조건들 중 몇몇을 가지고 있다. 초창기의 TV는 개선의 여지가 많았고 폭넓은 사용 범위와 보완성이 제한되었다. 전구는 매우 다양한 용도를 가졌으나 단지 하나의 목적인 빛의 용도를 가졌다. 선적 컨테이너의 혁신은 선적과 관련 산업들에서 제품들 및 공정들이 수용되도록 재설계됨으로써 많은 기술적 보완성을 초래하였으나 그들은 제한된 용도의 다양성을 지녔다. 그러므로 위에서 보여준 조건들이 개별적으로는 범용기술임을 확인하는 데 충분할 수 없다. 그들의 기술적 특징에 의해 범용기술들을 확인하기 위해서는 위의 네 가지 특징들 모두를 지닌 기술들을 찾아야 한다.

(3) 범용기술의 정의

범용기술은 초기에는 개선의 여지가 많으며, 궁극적으로는 다양한 용도로 널리 사용되어 많은 힉시안 및 기술적 보완성을 가지게 되는 기술이다.

4. 결론

경제사학자들은 기술적 변화가 항상 지속적인 작은 점진적 변화의 과정인지 아니면 이따금씩 커다란 질적 변화에 의해 두드러지게 나타나는 것인지 오랫동안 논쟁해왔다. 성장 경제학자들은 총성장률에 대해 비슷한 주장을 해왔다.

이 장에서는 이전에 경험한 기술과는 질적으로 다른 편재적인 기술로서 범용기술의 발명에 관한 역사적 증거를 검토하였다. 범용기술은 때때로 깊은 구조적 조정을 일으키기도 한다. 아울러 범용기술을 정의하는 일련의 기술적 특징과 더불어 범용기술의 진화에 관한 일련의 사실들을 상세히 설명했다.

Aghion, P. and P. Howitt, 1992, "A Model of Growth Through Creative Destruction", *Econometrica*, 60(2), 323 − 351.

Arthur, B., 1988, "Competing Technologies: An Overview", In G. Dosi et al. eds., *Technical Change and Economy Theory*, London: Pinter.

Billington, D., 1996, *The Innovations: The Engineers That Make America Modern*, New York: Wiley.

Bresnahan, T. F. and M. Trajtenberg, 1995, "General Purpose Technologies: Engines of Growth?", *Journal of Econometrics*, 65, 83 − 108.

David, P. A., 1991, "Computer and Dynamo: The Modern Productivity Paradox in a Nottoo Distant Mirror", In *Technology and Productivity: The Challenge for Economic Policy*, Paris: OECD.

Dudley, L., 1999, "Communications and Economic Growth", *European Economic Review*, 43(3), 595 − 619.

Freeman, C. and C. Perez, 1988, "Structural Crisis of Adjustment", In G. Dosi, et al. eds., *Technological Change and Economic Theory*, London: Pinter.

Freeman, C. and L. Soete, eds., 1987, *Technological Change and Full Employment*, New York: Basil Blackwell.

Grossman, G. M. and E. Helpman, 1991, *Innovation and Growth in the Global Economy*, Cambridge: MIT Press.

Helpman, E. and M. Trajtenberg, 1998a, "A Time to Sow and a Time to Reap: Growth Based on General Purpose Technologies", In E. Helpman ed., *General Purpose Technologies and Economic Growth*, Cambridge, MA: The MIT Press.

Helpman, E. and M. Trajtenberg, 1998b, "Diffusion of General Purpose Technologies", In E. Helpman ed., *General Purpose Technologies and Economic Growth*, Cambridge, MA: The MIT Press.

Innis, H. A., 1972, *Empire and Communication*, Toronto University of Toronto Press.

Lipsey, R. G. and C. Bekar, 1994, "A Structuralist view of technical change and economic growth", In *Bell Canada Papers on Economic and Public Policy, vol. 3.* Proceedings of the Bell Canada Conference at Queen's University, Kingston: John Deutch Institute.

Lipsey, R. G., C. Bekar and K. Carlaw, 1998, "What Requires Explanation?", In E. Helpman ed., *General Purpose Technologies and Economic Growth*, Cambridge, MA: The MIT Press.

Mokyr, J., 1990, *The Lever of Riches; Technology Creativity and Economic Progress*, Oxford University Press.

Schurr, S., et al., 1990, *Electricity in the American Economy*, New York: Greenwood Press.

Von Tunzelman, G. N., 1995, *Technology and Industrial Progress: The Foundations of Economic Growth*, Brookfield, VT: E. Elgar.

구조주의자-진화모형(SE모형)

구조주의자-진화모형은 신고전학파 생산함수의 블랙박스를 분해하여 경제의 구조를 보다 명백하게 제시하고 기술 변화를 생산성 변화로부터 분리하도록 설계한다. 어느 특정 시점에서 촉진 구조는 주된 투입물과 결합하여 경제적 성과를 산출한다. 그러나 촉진 구조는 차례로 기술적 지식과 공공 정책 및 정책 구조의 영향을 받는다. 어느 중요한 신기술의 도입 또는 오래된 기술의 급속한 개선은 촉진 및 정책 구조 전체에 복합적인 변화를 초래한다.

여기에서는 이러한 구조주의자-진화모형의 분석 틀을 활용하여 오늘날 디지털 전환(digital transformation)에 따른 새로운 정책적 도전들과 혁신적 기회들을 보다 구체적으로 살펴보고자 한다.

1. 구조주의자-진화모형

기술 변화와 경제적 역동성(dynamism)을 논의하기 위해서는 분석 틀로 작용하는 이론 모형이 필요하다. 여기서는 먼저 신고전학파의 이론 모형과 구조주의자-진화모형을 살펴보고자 한다.

(1) 신고전학파 모형

표준 신고전학파 모형(standard neo-classical model)은 <그림 1>에서와 같이 투입이 GDP로 측정된 국가의 산출량을 생산하기 위해서 거시경제 함수를 지나가는 것을 보여준다.

자료: Lipsey, 2001.

제도들과 모든 다른 구조적 요소들은 총생산함수의 블랙박스에 감추어져 있다. 이 모형에서는 기술 변화는 단지 총요소생산성 또는 노동생산성으로 측정된 생산성에 대한 영향에 의해서 관찰 가능하다.

그러므로 이 모형에서는 기술 및 생산성의 변화를 독립적으로 관찰할 수 있는 방법이 없다. 예를 들면 이 모형은 우리가 빠른 기술 변화와 느린 생산성 증가의 공존을 관측할 수 없게 한다. 그것은 독립적인 사건이 기술은 빠르게 변화하고 있으나 생산성은 단지 느리게 또는 전혀 변화하지 않는다는 것을 암시하는 기간 동안에 생산성 수수께끼(productivity puzzles)를 야기하는 두 가지 현상의 미분리이다. 빠른 기술 변화가 빠른 생산성 증가를 동반하는 또는 동반하지 않는 환경을 발견하기 위하여 우리는 기술 변화와 생산성 증가가 같음을 표시하는 모형은 채택할 수 없다.

(2) 구조주의자-진화모형

구조주의자-진화모형은 신고전학파 블랙박스의 몇몇 요소들을 드러내어, 기술 변화를 생산성 변화로부터 분리하도록 설계되었다. 이 모형은 경제의 구조를 명백하게 하고, 또한 기술의 진화에 관한 많은 미시경제 연구와 긴밀히 연결되기 때문에 이를 구조주의자-진화모형(structuralist-evolutionary(SE) model)으로 부른다. 그것은 블랙박스를 부수고 열기 때문에 '구조주의자-진화 분해(structuralist-evolutionary decomposition)'로 부른다.

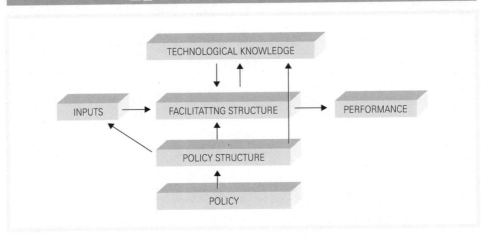

자료: Lipsey, 2001.

　　일상적인 용어로 기술은 한편으로는 명세서, 디자인, 청사진을, 그리고 다른 한편으로는 자본 장비의 특정 품목에 구현된 것을 나타내는 것으로 사용된다. 신고전학파의 성장이론 역시 이 개념들을 구분하지 않는다. 그에 반해서 구조주의자-진화모형에서는 한편으로 기술적 지식과 다른 한편으로 특정 품목들에서의 구현을 엄격하게 구별한다. 따라서 구조주의자-진화모형 이론은 기술적 지식을 그의 대부분을 포함한 자본재와 분리하고, 후자를 경제의 촉진 구조(facilitating structure)라 부르는 것의 한 부분으로 구성한다. 이 모형은 역시 공공 정책들과 이들에 효과를 부여하도록 설계된 정책 구조들을 분리하여 특정한다.

　　여기서 구조주의자-진화모형은 <그림 2>에 나타나 있는 바와 같이 6개의 주요 범주들로 구성된다.

1) 기술적 지식

　　기술적 지식(technological knowledge)은 경제적 가치를 창출할 수 있는 모든 아이디어의 집합이다. 여기에는 생산 기술들, 공정 기술들과 조직상 기술들이 포함된다. 생산 기술은 서비스뿐만 아니라 중간재 및 최종재 등 생산될 수 있는 제품들의 명세서이며, 공정기술은 이 재화와 서비스들을 생산하기 위해 채택되고 또 현재 채택될 수 있는 공정의 명세서들이다. 또한 조직상 기술은 R&D, 생산, 관리, 분배와 마케팅 같은 가치 창출 활동들이 어떻게 조직되는지에 대한 명세서들이다.

2) 촉진 구조

촉진 구조(facilitating structure)는 기술적 지식의 실현 집합이며, 지식을 체화하고 있다. 촉진 구조에는 많은 기술을 체화한 자본재, 인적 자본을 체화한 인력, 노동 관행을 포함한 생산설비의 조직, 기업의 내재적 조직, 기업 및 산업의 지리적 위치, 산업 집중, 모든 하부구조와 금융 시스템을 포함한다. 촉진 구조는 기술 및 정책 지식의 구현이다.

3) 투입물

투입물(inputs)은 촉진 구조에서 체화된 생산 공정에 의해서 산출물로 전환되는 기본적인 소재들이다. 소재들은 촉진 구조에서 체화된 생산 체계에 투입되어 자본과 노동의 서비스에 의해 산출물로 전환된다.

4) 공공 정책

공공 정책(public policy)은 공공 목적과 그 수단의 명세서들을 포괄하는 아이디어의 집합이다. 공공 정책은 행정부, 의회와 법원과 같은 공공 부문에 의해서 만들어지고 변경된다.

5) 정책 구조

정책 구조(policy structure)는 공공 정책을 달성하는 수단을 제공하는 실현 집합이다. 정책 구조는 공공 부문 제도에 체화되어 있고, 또한 공공 조직에서 일하는 인력을 포함한다. 이들 인적 자본은 공공 부문 제도들의 설계와 운용에 관련된 지식을 체화하고 있다. 정책 구조를 통해서 작동되는 정책은 촉진 구조, 기술적 지식과 투입물의 양과 질에 영향을 준다(Lipsey et al., 1998).

6) 경제적 성과

여기서 GDP보다 더 많은 변수를 포함시키고자 하기 때문에 생산량보다는 시스템의 경제적 성과(economic performance)를 참조한다. 경제 성과는 총GDP,

성장률, 부문별 분류, 상품 생산 및 서비스 생산과 같이 광범위하게 정의된 그룹들, 규모와 기능 계층 간의 총GNP 및 그 분포, 부문 및 기술 계층과 같은 하위 그룹들 간의 총고용 및 실업 및 그 분포, 오염과 같은 '나쁜' 것들과 기타 유해한 환경 영향들을 포함한다.

(3) 구조주의자-진화모형의 작동 방식

촉진 구조는 어느 특정 시점에 주된 투입물과 결합하여 경제적 성과를 산출한다. 그리고 촉진 구조는 차례로 기술적 지식과 공공 정책의 영향을 받는다. 어느 중요한 신기술의 도입 또는 오래된 기술의 급속한 개선은 촉진 및 정책 구조 전체에 복합적인 변화를 야기한다. 기술 변화의 성과에 대한 모든 효과는 촉진 및 정책 구조의 모든 요인들이 새롭게 체화된 기술에 적응할 때까지는 느껴지지 않을 것이다. 어느 시점에 있어서 경제의 성과는 기술의 구조들과의 공존 가능성에 의해서 결정된다.

여러 변수들의 행태를 연구하기 위하여, 우리는 동 모형의 모든 요소들은 초기에 현행 기술들에 완전하게 적용되었다고 가정한다. 그리고 그 모형의 요소 중 하나의 외생적 변화를 도입하고, 유발된 변화를 연구한다. 이러한 비교 정태균형분석은 모형 구조의 요소들이 어떻게 함께 적응하는가를 이해하기 위한 목적으로 사용된다. 실제로 우리는 전체 시스템이 지속적으로 진화하여 정태균형이나 균형성장 경로와 조금이라도 비슷한 어떤 상태에 결코 도달하지 않을 것으로 기대한다. 균형으로부터 출발하여 기술적 지식의 변화는 차례로 촉진 구조의 변화와 정책의 변화와 성과의 변화를 유발할 것이다.

1) 촉진 구조의 적응

기술과 촉진 구조 사이의 연결과 관련되는 주요한 점들에 대하여 살펴보자(Lipsey, 2001).

만약 기술 요소들이 변화한다면, 촉진 구조의 여러 요인들이 적응적으로 변화할 필요가 있을 것이다. 예를 들면 전력 발전 기술은 새로운 전기 모터, 새로운 발전소, 새로운 배전망과 많은 다른 새로운 자본 유형들에 체화되어야 했다. 발전소에서 전기가 증기를 대체했을 때, 제조산업이 집중되었던 것과 같이 공장의 최적 규모가 증가했다. 현재 전력은 생성된 곳에서부터 널리 분산된 장소들에서 소비할 수 있기 때문에 지리적 입지 역시 바뀌었다. 기계 기사들의 경우 신뢰성이 낮은 증기 작동 기계들이 믿을 만한 전기 작동 기계들로 대체되어 훨씬 적은 숙련도가 요구되므로 인적 자본도 변화했다.

전형적으로 신기술들은 먼저 선임자들을 위해서 설계된 구조에서 운용되었다. 따라서 어느 시점에서는 촉진 구조가 기술의 어느 주어진 상태에 잘 적응하거나 또는 서툴게 적용할지도 모른다. 예를 들면 포드식(Fordist) 생산 방식에 잘 적응한 직업 구분에 관한 노동 관행은 아직 새로운 도요타식(Toyotaist) 생산 방식에 충분하게 적응하지 않을 것이다.

대부분의 촉진 구조 요인들에는 변화에 저항하는 본질적인 관성이 있다. 자본재는 종종 매우 내구적이어서 가변비용이 커버될 수 있는 한, 어떤 보다 우월한 기술을 체화하고 있는 새로운 자본재가 대체하지 못할 것이다. 산업 입지와 기업 집중에 대한 새로운 패턴은 모든 기업들과 공장들이 신기술에 적응할 때까지는 마무리되지 않을 것이다. 공장의 최적 설계와 관리 관행은 증기와 전기 모두의 사례에서와 같이 신기술의 도입 후에는 분명하지 않을지도 모른다. 새로운 하부구조를 경유해서 무엇이 필요한가에 대한 이해는 그 설계와 건설에서와 같이 시간이 걸릴지도 모른다. 인적 자본에 대한 새로운 필요들이 설정되어야 하고 적절한 훈련이 고안되어야 한다.

이러한 적응 기간은 종종 갈등에 시달리게 된다(Freeman and Perez, 1988). ① 종종 수십 년간 잘 작동한 오랜 방법들과 조직들이 새로운 상황에서 빈약하게 작용하기 시작하며 가끔 제대로 기능하지 않게 된다. ② 어느 급격한 새로운 혁신에 수반되는 불확실성은 실제로 적응이 필요한 것들에 대한 많이 다르지만 방어할 수 있는 판단들이 있다는 것을 암시한다. ③ 사용자들이 신기술들을 불신할지도 모르며, 그들이 적응하고 받아들이는 데에 오랜 시간이 걸릴지도 모른다. 하나의 극적인 사례로, 바이오 기술의 많은 측면들과 연관된 현재의 갈등들을 고려해보기 바란다.

2) 정책과 정책 구조의 적응

기술과 촉진 구조의 변화는 전형적으로 그들의 수단인 정책들과 정책 구조의 적응을 필요로 한다. 자연 독점은 하나의 우월적 기술이 다른 기술을 대체할 때에 창출되며 또한 파괴된다. 경쟁 정책은 그러한 변화들에 재빠르게 대응할 필요가 있다. 예를 들면 기술 변화는 종종 자연 독점들을 매우 경쟁적 산업들로 전환한다. 우체국은 한때 인쇄된 자료 메시지의 전달에 있어서 자연 독점을 했으나, 오늘날에는 그러한 활동을 매우 경쟁적으로 만든 택배, 팩스, 이메일, 위성 연결 및 많은 다른 기술들이 그 일을 수행할 수 있다. 어떤 신기술은 종전에 기업들이 서로 혹독하게 경쟁하던 과점 산업에서 자연 독점이 생겨날 만큼 충분히 큰 규모의 경제의 유인에 의해서 역전될 수 있다.

어떤 변화들은 공공 정책에 영향을 주는 제도들에서 전형적으로 필요로 한다. 오늘날 이는 특별히 국제적 수준에서 분명하다. ICT 지원형 세계화에는 많은 무역과 투자 관련 쟁점들에 대한 국제적 감독이 필요하다. 상대적으로 국제무역과 투자의 자유로운 흐름이 중요하므로 대부분의 국가들은 WTO, EU와 많은 다른 무역 자유화 제도들과 같은 초국가적 기구들에 무역 제한에 대한 권한을 이양했다.

정책과 정책 구조의 적응 사이에는 긴 시차가 발생하는 경향이 있다. 기술이 어떻게 진화할 것인가에 대한 불확실성은 요원들에게 구조조정이 무엇을 필요로 하는가에 대해 분명하지 않게 한다. 이것은 필요한 변화에 저항하는 기득의 이익들에 힘을 부여한다. 정치적 결정에서의 관성과 신기술 또는 정책의 수용적 변화에 의해 상처를 입은 사람들의 저항을 더하면 적응 과정이 느려질 수 있다. 예를 들면 정보통신기술 혁명 이후 수십 년은 미국에서 각 주들 간의 뱅킹에 대한 금지를 무용하게 만들었다. 미국 의회는 아직 1928년 주식시장 붕괴에 뒤이어 통과된 글래스—스티걸법(Glass Stegal Act)의 수정안에 대해서 논의하고 있다.[1]

3) 성과에서의 변화

앞에서 우리는 촉진 구조의 변화가 종종 정책과 정책 구조의 본질적인 변화들을 유도하거나 필요로 하는 반면에, 기술적 지식의 변화는 그것을 가동하게 만드는 촉진 구조의 변화를 필요로 한다는 것을 알았다. 초창기에는 옛 기술에 채택된 구조에서 운용되는 신기술은 새로운 장비에 체화되어야만 할 뿐만 아니라, 보조적 기술들이 개발될 필요가 있고 또한 많은 촉진 구조가 신기

---

1 글래스—스티걸법은 1933년 제정된 미국의 은행법 중에서 4개 항목을 가리키는 것으로, 상업은행과 투자은행의 분리(은행업과 증권업의 분리)에 관한 내용을 담고 있다.

술에 적합하게 재설계될 필요가 있다.

　　이러한 이유들로, 경제적 성과는 촉진 및 정책 구조들이 아직 신기술에 반응하고 적응하기 때문에 전형적으로 신기술이 자리 잡은 후에도 계속 변화한다. 예를 들면 공장에 전기를 도입한 후 기술이 그 진화를 완성하기까지는 수십 년이 걸렸다. 전기 모터는 처음에는 증기 특유의 단일 중앙 구동축을 작동시켰다. 그리고 전기 모터는 동력 시스템의 부분적 분산 실험인 보다 작은 여러 집단 구동축에 동력을 공급했다. 마지막으로 단위 구동 시스템이 분리된 엔진이 각 기계 장비에 장착되었다. 그런데 이러한 처리 방식의 유연성 때문에 공장들의 배치에 극적인 변화가 가능해졌다. 새로운 기계들과 새로운 배치들을 갖춘 새로운 공장들이 오래 존속된 증기 구동의 공장을 대체하고 나서야, 전기의 산업적 산출물과 생산성에 대한 효과가 완전하게 구현되었다. 그 결과 공장에서 전기를 최초로 사용한 후 수십 년이 소요되었다.

2. 디지털 전환과 구조적 적응

　　여기에서는 최근 디지털 전환에 따른 새로운 정책적 도전들과 혁신적 기회들에 대하여 구조주의자-진화모형의 분석 틀을 활용하여 보다 구체적으로 살펴보고자 한다.

　　디지털 기술의 가속적 발전으로 자료의 수집, 저장, 가공 비용이 지속적으로 하락하고 연산 능력이 증가함에 따라 경제·사회적 활동이 점증적으로 디지털화되고 네트워크화되고 있다. 디지털경제에서 기술, 스마트 적용과 여타 혁신들은 서비스를 개선할 수 있고, 보건, 농업, 공공 행정, 조세, 교통, 교육과 환경 등을 포함한 광범위한 범위에서 정책적 도전들에 효과적으로 대응하고 있다.

　　정보통신기술들은 제품의 혁신뿐만 아니라 제조 과정과 조직의 혁신에도 기여한다. 디지털 기술은 성장의 촉매제로서뿐만 아니라 생산성, 고용과 복지에 지대한 영향을 가져올 정도로 파괴적 혁신일 수 있다. 디지털 신기술은 경제활동에 종사하는 사람들에게 새로운 사업 기회를 창출하는 한편, 이 기술들은 특정 업무를 수행하는 근로자들을 대체하고 새로운 디지털 격차와 확대된 불균형을 초래하는 접근과 사용에서 현존하는 격차들을 더욱 증가시킬 수도 있다.

　　디지털 기술의 빠른 확산과 활용에도 불구하고, 이에 대한 채택과 사용은 인구통계, 산업과 기업의 규모, 디지털 전환의 포괄성에 대한 관심 등에 따라 국가마다 서로 다르다. 디지털 기술에 대한 접근과 효과적 사용에 대한 장벽에는 전형적으로 다음의 사항들이 포함된다. ① 높은 품질과 적절한 하부구조의 부족, ② 디지털 기술과 행태에 대한 신뢰의 부족, ③ 디지털경제의 성공에 필요한 숙련 기량의 부족, ④ 인터넷 개방성에 대한 선제적이기보다 후행적 접근, ⑤ 서비스 무역 장벽, ⑥ 소기업들에 대한 높은 금융 비용과 취약한 접근 기회, ⑦ 기업들 및 부문들 간 자원 재배분의 장벽, ⑧ 표준의 상호작용성 부족 등이다.

　　이러한 장벽들은 ① 통신시장에서 경쟁을 높이고 불리한 그룹(중소기업과 낙후 지역들)에 대한 인터넷 접근의 개선, ② 기업 수준의 장벽을 감축하고 보완적 투자를 촉진, ③ 근로자들의 기량(skills)을 개선하는 전 생애 학습 제도의 보장, ④ 인터넷 개방성과 국가 간 데이터 흐름을 보장, ⑤ 경제 내의 튼튼한 기업 역동성 육성 등 종합적인 디지털 전환 전략들을 개발하고 집행함으로써 극복하거나 개선할 수 있다.

　　디지털경제에서 디지털 관련 기술의 변화와 이에 따른 경제적 촉진 구조와 정책 및 정책 구조의 동태적 변화의 주요 내용은 다음과 같다.

(1) 디지털경제와 기술적 지식의 특성

　　일반적으로 기술 변화의 특성은 첫째, 내생적 변화라는 점이다. R&D는 이윤을 추구하는 기업이 수행하는 값비싼 활동이기 때문에, 기술 변화는 이윤을 얻을 기회가 변화했음을 인지하고 대응한 경제 체제에 내생적이다. 특히 신기술 경쟁에서의 실패는 가격 경쟁이나 품질 경쟁에서의 비교열위보다 더욱 심각한 문제다. 둘째, 불확실성(미지의 새로운 도전)을 들 수 있다. 기술 개발은 막대한 지출이 신통치 못한 결과를 초래할 수도 있는 반면에, 적은 지출로도 막대한 가치를 창출할 수도 있다. 이러한 불확실성은 초기의 개발 단계에서뿐만 아니라, 특히 신기술의 적용 범위와 관련되어 있다. 셋째, 변화의 유형은 현존 기술의 개선인 점진적 유형(incremental types)과 우연한 도약으로 나타나는 급진적 유형(radical types)으로 구분된다. 모든 성장하는 경제의 전반적인 기술 시스템은 적은 점진적인 개선과 종종 일어나는 도약 모두를 포함하는 경로를 따라 진화한다. 혁신이 현존 기술의 개선이면 점진적인 것이고, 혁신이 점진적인 개선을 통해서 진화될 수 없으면 급진적인 것이다. 예를 들면 인공섬유는 이 섬유가 많은 분야에서 대체한 천연섬유들로부터 진화하지 않고 급진적으로 진화했다.

궁극적으로 GPT로 진화하는 기술은 언제나 용도가 제한되고 상대적으로 조악한 형태로 시작하며, GPT와 연관된 특징들의 전반적인 범주로 서서히 발전한다. 이러한 초기의 진화 과정은 요원들이 불확실한 조건하에서 새로운 기술적 아이디어를 어떻게 배우는가와 연결되어 있다. 기술들이 진화함에 따라서 GPT는 많은 상이한 방식으로 다른 기술들과 상호작용한다. 다른 경우들에서는 신기술은 오래된 경쟁 기술보다 신속히 우월해질 것이다. 신GPT는 종종 궁극적으로 도전할 기존 기술들과 협력한다. 어떤 경우들에서, 신기술이 새로운 틈새를 채우기 때문에 기존 기술들과의 경쟁이 미미하거나 없을 수 있다. 때때로 신GPT는 현존 기술의 상이한 유형과 보완적이다. 예를 들면 이러한 경향이 산업혁명 중 동력과 소재들에서 나타났다. 고압 증기 엔진이 완성되기 전에는 보다 강력한 소재가 필요하였다. 위에서 고려한 모든 경우에, 생산성에 관한 모든 효과는 신GPT의 생산성과 그것이 대체하는 기술의 생산성 사이의 차이에서 비롯된다. 모든 기술들이 진화하기 때문에 그 효과는 시간 의존적이며 신GPT의 특성들에 대한 지식만으로 예측할 수 없다.

디지털경제에서는 기술적 지식이 변화하여 로봇, 드론, 유전자 편집, 센서, 네트워크, 의학, 나노기술, 가상현실, 3D 프린팅 등의 기술이 기하급수적으로 발전하고 상호 융합하기 때문에 산업 전체가 재편성된다.

주요 쟁점 기술로는 ① 빅데이터 분석: 디지털 환경에서 생성되는 수많은 데이터, 그 규모가 측정 불가능할 정도로 방대함, ② 사물인터넷(IoT): 인터넷을 기반으로 모든 사물을 연결하여 정보를 상호 소통하는 지능형 기술 및 서비스, ③ 인공지능(AI): 인간의 학습 능력과 추론 능력, 지각 능력, 자연언어의 이해 능력 등을 컴퓨터 프로그램으로 실현한 기술, ④ 가상현실과 증강현실(VR & AR): 가상의 현실과 실세계에 3차원 가상 물체를 겹쳐 보여주는 기술, ⑤ 자율

주행차, 로봇: 스스로 작업하는 능력을 가진 기계, ⑥ 클라우드 컴퓨팅: 정보처리를 자신의 컴퓨터가 아닌 인터넷으로 연결된 다른 컴퓨터로 처리하는 기술 등을 꼽을 수 있다.

(2) 디지털경제와 촉진 구조의 연관 변화

기술 요인들이 변화하면 무엇보다도 다양한 촉진 구조 요인들이 적응적으로 변화하게 된다. 예를 들면 신제철 기법이 새로운 장비와 새로운 플랜트에 체화되는 경우, 제철 플랜트의 입지뿐만 아니라 플랜트의 적정 규모와 철강산업의 집중화 정도에도 영향을 주게 된다. 아울러 사회간접자본의 제반 요인들도 변화될 필요가 있다. 이때, 신기법에 구기법에서 요구되는 것과 다른 유형의 기술 숙련이 필요할 때는 인적 자본의 변화 역시 필요해진다.

이 경우에 대부분의 구조적 요인들에는 본질적인 관성이 있다. 자본재들은 대부분 내구적 성질을 가지고 있으므로 가변비용이 커버되는 한, 고도 기술이 체화된 새로운 자본재로의 대체가 용이하지 않다. 산업 입지와 기업 집중의 새로운 패턴은 모든 기업들과 플랜트들이 신기술에 맞게 조정될 때까지는 완료되지 않을 것이다. 증기기관이 전기 모터로 완전 대체되는 데에는 거의 40년이 소요되었다.

아울러 인적 자본에 대한 새로운 필요들이 확립되어야 하며, 적절한 훈련이 궁리되어야 할 것이다. 그리고 종종 조정기에는 갈등이 겹치게 된다. 잘 작동하고 있는 구기법들과 조직들이 새로운 상황에서 역기능적인 경우도 생기게 된다. 또한 기술 변화에 따른 촉진 구조의 변화에는 정책 및 정책 구조의 적응이 필요하다.

디지털화 촉진 구조로는 디지털 인프라(infrastructure), 디지털 기량(skills), 그리고 디지털 인프라와 신사업 모형에 대한 금융(financing), 디지털화, 중소기업, 창업 및 역동성(start-ups and dynamics) 등을 꼽을 수 있다(OECD, 2017).

1) 디지털 인프라(infrastructure)

고속 디지털 인프라는 콘텐츠와 응용 프로그램과 함께 디지털경제의 주요 디딤돌 중 하나이다. 인간 생활에서 디지털 인프라의 점증하는 중심적 역할은 글로벌 인터넷 트래픽의 성장에서 나타난다. 시스코는 2020년까지 글로벌 인터넷 트래픽이 2005년보다 92배 더 커질 것으로 예측했다(Cisco, 2016).

각국으로서는 현재 및 미래의 수요에 대응하기 위해서 많은 신규 서비스와 응용 프로그램 및 사업 모형들의 기초가 되는 디지털 인프라의 발전에 지속적으로 투자하는 것이 필수적이다. 디지털 인프라는 산업 4.0의 맥락을 포함하여 생산을 전환하는 디지털 혁신을 가능케 하는 토대로서도 매우 중요하다.

고속 네트워크와 서비스의 전개의 주된 장벽은 우선 진입에 높은 장벽이 될 수 있는 인프라 자체의 독과점적 특성을 들 수 있다. 더욱이 지리적 요인, 행정적 장벽, 규제의 불확실성과 높은 자본 지출, 스펙트럼에의 접근과 몇몇 나라에서는 특히 농촌지역에서 전기 같은 기본적 인프라의 결핍 등이 걸림돌이 될 수 있다.

정책 대안의 중요 영역은 잘 수립된 목표를 포함한 국가적 광역 계획을 수립하고 정기적으로 재검토하는 것이다. 이들 계획은 고속 네트워크와 서비스 전개를 위하여 인터넷 교류점들, 스펙트럼과 IPv6에의 접근 등 주요 기술적 요소 등 모든 핵심적 장벽들을 이상적으로 해결해야 하며, 경쟁력과 투자를 확보하기 위한 정책 도전들을 해결하는 측정 가능한 목표들을 포함해야 한다.

2) 디지털 기량(skills)

일상에서 디지털 기술이 광범위하게 확산함에 따라 본질적으로 개인들이 지식에 접근하고 활용하는 방식이 변화하고 있다. 그들은 복잡한 정보를 가공해야 하고 체계적으로 생각해야 하며 서로 다른 형태의 증거들을 판단해야 한다. 또한 작업장에서 급속한 기술 변화에 적응하기 위해서는 부단히 기량을 갱신해나가야 한다. 더 근본적으로는 디지털 기술이 많은 영역에서 공개하는 새로운 기회들에 대응하여 이 기술들을 의미 있게 사용하기 위한 적합한 기량을 발전시켜야 한다(Smit et al., 2016). 모든 사람들이 디지털경제에 참여하여 이익을 확보하고 새로운 업무와 기량에 적응하기 위해서는, 교육과 훈련 시스템들이 사회적 및 감성적 기량뿐만 아니라 본질적인 기량, 디지털 해독력, 고도의 비판적인 사고 기량들을 포함한 ICT 원천 기량, ICT 특화 기량, ICT 보안 기량들을 촉진시켜야 한다. 디지털경제 및 사회에 적극 참여할 수 있도록 취약한 문자 해득력과 수리 능력 및 디지털 기량을 가진 사람들의 기량들을 증가시키기 위한 보다 큰 노력이 필요하다.

디지털 기술들은 기량 발전을 위한 새로운 기회를 창출한다. 이러한 기회들을 얻기 위해서는 ICT 사용과 제도적 학습 과정이 필요하다. 여기서 활동자들에게는 새로운 도구들을 실험하는 충분한 영역이 주어지며 결과들의 체계적 평가는 가장 효과적인 실행을 선택하게 한다. 온라인 교육의 질과 학습 결과에 대한 인지의 결여에 대한 관심뿐만 아니라 이러한 새로운 기술들에 대한 접근 장벽도 해결해야 한다.

숙련 기량을 향상하기 위한 ICT 및 다른 기술들의 이용을 포함하여 모든 사람들이 디지털경제에 적응하고 더 발전토록 하는 더 효과적인 전략의 개발이 중요하다. 이는 개발과 이용을 증진하는 정책 및 목표를 고양시킬 뿐만 아니라 디지털경제에서 질 높은 고용을 촉진하는 데 필요한 기량의 조합을 확실히 해야 한다는 의미이다. 그것은 또한 공식적 교육과 훈련 체계가 갱신되도록 작업 중 변모하는 과제처럼 지속적인 적응을 촉진하는 것을 의미한다.

3) 디지털 인프라와 신사업 모형들에 대한 금융(financing)

오늘날 디지털 기술과 이를 지지하는 인프라는 디지털경제의 성공을 위해서 필수적이다. 디지털 인프라, 특히 고속 광대역 네트워크에 대한 투자는 활기차고 혁신적이며 포괄적인 디지털경제를 지원하는 데 필수적이다. 디지털 인프라 투자와 관련된 금융 장애 요인에는 높은 자본 비용, 시장 상황 변화에 대한 민감성, 시골 및 외딴 지역의 낮은 수익률, 정보에 입각한 투자 결정을 위한 정확한 데이터 부족 등이 포함된다.

21세기의 중요한 하부구조인 데이터에 대한 투자와 공유를 장려하는 것도 필요하다. 디지털 하부구조 금융과 관련된 과제에는 데이터 큐레이션 및 투자 인센티브, 신뢰(개인 정보 보호 및 디지털 보안 위험 관리), 데이터 평가, 가격 결정, 데이터 소유권 및 지적재산권(IPR)과 관련된 문제가 포함된다.

디지털 기술을 기반으로 새로운 비즈니스 모델을 구현하려는 혁신 기업에도 금융에 대한 접근은 중요한 과제다(Calvino, Criscuolo and Menon, 2016). 이러한 관심 중 일부를 해결하는 데 도움이 될 수 있는 분야로는 공공 및 민간 금융을 통한 인프라 구축 강화, 디지털 인프라 및 새로운 비즈니스 모델의 자금 조달을 위한 프레임워크 정책 개선, 보다 기업가적인 문화를 조성하기 위한 국가 이니셔티브에 대한 경험과 모범 사례 교환, 크라우드 펀딩에 대한 투자자의 참여 장려 플랫폼 등이 있다.

4) 디지털화, 중소기업, 창업 및 역동성(start-ups and dynamics)

조직 및 인적 자본과 같은 필수 보완 지식 기반 자산을 취득하는 데 필요한 자원을 확보함에 있어 중소기업(SME)이 ICT 및 디지털 기술을 운영 활동에 채택하는 과정에서 여러 장벽에 직면하면서 대기업과 중소기업 간의 ICT 채택 및 사용에 중요한 차이가 존재한다. 제조업과 서비스업종 간에도 중요한 차이점이 있다.

최근 몇 년 동안 서비스형 ICT를 구매하는 추세가 증가하고 있지만, 중소기업은 클라우드 컴퓨팅 및 기타 정교한 디지털 기술을 채택하는 데 있어서 뒤처지고 있다. 중소기업이 이러한 디지털 기술을 채택하도록 촉진하는 것은 매우 중요하다. 이는 중소기업이 이러한 투자의 높은 초기 매몰 비용을 비롯한 기존의 디지털 기술 투자 장벽을 극복하고 한 기술에서 다른 기술로 보다 빠르게 전환하여 갇히는 것을 방지할 수 있기 때문이다. SME, 금융에 대한 접근을 용이하게 하는 정책, 그리고 역량 센터 및 기술 확산 확장 서비스에 대한 중소기업의 참여를 고려하는 포괄적인 국가 디지털 전략은 이와 관련하여 도움이 될 수 있다.

주요 지표인 굳건한 진입률과 추월률 등은 특히 금융위기 이후 G20과 OECD 국가들의 경기 활력이 점차 떨어진 것으로 분석됐다. 보급률을 보면 ICT 생산과 ICT 활용 부문에서 비즈니스 역동성 저하가 두드러져 혁신에 대한 우려가 커지고 있다. 동시에 ICT 사용 패턴을 분석할 때, 공장 크기와 연령 간 기술 채택에 상당한 차이가 있는 것으로 나타나는데, 더 작고 새로운 공장이 더 크고 오래된 공장보다 데이터 관리 소프트웨어를 사용할 가능성이 더 적다(Andrews, Criscuolo and Gal, 2016).

디지털 기술 활용에 있어 창업과 중소기업을 지원하고, 창업 및 혁신 중소기업의 성장을 촉진하는 것은 정책 활동의 중요한 영역이다. 여기에는 금융에 대한 접근을 용이하게 하고, 중소기업 금융에 대한 높은 수준의 원칙을 세우도록 돕는 정책들이 포함될 수 있다. 경쟁이 치열한 제품 시장에 대한 규제와 고용 보호 법률이 지나치게 엄격하지 않은 상황도 기업의 역동성과 특정 디지털 기술의 채택을 촉진할 수 있다. 소규모 기업이 기존 대기업과 경쟁할 수 있도

록 지원하려면 근로자의 훈련 및 기량 개발뿐만 아니라 근로자들의 이동성을
촉진하는 정책이 중요하다.

(3) 디지털경제와 정책 및 정책 구조

기술 변화에 대하여 정책 구조가 어떻게 반작용하느냐는 한 사회의 기술
적 다이내미즘의 중요한 결정 요인이 되고 있다. GPT의 확산에는 정책 및 정
책 구조의 변화가 수반되며, 이는 반작용적인 변화(reactive change)와 선작용적
인 변화(proactive change)로 구분된다. 먼저, 전통적으로 조정은 불확실성, 정치
적 의사결정의 타성, 이해관계자들의 저항 등으로 인해서 오랜 시차를 두고 반
작용적인 변화의 형태로 이루어지고 있다. 그러나 정부의 정책은 기술의 변화
및 촉진 구조의 변화를 선행적으로 촉진시킬 수 있는 선작용적인 변화도 있다.
예를 들면 R&D 투자 확대 정책은 기술 변화 및 촉진 구조의 변화를 유도할 수
도 있다. 디지털 전환 정책 및 정책 구조로는 디지털 표준, 디지털 보안, ICT
규제, 소비자 권리, 그리고 법적 프레임워크 등을 들 수 있다(OECD, 2017).

1) 디지털 표준(standards)

표준은 많은 정책 영역에 영향을 주고, 혁신과 생산성 향상을 유도한다.
즉 개방시장에서 경쟁을 촉진하고 국제무역을 가능케 하며 이해당사자들 사이
의 신뢰를 강화시켜준다. 상향식이며 시장 주도적인 개방적인 자발적 표준은
특히 신속한 기술 개발과 시장에서의 유통과 관련하여 중요하다. 그러한 표준
과 관련된 지침들은 현행 안전 수준을 유지하고 디지털 안보와 프라이버시 수
준을 고양하는 신뢰를 확보하고, 에너지와 자원 효율성을 개선하며 디지털 전
환이 초래한 사회적 및 조직적 도전을 해소하는 데 필요하다.

표준과 표준 기반 상호작용성의 발전은 스마트 도시와 스마트 이동을 포
함한 산업 4.0과 사물인터넷의 발전에 결정적으로 중요하다. 성공의 열쇠는 표
준 생태계를 조성하는 많은 활동가들이 협업과 협의를 하여 포괄적 표준을 개
발하는 데 있다. 주요 국가들은 표준을 발전시키는 다양한 과정 내에서 서로
더욱 효과적으로 일할 수 있도록 하는 최선의 관행과 정책들을 채택하도록 도
울 수 있다. 오늘날 성공적인 산업 4.0의 발전 및 전개로 인해 상호 연결된 쟁
점들의 복잡성에 효과적으로 대응하기 위해서는 개선된 새로운 정책과 집행

도구들뿐만 아니라 발전된 집행 프레임워크와 모두의 이익에 대한 새롭고 다양한 이해관계자들의 이니셔티브가 필요하다.

2) 디지털 보안(security)

디지털경제의 신뢰를 제고하기 위해서는 모든 이해당사자들이 경제 및 사회적 활동에서 디지털 보안 위험을 관리하는 조건들을 창출하고 디지털 환경에서 신뢰와 확신을 육성하는 전략을 마련해야 한다. 그러한 전략들은 모두의 이익을 위해서 디지털 기술의 이점을 취하는 데 필요한 유연성을 공급하는 사회 전반적인 시각을 포괄해야 한다. 프레임워크 사이의 상호작용성을 촉진하는 국가적 프라이버시 전략의 발전을 통해서 효과적인 프라이버시 및 데이터 보호를 촉진하는 국제적 협정들을 마련해나가야 한다.

중소기업들이 사업을 위해서 디지털 환경의 기회들을 활용하고, 동시에 잠재적인 위험 효과들을 최소화하는 좋은 관례를 촉진해야 한다(Aguilar, 2015). 특히 국가적 디지털 보안 전략은 좋은 관례를 채택하도록 적절한 인센티브 및 관례적 지침을 통해서 중소기업들이 특정한 필요를 충족하도록 도울 수 있다. 일례로 디지털 위험 보험 활용과 사업 간 협력으로 발전된 알맞은 표준과 인증제도에 대한 관심을 고양할 수 있다.

디지털 보안에 대한 위험은 전통적으로 기술적 해결이 필요한 기술적 문제로 여겨졌으나 디지털 보안 위험의 변화하는 성격과 범위는 각국이 이 분야에서 자신들의 전략과 정책들을 재평가하게 하고 있다. 최근에 많은 정부들과 이해당사자들은 디지털 보안에 대한 초점을 경제 및 사회적 활동에 대한 위험을 최소화하는 데로 이동하고 있다. 이러한 접근은 디지털 보안에 대한 위험을 다면적인 정책 영역으로 인식하고 경제 및 사회적 관점에서 이러한 위험을 고려하는 일의 중요성을 강조하고 있다. 어떠한 프레임워크와 형태들이 가장 잘 작동하는가를 배우기 위한 디지털 보안과 프라이버시 위험에 관한 보다 나은 증거에 대한 긴급한 필요가 있다. 각국은 좋은 관례와 정보에 대해 보다 광범위한 공유를 증진하는 협력과 국제적 협정을 강화하는 기회들을 개척해야 한다.

모바일 거래가 안고 있는 취약점인 보안 문제의 획기적인 해결 방법으로 등장하고 있는 것이 블록체인이다. 블록체인은 거래 내역을 지금의 금융결제원 같은 중앙 집중 결제 기구가 집중해서 보관하는 것이 아니라 디지털로 만들어진 디지털 원장을 모든 거래 당사자가 분산해서 보관하는 방식이다. 해킹하려면 모든 거래 당사자의 분산원장을 해킹해야 하므로 원천적으로 해킹을 불가능하게 하는 방식이다. 이러한 블록체인 거래를 기반으로 등장한 화폐가 비트코인·이더리움 같은 디지털 화폐다. 앞으로 사용량이 증가할 경우 각국 중앙은행이 발행하는 종이 화폐가 디지털 화폐로 점차 대체되면서 통화제도와 국제금융 제도에 엄청난 변화를 초래할 수도 있을 전망이다.

3) ICT 규제(regulation)

오늘날의 ICT 부문에서 성공적인 혁신자들은 불과 수년 내에 글로벌 거인으로 성장할 수도 있고, 반면 현행 주도 기업들이 같은 기간 내에 사라질 수도 있다. 차기의 거인이 어디에서 나오는가는 많은 요인들에 달려 있으나, 중요한 점 중 하나는 더 나은 디지털 발전을 위한 ICT 부문에서 경쟁과 혁신과 투자를 촉진하는 가장 효과적인 규제 관행에 대한 정책 조합의 부분인 규제 프레임워크의 역량이다.

유선통신, 무선통신과 방송은 서로 다른 네트워크로 공급되는 상호 다른 규제 서비스였으나, 지금은 하나의 범용 네트워크 인터넷으로 수렴되어 있다. 이에 따라 각국은 모든 시장 참여자들이 지속적으로 혁신하고 경쟁하며 투자하도록 인센티브를 최적화하기 위해서 보다 포괄적인 방식으로 규제 프레임워크와 공공 정책 목표를 검토할 필요성이 있다. ICT 부문에 대한 21세기의 접근 방식은 새로운 서비스 공급자들에게 더 이상 규제의 범위를 확장하지 않고, 필요치 않은 규제를 제거해나가는 것이다. 수렴된 규제를 생성하고, 규제적 힘들이 모든 묶음 서비스적 요소들을 감독하고 지속적인 소비자 보호를 확인할 수 있도록 조정해야 할 것이다.

수렴된 통신 환경에서 경쟁을 증진시키는 것은 또 다른 중요한 도전이다. 모바일 네트워크 시장에서 해결책은 경쟁을 해치는 모바일 운영자들 사이의 합병을 방지하고, 새로운 공급자들의 시장 진입을 촉진하는 조건들을 도입하며, 소비자들의 통신사 이동을 활성화하고 통합에 대한 대안으로서 네트워크 공유를 가능케 해나가야 한다. 고정된 네트워크 시장과 관련하여 한 해결책은 고속 서비스를 제공할 수 있는 공급자 수를 증가시키기 위해서 수동적 하부구조에 효율적으로 접근할 수 있도록 촉진하는 일 등이다. 국가 간 경쟁과 혁신의 수렴에 관한 노력에 대한 비교 분석은 각국의 정책적 조치들을 더욱 알리는 데 도움을 준다. 동분석은 규제 환경, M&A, 투자와 수익, 유선 및 모바일, 사물통신(M2M) 등의 경로들에의 접근과 네트워크 중립 규율 등과 같은 요소들을 포함한다. 수렴된 분석적 프레임워크의 발전은 특정 정책 조치 노력에 기여할 수 있다.

4) 소비자 권리(consumer rights)

지속적인 B2C 전자상거래의 증가에도 불구하고 아직 사람들이 손대지 않은 상당한 잠재력이 남아 있다. 잘 만들어진 소비자 보호 및 경쟁적 시장들은 소비자와 기업 모두의 이익을 위해 이들 시장을 보다 발전시키는 데 필요한 신뢰를 구축하는 데 필수적이다. 소비자 권리에 대한 보다 효과적인 집행을 위해서는 전자상거래가 이런 잠재력 실현에 아주 중요하다. OECD와 UN의 정책 프레임워크는 아주 우수한 출발점을 제공하고 있으나 각국이 보다 폭넓게 집행할 필요가 있다.

그러나 국가 간 및 부문 간 협력이 보다 더 협업할 수 있는 분야이다. 점증적인 데이터 중심적 환경에서 데이터 이동성 제공과 같은 접근은 소비자와 기업 모두에 이익을 제공하므로 이를 위한 보다 광범위한 연구가 필요하다. 동시에 각국은 플랫폼 및 소비자 신뢰 쟁점을 유용하게 탐구할 수 있다. 이러한 정보 집중적 환경에서 소비자 선택은 복잡성과 불확실성으로 때때로 잘못 인도되거나, 사기적 사업 관행들로 복합된 도전들에 의해서 손상되고 있다. 플랫폼의 확장 범위는 소비자 신뢰에 새로운 기회를 여는 동시에 특별한 도전을 제기하기도 한다(OECD, 2016).

프라이버시 보호와 데이터를 통한 혁신의 접점을 만들어내기 위한 사회적 합의, 데이터 거버넌스를 더 이상 늦출 수 없는 시점이다. 개인의 프라이버시를 침해하지 않으면서 공공 목적으로 사용하거나 기업 활동에 도움을 줄 수 있는 익명화된 데이터 또는 전체 공동체의 특성과 패턴을 이해할 수 있는 데이터가 될 수 있도록 머리를 맞대야 한다. 생성된 디지털 데이터에 대한 접근과 활용, 관리에 대해서도 사회적 합의가 이뤄져야 한다.

5) 법적 프레임워크(legal frameworks)

법적 프레임워크는 디지털 전환보다 더욱 느리게 진전되는 경향이 있다. 일반적으로 20세기의 법이 21세기의 디지털화된 경제 및 사회를 인도한다. 이러한 이유로 기업이나 소비자들이 기회를 잃어가고 있고, 부적합한 보호와 보다 큰 불확실성에 직면하게 된다. 따라서 법적 프레임워크를 적절하게 검토할 필요가 있고, 점증적으로 디지털화된 세계에 맞게 잘 조정할 필요가 있다. 최근 디지털 전환은 많은 법규들이 전개하는 것보다 더 빠르게 세상을 변화시키고 있다. 그 결과 법과 디지털화된 경제 및 사회 사이가 잘 맞지 않는 결과를 초래한다. 디지털 전환이 초래하는 도전들을 관리하여 그 이점을 완전히 자본화하기 위하여 각국은 법적 프레임워크를 정기적으로 검토하여 점증적으로 디지털화된 세계에 잘 맞도록 적절히 갱신해나가는 방법을 개발해야 한다. 이와 관련하여 디지털화에 대해 정부의 종합적인 접근을 통한 계획과 집행이 매우 중요하다.

디지털 전환의 영향을 받은 중요한 법적 영역 중 하나는 경쟁이다. 그 효과는 대부분의 시장에서는 매우 큰 경쟁으로, 그 외에서는 승자독식의 경향으로 혼재되어 있다. 경쟁 정책은 디지털화된 맥락에서 조정이 필요하다. 어떤 시장에서는 데이터를 가장 필수적인 경쟁 자산으로 간주하며, 시장 정의와 시장 파워로의 차별화된 접근, 그리고 경쟁 당사국 사이의 국제 협력과 조정에 더 큰 초점을 두는 방향으로 이동하고 있다. 각국은 디지털 시대에 맞게 특별한 경쟁의 복잡성을 평가하는 도구들을 발전시켜야 한다.

온라인 플랫폼은 신시장과 기회를 창출할 뿐만 아니라 일련의 경제 및 사회적 도전을 야기하기도 한다. 이러한 맥락에서 노동, 소비자 보호, 조세와 프라이버시 법률 등이 크게 관련되어 있다. 정부는 불필요하게 덜 매력적인 온라인 플랫폼을 통해 어떤 규제에서 명료성의 결여, 플랫폼을 통해 얻는 적은 수입의 확산에서 야기되는 조세 쟁점들과 온라인 시장 참여자들의 소비자 및 프라이버시 보호 등을 해결하는 법을 지속적으로 갱신하도록 고려해야 한다. 각국은 온라인 플랫폼이 제시하는 기회와 도전들을 분석하고 차별화된 정책 대응을 해나가야 한다.

3. 결론

구조주의자 – 진화 분해(structuralist – evolutionary decomposition)에서 비롯되는 가장 중요한 통찰력 중 하나는 기술, 촉진 및 정책 구조, 성과에서 변화의 규모 간에 필요한 관계가 없다는 것이다(Lipsey, 2001). 기술의 변화는 생산성에 미치는 영향에 의해서만 신고전주의 모델에서 관찰될 수 있기 때문에, 많은(아마도 대부분의) 경제학자들은 기술의 큰 변화는 생산성의 큰 변화와 연관되어야 한다고 가정하며, 그렇지 않을 때 당황한다. 그러나 당황할 이유는 없다. 수익성 향상을 약속하는 한 신기술이 낡은 기술을 대체할 것이다. 신·구생산성의 차이가 클 때도 있고 작을 때도 있다. 신고전주의적인 관찰자들은 생산성이 빠르게 변화하지 않기 때문에 주요 기술 변화의 현실을 의심하는 경우가 많다.

그러나 구조주의자 – 진화 분해가 강조하듯이, 이러한 변수들 사이에는 필요한 관계가 없다. 현재의 생산성 변화는 잘 측정될 수도 있고 그렇지 않을 수도 있지만, 측정된 생산성에 급격한 변화가 수반되지 않는 기술의 중요한 변화에는 모순이 없다. 예를 들어 산업혁명의 첫 단계에서 새로운 자동화 직물 기계 중 일부는 작업장에 설치되고 손으로 움직이는 반면, 나머지는 소규모 수력발전식 공장에 배치되는 일이 발생했다. 신고전파 관찰자는 TFP, Y/L 및 실질임금이 크게 변하지 않았기 때문에 기술에 중요한 일이 발생하지 않았다고 결론을 내릴 것이다. 그러나 실제로 오두막에서 공장으로 생산을 이전하는 현상을 포함하여 나중에 일어난 모든 일의 기술적 토대가 마련되었다. 앞서 설명한 핵심 사항을 반복하면, 급격한 기술 및 구조적 변화가 급격한 생산성 성장을 동반하지 않을 상황을 연구하기 위해, 우리는 기술 변화와 생산성 성장을 동일시하는 모형을 채택할 수 없다는 것이다.

구조주의자 – 진화이론에서 나온 두 번째 중요한 통찰력은 기술의 변화와 그것이 촉진 구조에서 유도하는 변화 사이에 필요한 관계가 없다는 것이다 (Lipsey, 2001). 레이저를 비롯한 일부 중요 신기술은 기존의 촉진 구조에 잘 맞으며 구조 변경이 거의 필요하지 않다. 전기와 컴퓨터와 같은 다른 것들은 우리의 삶의 방식을 근본적으로 바꾸는 촉진 및 정책 구조에 대한 대대적인 변화를 필요로 한다. 대부분의 관찰자들은 촉진 구조의 변화를 본다. 이러한 것들은 종종 기술의 변화와 혼동된다. 예를 들어 19세기 초에 생산이 소규모 시제품 공장에서 증기로 움직이는 거대한 공장으로 옮겨갔을 때, 이는 촉진 구조에서 주요한 변화였다. 사실, 이 산업혁명의 시기에 촉진 구조와 성과가 가장 빠르게 변화했다. 생산성과 실질 임금이 마침내 꾸준히 상승하기 시작했고 대규모 산업도시들이 모습을 드러냈다. 그러나 새로운 기초 기술들이 관련되어 있지는 않았다. 기존의 증기 엔진을 기존의 자동화된 섬유 기계와 결합시킨 것이 전부였다. 두 기술 모두 2차적으로 많은 개선이 필요했다. 그러나 이러한 개선들이 더 일찍 일어났기 때문에, 위대한 기술혁명은 수반되지 않았다. 기술, 구조, 성과가 모두 다른 방식으로 변화하고, 이러한 현상을 구별하지 않는 이론으로 해석할 때 혼란만 야기될 수 있다.

애로와 데브루(Arrow and Debreu, 1954)가 개발한 신고전주의 일반균형이론은 신고전주의 정책에 관한 조언의 기초가 된다. 그 이론에서 취향과 기술은 외생적이고 경쟁은 자원의 최적 배분으로 이어진다. 이 이론은 개발 단계, 경제 규모, 산업 집중, 기업가적 재능의 보급, 그리고 정부 정책을 운영하는 행정 능력 등 한 경제를 다른 경제와 구별하는 모든 특성에서 추상화한다. 결과적으로 보편적인 정책 처방은 최적의 배분이 달성되는 것을 막는 시장 실패를 완화하는 것이다.

신고전주의 성장이론에 대한 이견은 두 갈래로 구별할 수 있다. 첫째, 새로운 거시 성장이론을 주장한 로머의 분파는 지식의 본질이 비경합적이고 부분적으로 배제적이라고 강조한다. 로머는 많은 모형들에서 관련 문제들이 완전히 경쟁적인 다른 사적 상품들처럼 지식을 다루면서 무시된다고 지적한다. 둘째, 위에서 상세하게 고찰한 구조주의자-진화이론은 미시적 기반이며, 기술적 진보와 관련된 불확실성을 강조한다. 로머의 접근법과 구조주의자-진화 접근법 모두 자원의 신고전주의 최적 배분은 실제는 말할 것도 없고 이론적으로도 달성할 수 없고, 따라서 최적을 달성하기 위한 장애를 제거하는 정책 조언은 완전히 근거가 없다고 결론 내린다.

구조주의자-진화이론에서 강조했듯이 내생적 기술 변화가 경제성장의 핵심이라면 교육, 경쟁, 재분배와 관련된 거의 모든 정부 정책이 기술 변화의 양, 위치, 방향에 어느 정도 영향을 미치기 때문에 정부는 성장에 영향을 미칠 수

밖에 없다. 슘페터와 기타 내생적 기술 변화의 이론가들은 전형적으로 적극적인 정부 정책의 방향을 따랐다. 그러므로 오늘날 실질적인 정책 이슈는 '기술 변화가 내생적인가?'가 아니라 '최선의 정부 정책 대응은 무엇인가?'이다.

참고문헌

Aguilar, L., 2015, "The Need for Greater Focus on the Cybersecurity Challenges Facing Small and Midsize Businesses", *Public Statement*, US Securities and Exchange Commission.

Andrews, D., C. Criscuolo and P. Gal, 2016, "The global productivity slow-down, technology divergence and public policy: A firm level perspective", *Hutchins Center Working Paper, No. 24, Hutchins Center on Fiscal and Monetary Policy*, Washington, DC: The Brookings Institution.

Arrow, K. J. and G. Debreu, 1954, "Existence of an equilibrium for a competitive economy", *Econometrica*, 22(3), 265-290.

Calvino, F., C. Criscuolo and C. Menon, 2016, "No Country for Young Firms?: Start-up Dynamics and National Policies", *OECD Science, Technology and Industry Policy Papers*, No. 29, Paris: OECD Publishing.

Cisco, "Visual Networking Index", Cisco, 2016.

Freeman, C. and C. Perez, 1988, "Structural Crises of Adjustment, Business Cycles and Investment Behavior", In Dosi et al., *Technical Change and Economic Theory*, N. Y.: Pinter Publishers.

Lipsey, R. G., 2001, *Understanding Technological Change*, East and West Center Working Papers No. 13, Honolulu, Hawaii: East and West Center.

Lipsey, R. G., C. Bekar and K. Carlaw, 1998, "The consequences of changes in GPTs", In E. Helpman ed., *General Purpose Technologies and Economic Growth*, Cambridge: The MIT Press.

OECD, 2016, *Protecting Consumers In Peer Platform Markets: Exploring The Issues*, OECD Digital Economy Papers, No. 253, Paris: OECD Publishing.

OECD, 2017, *Key Issues for Digital Transformation in the G20*, Report Prepared for A Joint G20 German Presidency OECD Conference, Berlin, Germany, 2017.

Smit, J. et al., 2016, *Industry 4.0*, European Parliament, Directorate General for Internal Policies, Policy Department A: Economic and Scientific Policy.

디지털경제의 동력

CHAPTER 11 지적재산권

지적재산(intellectual property)은 인간의 무형의 지적 창조를 포함하는 재산 범주이다. 여러 가지 유형의 지적재산이 있으며, 일부 국가는 다른 국가보다 더 많은 것을 인식하고 있다. 가장 잘 알려진 유형은 저작권, 특허, 상표 및 영업 비밀이다. 19세기에 사용되기 시작한 지적재산에 대한 현대적 개념은 17세기와 18세기에 영국에서 발전되었다. 지적재산이라는 용어는 20세기 후반이 되어서야 세계 법체계 대부분에서 보편화되었다.

지적재산권의 주된 목적은 다양한 지적 재화의 창조를 장려하는 것이다. 이를 위해 법은 사람과 기업에 그들이 만들어내는 정보 및 지적 재화에 대한 재산권을 대개 제한된 기간 동안 부여한다. 이것은 사람들이 그들이 창조한 정보와 지적 재화의 혜택을 누릴 수 있게 해주고 아이디어를 보호하고 복제를 방지할 수 있게 해주기 때문에 창작에 경제적 동기를 부여한다. 이러한 경제적 인센티브는 혁신을 자극하고 혁신자에게 부여된 보호의 정도에 따라 달라지는 국가의 기술 진보에 기여할 것으로 예상된다.

지적재산의 무형성은 토지나 상품과 같은 전통적인 재산과 비교할 때 어려운 점이 있다. 전통적인 재산과 달리 지적재산은 '분할할 수 없는' 것이고, 무제한의 사람들이 고갈되지 않고 지적재를 '소비'할 수 있기 때문이다. 또한 지적 재화에 대한 투자는 전용의 문제로 어려움을 겪는다. 즉, 토지 소유자는 튼튼한 울타리로 땅을 에워싸고 이를 보호할 수 있지만, 정보나 문헌의 생산자는 보통 최초 구매자가 그것을 복제하여 더 싼 가격에 판매하는 것을 막기 위해 할 수 있는 일이 거의 없다. 지적 재화의 창조를 장려할 만큼 강하지만 상품의 광범위한 사용을 막을 만큼 강하지 않은 권리를 균형 있게 유지하는 것이 현대 지적재산법의 주요 초점이다.

1. 지적재산권

만약 지적 재화에 관한 비밀 유지가 가능하거나 사회규범이 복제를 막는
다면, 특허 보호는 혁신자에게 불필요할 수 있다. 코카콜라의 비법은 100년 동
안 비밀로 남아 있는 것으로 유명하다. 이 회사는 같은 비행기를 절대 타지 않
는 두 명의 중역만이 이 비법을 알고 있다고 주장한다. 요리사의 대표 요리는
비밀은 아니지만, 요리사들 사이의 사회적 규범은 요리법을 허락 없이 베끼는
비용을 엄청나게 많이 들게 할 것이다. 개그맨들은 같은 이유로 서로의 농담을
거의 훔치지 않는다.

다른 경우에, 혁신이 알려질 수 있지만 복제에 대한 장벽이 제품 자체에
내장되어 있을 수 있다. 디지털 워터마킹 기술은 일부 음악 배급사들이 복제될
수 없는 녹음된 음악을 만들도록 했다. 종자회사들은 잡종 옥수수와 잘 번식하
지 않는 다른 품종들을 도입함으로써 같은 일을 성공적으로 해냈다.

기업은 기술 제품에 보완되는 우수한 기능에 의존하여 혁신 지대(innovation
rents)[1]를 보호할 수도 있다. 이러한 기능은 우수한 영업력, 보다 신속하게 제품
을 출시할 수 있는 능력 또는 투입 요소 공급업체와의 독점 계약일 수 있다.
기밀성, 복제 또는 보완적 기능에 대한 장벽은 동일한 제품을 독립적으로 발명
하는 경쟁 상대나, 완제품에서 시작하여 그것이 어떻게 만들어졌는지 알아냄으
로써 그것을 역설계하는 경쟁 상대에 대해 효과적이지 않을 수 있다. 새로운
아이디어가 코드화할 수도 배제할 수도 없는 경우, 정부는 지적재산권을 보호
하는 법을 만들었다.

(1) 지적재산권

지적재산권(intellectual property rights)은 정신의 창조물에 대해 사람들에게
주어지는 권리이다. 보통 창조자에게 일정 기간 동안 창작물을 사용할 수 있는

---

1 혁신자가 새로운 기술, 조직 형태 또는 마케팅 전략을 도입하여 얻는 자본 기회 비용을 초과
하여 창출된 이익으로 일명 슘페터리언 지대(Schumpeterian rents)로 알려져 있다.

독점권이 부여된다. 지적재산권은 일반적으로 두 가지 주요 영역으로 나뉜다.

1) 저작권 및 저작권 관련 권리

문예작품의 저작권(도서 및 기타 저작물, 음악 작곡, 그림, 조각, 컴퓨터 프로그램, 영화 등)은 저자의 사망 후 최소 50년간 보호를 받는다. 연주자(예: 배우, 가수, 음악가), 축음기 제작자(음향 녹음) 및 방송 단체의 권리 등도 저작권 및 관련 권리를 통해 보호된다. 저작권 및 관련 권리 보호의 주된 사회적 목적은 창작 활동을 장려하고 보상하는 것이다.

2) 산업 재산

산업 재산은 크게 두 가지로 나눌 수 있다. 첫째, 한 유형은 독특한 표시(특정 상표, 특히 한 사업의 재화나 용역을 다른 사업의 상품과 구별)와 지리적 표시(특정 상품의 특성이 본질적으로 그것의 지리적 특성에 기인하는 장소에서 발생한 것으로 식별)로 특징지을 수 있다. 이러한 특색 있는 표시의 보호는 다양한 상품과 서비스 사이에서 정보에 입각한 선택을 할 수 있게 함으로써 공정한 경쟁을 촉진하고 보장하며 소비자를 보호하는 것을 목표로 한다. 문제의 표시가 계속 뚜렷할 경우 보호는 무기한 지속될 수 있다. 둘째, 다른 유형의 산업 재산은 주로 혁신, 디자인 및 기술 창조를 촉진하기 위해 보호된다. 이 범주에는 발명품(특허에 의해 보호됨), 산업 디자인 및 영업 비밀이 포함된다. 사회적 목적은 신기술 개발에 대한 투자 결과를 보호함으로써 연구 개발 활동의 자금 조달을 위한 인센티브와 수단을 제공하는 것이다. 또한 기능하는 지적재산권 체제는 외국인 직접 투자, 조인트 벤처 및 면허의 형태로 기술의 이전을 촉진해야 한다. 보호는 일반적으로 유한 기간(특허의 경우 일반적으로 20년) 동안 제공된다.

지적재산권을 보호하는 기본적인 사회적 목표는 위에서 설명한 바와 같이, 주어진 배타적 권리는 일반적으로 여러 가지 제한과 예외의 대상이 되며, 이러한 조치의 목표는 권리 보유자와 사용자의 정당한 이익 사이에서 찾아야 하는 균형을 미세 조정하는 것이라는 점에 유의해야 한다.

여러 가지 지적재산권의 형태 중 가장 일반적으로 사용되는 것은 다음의 특허, 상표, 저작권이다.

① 특허(patents): 특허는 혁신자가 특허를 출원하며 자신의 아이디어를 공개하도록 요구하며, 특허청은 이를 심사하여 이후에 공표한다. 심사관

들이 아이디어가 충분히 새롭고 창의적이라고 확신한다면 혁신자에게 특허를 줄 것이다. 대부분의 경우 특허는 혁신자에게 20년 동안 모방자를 법정에 세울 수 있는 권리를 준다. 제약 특허의 경우는 25년으로 연장될 수 있다. 일부 국가에서는 특허 보호 기간이 다양하다.

② 상표(trademarks): 상표는 로고, 이름 또는 등록된 설계의 소유자에게 다른 사용자가 자신의 제품을 식별하기 위해 사용할 수 없도록 할 수 있는 권한을 부여한다. 상표는 무기한 연장할 수 있디. 특허 및 상표는 일반적으로 전용 사무소에 등록된다.

③ 저작권(copyright): 저작권은 책, 오페라 또는 소프트웨어 코드와 같은 지적 저작물의 저자에게 다른 사람이 복제, 적응 및 판매하지 못하도록 할 수 있는 권리를 준다. 저작권은 일반적으로 등록되지 않는다. 저자는 누군가가 저작권을 위반했다고 판단되면 신고해야 한다. 저작권이 적용되는 기간은 특허보다 훨씬 길고, 점차 확장되어왔다. 저작권은 최소 25년 동안 적용되며, 현재 미국에서는 제작자가 사망한 후 70년 동안 적용된다. 긴 저작권 기간은 논란이 되고 있는데, 그 이유는 종종 그 혜택이 작품을 만들지 않은 사람들에게 돌아가기 때문이다.

(2) 지적재산권이 혁신에 미치는 영향

최근까지 특허는 혁신의 개발과 이용을 촉진한다고 여겨져왔다. 이제 지적재산권이 실제로 혁신에 미치는 영향을 살펴보자. 이는 다음의 두 가지 반대 효과 중 어느 것이 더 중요한지에 따라 달라진다.

① 독점 생성: 이는 지적재산권 보유자에게 유익한 영향을 미치며, 연구개발을 촉진하는 경제적 이익(혁신 지대)을 창출한다.

② 혁신 및 새로운 아이디어의 확산 저해: 이러한 권리는 혁신을 모방할 수 있는 다른 사람의 능력을 제한한다.

1) 이론 분석

더 간단한 설명을 위해 신제품, 예를 들어 신약의 잠재적 시장을 고려해보자. p가 소비자에게 부과된 가격을 나타내는 경우, 우하향하는 잠재 수요곡선 $D(p)$를 가정한다. 승인에 필요한 검사를 포함하여 이 약품을 개발하는 데 총비용 F가 소요되지만, 일단 이 지식을 이용할 수 있게 되면 실제로 약을 제조하고 판매하는 데 단가 c만 소요된다고 가정하자.

이러한 상황은 <그림 1>에 나타나 있으며, 특정 기간(예: 1년) 동안 수요가 적용된다. 일부 자격이 주어지면 영역($S + \Pi + L$)은 기간당 '사회적 잉여', 즉 이 신제품이 개발되고 효율적인 q^C 수준에서 생산될 경우 사회에 발생할 금전적 이익을 나타낸다. 이러한 혜택의 현재 및 미래 흐름의 할인된 가치가 연구개발(R&D) 비용 F를 초과할 경우 신약 도입으로 사회에 순편익이 가능하다.

그러나 분명한 것은 지적재산권이 없다면, 그 어떤 개인도 비용 F를 부담할 동기를 갖지 못한다는 것이다. 혁신을 쉽게 모방할 수 있는 경쟁사의 능력은 시장 가격을 그것의 단위 생산비용 c로 이끌 것이며, 비용 F는 회수될 수 없다.

<그림 1> 지식재산권과 신제품 시장

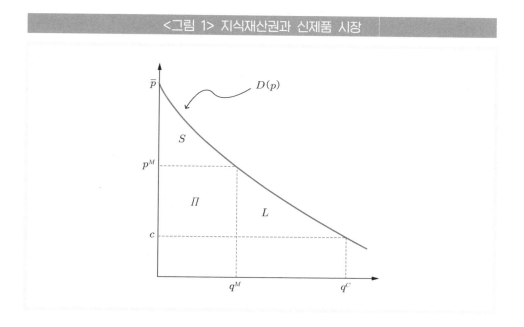

그러나 혁신자는 특허로 신약 시장에서 독점자가 되고 q^M에서 약값을 최적으로 책정함으로써 초과이윤을 얻을 수 있다. 혁신자의 기간당 이윤은 <그림 1>의 영역 Π로 표시된다. 만약 특허의 존속 기간 동안 그러한 이익의 현재 할인된 가치가 R&D 비용 F를 초과한다면, 이 혁신이 가져올 충분한 인센티

브가 존재하고, 전체적으로 사회는 특허 기간 동안 편익($S+\Pi$)과 그 후의 편익($S+\Pi+L$)을 누릴 수 있다. 그러나 특허의 존속 기간 동안 혁신은 사회적 관점(즉 $q^M < q^C$)에서 비효율적으로 낮은 수준에서 생산된다는 점에 유의해야 한다. 이는 특허 시스템의 근본적인 절충, 즉 추가적인 혁신 활동 장려의 편익과 일부 상품과 서비스의 경쟁적 제공을 포기하는 비용 사이의 균형을 가져온다.

사후, 즉 기술혁신을 이용할 수 있다는 점을 고려할 때, 독점권은 새로운 제품 및 프로세스의 사용을 제한하기 때문에 사회의 관점에서 나쁘다(기술혁신의 경쟁적 제공에 관하여). 이전의 경제 분석은 이 문제에 광범위하게 초점을 맞추고 특허 시스템의 경제적 만족도에 의문을 제기하였다(Machlup and Penrose 1950). 그러나 기술혁신의 독점적 통제가 창출하는 이익에 대한 기회는 아마도 그렇지 않으면 무시할 수 있는 R&D 투자에 관한 동기를 부여하기에 충분한 강력하고 사전적인 동기가 될 수 있다.

2) 역사적 사례

중요한 역사적 사례는 산업혁명에 매우 중요했던 증기기관이다. 18세기에 발명된 증기 엔진은 몇 가지가 있었지만, 가장 성공적인 유형은 제임스 와트(James Watt)가 1769년에 특허를 받은 엔진이었다. 엔지니어였던 그는 자신의 혁신을 상품화하기 위해 아무것도 하지 않았다. 사실, 그는 엔진을 발명한 지 6년이 지나서야 본격적으로 생산을 시작했다.

와트는 그 특허의 상업적 가치를 나중에 고려했다. 사업가인 매튜 볼튼(Matthew Boulton)은 특허권을 한몫 챙겼고, 와트가 새로운 엔진을 개발하기 위해 버밍엄으로 이주하도록 설득했다. 볼튼은 또한 특허 기간을 14년에서 31년으로 연장하는 데 성공하였다. 이후 와트와 볼튼은 다른 증기 엔진이 와트의 디자인과 다르더라도 판매되는 것을 막기 위해 법정을 적극적으로 이용했다. 이 중에는 와트의 디자인보다 더 효율적인 조너선 혼블러(Jonathan Hornblower)의 발명품도 있었다. 와트와 볼튼은 혼블러의 특허에 이의를 제기했고, 결국 1799년 소송에서 승소했다. 와트와 볼튼이 새로운 디자인을 적용하도록 특허권을 넓히는 데 성공했을 때, 비록 그들이 그것의 개발에 아무런 역할을 하지 않았음에도 불구하고 직원이 만든 또 다른 우수한 발명품은 차단되었다. 아이러니하게도, 와트는 그의 기계를 더 효율적으로 만드는 방법을 알고 있었지만 그것을 개선시킬 수 없었다. 다른 사람이 그 특허를 가지고 있었다. 와트－볼튼 특허에 따라 영국은 매년 750마력의 증기 엔진을 추가했다. 특허가 만료된 후 30년 동안엔 영국에 매년 4,000마력 이상의 증기 엔진이 설치되었다. 특허가 발효되는 동안 거의 개선되지 않았던 연비는 1810년에서 1835년 사이에 5배 증가했다.

일부 산업에서는 특허 보호가 새로운 지식 창출 과정에 필수적이라는 데 의심의 여지가 없다. 제약회사의 블록버스터급 의약품에 대한 특허가 만료되면 제형 복제 및 일반판 판매 전문 업체들이 시장에 진출할 수 있고 가격 경쟁에 노출되면서 가격이 낮아진다. 특허 소유자의 이익은 크게 감소한다. 급격한 이익의 하락은 특허에 의해 만들어진 독점물이 특허 소유자에게는 엄청나게 가치 있지만 특허 기술 혁신의 사용자들에게는 비용이 많이 든다는 점을 보여준다.

<그림 2>는 혁신 과정을 개략적으로 표현한 것이다. 화살표는 입력 정보를 나타내며, 입력 정보가 영향을 미치는 혁신의 측면을 가리킨다. 이 그림은 새로운 지식의 창출이 어떻게 항상 기존 지식을 기반으로 하는지를 강조한다. 예를 들어 혼블러는 효율성을 개선하기 위해 발명품을 기존의 와트－볼튼 (Watt－Boulton)의 설계를 기반으로 제작했다. 산업혁명 초기처럼 기존 특허는 기존 지식을 기반으로 하는 능력을 제한하여 혁신에 부정적인 영향을 미칠 수 있다. 한편으로는 창작자를 위한 혁신 지대를 확보함으로써 혁신을 장려한다.

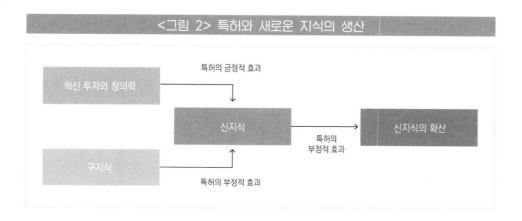

<그림 2> 특허와 새로운 지식의 생산

1) 오래된 지식은 새로운 지식을 만드는 데 도움이 된다.: 특허는 이 과정을 늦춘다. 와트와 볼튼이 알아낸 것처럼, 특허는 특허에 의해 적용되는 오래된 지식의 일부 사용을 방해할 수 있다.

2) 특허는 혁신을 촉진한다. 새로운 지식의 창출은 성공적인 발명가들에게 인정과 혁신 지대를 준다. 와트는 그가 받을 특허로부터 이익을 얻기 위해 증기기관을 발명하지는 않았지만, 다른 혁신자들은 자신들의 발명품을 상품화할 수 있다는 전망에 강한 동기를 부여받는다.

3) 느린 확산: 특허는 새로운 지식이 만들어진 후 다른 혁신자들이 새로운 지식의 모든 이점을 깨닫지 못하게 한다. 와트와 볼튼은 경쟁사 발명가들이 더 나은 증기 엔진을 만드는 것을 막기 위해 특허를 이용했다.

경제사학자 페트라 모세르(Petra Moser, 2013)는 19세기 이탈리아 오페라에 대한 저작권 보호가 작곡가들로 하여금 점점 더 나은 오페라를 쓰게 만들었다고 설명한다. 그러나 그녀는 지적재산권이 너무 광범위하거나 너무 장기적일 경우 혁신 과정에 득보다 실이 많을 수 있다는 증거를 제시하기도 했다.

2. 최적 특허: 발명과 확산 목표의 균형

특허는 우리에게 경제적인 문제와 맞닥뜨리게 한다. 기존의 지식을 잘 활용하고, 새로운 지식을 생산하는 데 충분한 경제적 자원과 창의력을 쏟고, 창조된 새로운 지식을 확산시키려는 경쟁적 목표의 균형을 어떻게 가장 잘 맞출 것인가 하는 것이다. 최적의 특허(optimal patent)는 경제에서 지식의 사용을 가장 잘 발전시키는 특허이다. 현재 국제무역을 규제하는 세계무역기구(WTO)가 주관하는 협정은 각국이 특허 기간을 선택하는 것을 막을 수도 있다. 그러나 완전한 선택의 자유가 주어진다면 정책 입안자가 어떻게 최적의 기간을 결정할 수 있겠는가? 여기에서는 최적의 특허에 대한 분석을 하고자 한다.[2]

---

2 The CORE team, 2017.

<그림 3>에서, 우리는 상단 패널에서 혁신자의 결정을 먼저 살펴본다. <그림 3>의 분석을 통해 혁신 비용과 편익의 타이밍과 누가 혜택을 받는지 파악한다. <그림 3>의 하단 패널에서, 우리는 혁신이 발생하는 경제에서 다른 사람들에 대한 편익을 포함한다. '특허 절벽'이란 용어는 혁신자의 관점에서 볼 때, 특허가 만료될 때 이익이 크게 감소하는 것을 말한다. 그러나 하위 패널에서는 이와 반대되는 효과를 볼 수 있다. 왜냐하면 혁신은 이제 경제 전반에 걸쳐 자유롭게 확산되므로, 특허가 만료될 때 혁신의 편익이 급증하기 때문이다.

<그림 3> 발명가와 타인의 혁신과 관련된 비용과 지대(costs and rents)

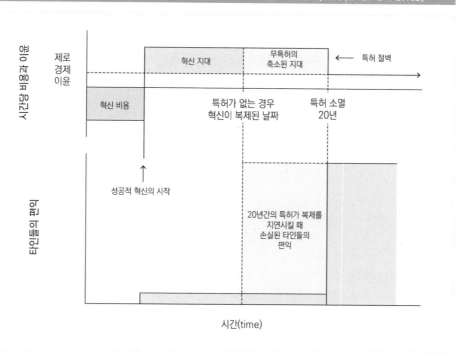

시간(time)

1) 혁신자는 비용을 부담한다.: 혁신 비용은 사각형으로 표시된다.
2) 혁신은 성공적이다.: 그 회사는 혁신 지대를 경제적 이익보다 더 많이 낸다. 이것은 점선인 제로의 경제 이윤선 위의 직사각형이다.

3) 특허: 그 회사는 특허 기간 동안 혁신 지대를 받는다.

4) 경제 내의 타인들의 편익: 아래 패널은 기술 혁신에서 발생하는 편익을 보여준다. 만약 혁신이 존재하지 않는다면 타인들의 편익은 이득이 없을 것이다.

5) 특허: 그 특허는 복제와 확산을 지연시키기 때문에 타인들의 편익을 감소시킨다.

이것은 상충 관계(trade-off)를 보여준다. 혁신이 없으면 타인에게 이득이 없고 특허가 길어지면 혁신 가능성이 높아진다. 그러나 주어진 혁신의 경우 타자의 이익은 특허 기간 동안 감소한다. 혁신에 대한 보다 이른 모방은 하단 패널의 점선의 사각형으로 보이는 경제에 이익을 가져다준다. 이를 통해 긴 특허가 빠른 혁신의 이점을 강조하고, 짧은 특허가 빠른 모방의 이점을 강조하는 것을 알 수 있다. 그러나 <그림 3>을 보고 최적의 특허 기간이 얼마가 되어야 하는지를 결정할 순 없다.

(1) 확산과 발명의 편익 사이의 상충 관계

<그림 4>는 사회 전체에 대한 혁신의 이점을 어떻게 표현할 수 있는지를 보여준다.

수평축에는 기업이 혁신할 경우 경제에서 타인들에게 주는 총편익이 B로 표시된다. 이것은 B라고 불린다. 수직축에서 혁신의 확률을 추정하고, p^I로 표시한다. 하향 기울기 곡선은 등총편익곡선이라고 하는 무차별곡선이다. 혁신으로 인한 타인들의 총편익은 다음과 같다.

타인들의 총편익 = 혁신의 확률*기업 혁신의 경우 타인들의 편익 = $p^I B$

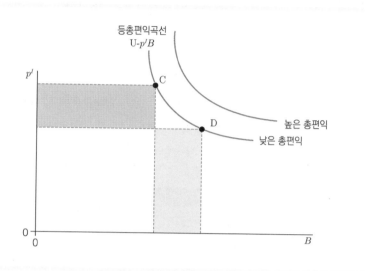

주: 여기서 p^I는 발명, 즉 혁신의 확률을, B는 확산, 즉 타인들의 편익을 나타낸다.

1) 등총편익곡선: 하향 기울기 곡선은 등총편익곡선이라고 하는 무차별곡선이다. 이러한 추세에 따라 기술혁신에서 발생하는 총편익은 $p^I B$와 동일하며 일정하게 유지된다.

2) 곡선에 닿는 직사각형: 곡선에 모서리가 있는 모든 직사각형의 면적은 다른 것과 동일하다. 점 C와 D가 이를 설명한다.

3) 바람직한 곡선: 보다 높은 등총편익곡선이 C와 D를 통과하는 곡선보다 바람직하다.

(2) 실현 가능한 발명과 확산

제약 조건은 무엇인가? 혁신이 이루어지면 발생할 총이익은 무엇으로 제한되는가? 이는 특허의 기간에 따라 달라질 것이다. 왜냐하면 장기적인 특허 보호 기간은 적어도 처음에는 혁신의 확률인 p^I를 증가시키지만, 만약 복제의 지연으로 인해 혁신이 일어난다면 다른 사람들을 위한 총편익의 양인 B를 감소시킨다고 생각되기 때문이다.

특허가 없는 경우에도 <그림 5>의 수직축에 표시된 것처럼 혁신이 발생할 수 있다. 이러한 경우에 혁신자는 단지 시장에서 첫 번째가 되는 것만으로 혁신 지대를 획득할 수 있다. 왜냐하면 경쟁자들이 따라잡는 데 시간이 걸리기 때문이다. <그림 5>는 특허 기간이 증가함에 따라(수평축을 따라 오른쪽으로 이동) 혁신 지대가 더 오랜 기간 보호되기 때문에 혁신의 확률도 증가한다는 것을 보여준다.

그러나 특정한 특허 보호 기간을 넘어, 장기 특허는 다른 잠재적 혁신자들이 보호 지식이나 프로세스를 사용하여 아이디어를 개발하는 것을 방해하기 때문에 혁신의 가능성은 감소하기 시작한다.

<그림 5> 특허 기간과 혁신 확률

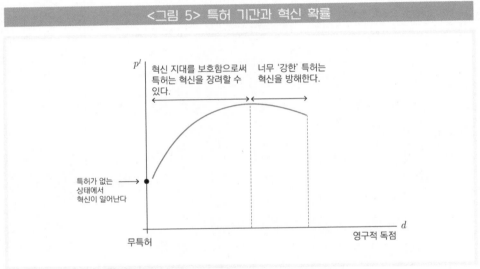

주: 여기서 p'는 발명, 즉 혁신의 확률을, d는 특허의 기간을 나타낸다.

<그림 6>에서 실현 가능한 집합을 보여줄 수 있는데, 이것은 기업이 혁신할 경우 더 높은 혁신 확률과 타인들의 총편익 사이의 상충 관계를 보여준다. 실현 가능한 집합의 각 점은 주어진 특허 기간의 결과로, 결코 소멸되지 않는 특허로 왼쪽에서 시작한다. 오른쪽으로 이동하면 특허 기간이 줄어들면서 타인들에게 점점 더 많은 편익이 주어진다. 처음에 이것은 기술혁신이 발생할 경우 타인들에 대한 편익과(<그림 5>에서 보았듯이) 기술혁신의 확률을 모두 증가시킨다. 이것은 실현 가능한 집합의 양의 경사면을 제공한다. 그러나 우리가 또한 보아왔듯이, 어느 시점에서는 상충 관계가 있을 것이다. 특허 기간이 더

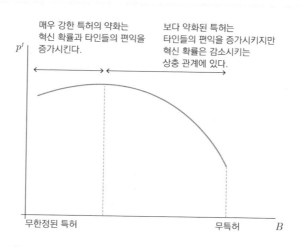

주: 여기서 p'는 발명, 즉 혁신의 확률을, B는 타인들의 편익을 나타낸다.

줄어들면 혁신이 발생할 경우 초래될 총편익을 확대하더라도 기술혁신의 확률
은 감소할 것이다. 이것은 실현 가능한 집합의 경계에서 아래쪽으로 기울어진
부분을 설명한다.

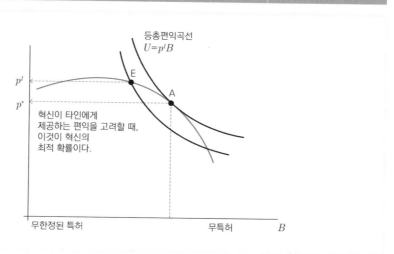

주: 여기서 p'는 발명, 즉 혁신의 확률을, B는 타인들의 편익을 나타낸다.

1) 사회에 대한 기대 이익 극대화: 실현 가능한 세트와 등총편익곡선을 결합하면 사회 전체에 대한 기대 이익을 최대화하는 특허의 기간을 결정할 수 있다.

2) 달성 가능한 최고 수준의 총편익: 이는 A 지점에서 실현 가능한 집합과 함께 등총편익곡선의 접점에 의해 나타난다.

3) 최적의 혁신 확률: 사회 전체의 관점에서 혁신의 최적 확률은 p*이다.

4) 혁신 확률은 높지만 사회에 대한 편익은 낮음: E에서, 최적의 특허 A에서 보다 더 긴 특허로, 혁신은 더 가능성이 높지만 덜 확산되기 때문에, 낮은 등총편익곡선에 의해 보여지는 것처럼 사회 전체에 대한 그것의 총편익은 더 낮다.

(3) 최적의 특허 기간

이제 실현 가능한 집합을 등총편익곡선과 결합하면, 혁신을 위한 인센티브와 확산 촉진 사이의 상충 관계가 부과한 제약과 일치하는 기대 편익을 최대화하는 특허의 기간을 결정할 수 있다. 달성 가능한 최고 수준의 총편익은 실현 가능한 집합과 등총편익곡선의 접선으로 나타난다. 이것은 <그림 7>의 A 지점이다.

<그림 8> 최적의 특허 기간

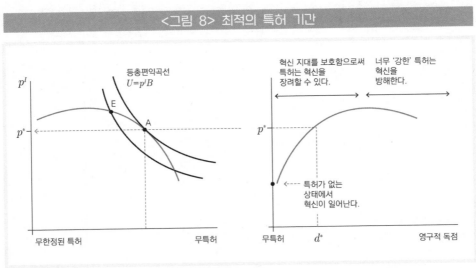

주: 여기서 p^I는 혁신의 확률, B는 타인들의 편익, 그리고 d는 특허 기간을 나타낸다.

1) 혁신의 최적 확률: 타인에 대한 혁신의 편익을 고려하여, p*가 혁신의 최적 확률이라는 것을 <그림 7>에서 확인하였다. 이를 통해 특허 기간이 얼마가 되어야 하는지를 알 수 있다.
2) 특허의 최적 기간: p*를 알면 <그림 5>(<그림 8>의 오른쪽 그림)를 사용하여 특허의 최적 기간, d*를 결정할 수 있다.
3) 특허가 없다면?: 혁신이 여전히 일어날 것이라는 것을 알 수 있지만, 사회를 위한 최적의 수준 이하라는 것을 알 수 있다.

이 결과 자체는 정책이 아니지만, 하나를 결정할 수 있게 해준다. 이제는 <그림 5>로 돌아가서 혁신 기업이 사회의 최적의 혁신 확률, p^*를 선택하도록 정책 입안자가 어떤 특허 기간을 설정할지 물을 수 있다. <그림 8>은 그 답을 보여준다.

3. 기초 연구, 교육 및 정보 인프라의 공공 자금 지원

다양한 종류의 지적재산권에 대한 찬반 양론은 효과적인 혁신 시스템을 설계하는 문제의 일부일 뿐이다. 또 다른 중요한 요소는 정부의 역할이다. 예를 들어 어떤 경우에는 이동전화의 확산에 따른 시장에 대한 기대 편익 효과가 필요한 공공 기반시설(주로 도로와 교통수단)이 부족했기 때문에 실현되지 않았다는 점을 들 수 있다. 예컨대 인도 농부들이 가격 정보에 새로이 접근하여 이익을 얻을 수 있도록 인도 정부가 도로와 같은 상품과 서비스를 제공한 것은 혁신 편익의 성공적인 확산에 필수적이다. 컴퓨터의 기원과, 나아가 전체 정보 혁명은 혁신 과정에서 정부의 역할이 필수적이라는 사실을 분명히 하고 있다.

혁신에 관한 적절한 공공 정책은 다음 두 가지 주요 방법으로 도움이 될 수 있다.

① 혁신 속도의 향상: 이는 특허, 저작권 및 상표의 설계뿐만 아니라 표준의 설정, 기본 연구 및 통신 인프라의 지원 같은 개입을 통해 발생한다.
② 혁신의 방향에 영향을 미침: 환경, 학습, 의료 또는 기타 사회적으로 가치 있게 적용하여 새로운 아이디어와 응용의 생산 쪽으로 공정을 기울인다.

초기 단계의 연구를 정부가 지원하는 패턴에는 군을 포함한 정부 기관 또는 대학을 통한 상업적인 응용이 뒤따르는 것이 일반적이다.

(1) 정부 지원 연구

컴퓨터 및 전자 산업, 인터넷, 월드와이드웹뿐만 아니라, 현대의 제약 및 생명공학 분야와 그래핀과 같은 신소재의 상업적 응용은 모두 초기 단계의 발전이 공공 재정을 통한 기초 연구에 뿌리를 두고 있다. 터치스크린과 컴퓨터 마우스 역시 미국 정부가 지원한 연구 결과이기도 했다(Janeway, 2012).

MP3 포맷은 독일의 한 공공 연구소의 연구원들인 프라운호퍼 게젤샤프트에 속한 작은 그룹이 만들었다. 이들의 특허는 음질을 유지하면서 오디오 파일의 크기를 1/12까지 축소할 수 있게 해준다. 이러한 혁신은 인터넷을 통한 음악 공유를 가능하게 했고 세계 음악 산업의 큰 격변에 기여했다. 상업적인 회사들은 처음에 MP3를 표준으로 채택하지 않았다. 그러나 이후 MP3는 창작자들이 낮은 가격으로 인코딩 소프트웨어를 사용자에게 배포함으로써 대응하고 그것을 무료로 이용할 수 있게 한 해커들을 추적하지 않았기 때문에 널리 확산되었다.

혁신의 원인과 영향을 전문적으로 다루는 경제학자 마리아나 마즈카토(Mariana Mazzucato, 2013)는 인터넷, GPS, 터치스크린 등 일부 기본적인 디지털 혁신 사례를 활용해 정부가 연구·창업 기술 기업에 자금을 지원하는 데 필수적인 역할을 하고 있다고 주장한다. 그녀는 정부의 역할이 미래의 수익률이 너무 멀고 불확실하기 때문에 시장이 하지 않을 활동을 하는 것뿐만 아니라 민간 부문이 어떤 활동을 할 것인지 규정하는 것이라고 본다. 이러한 견해는 미국 정부의 전략적 투자가 왜 미국 기업들이 디지털과 생명공학을 포함한 첨단 기술 산업을 지배하는지 설명하는 데 도움이 된다.

(2) 경쟁과 상금

이노베이션을 지원하는 다른 정책 중 하나는 일부 사양을 충족하는 문제에 대한 솔루션을 성공적으로 개발하는 경우 상을 수여하는 것이다. 수상자는 새로운 아이디어나 방법에 대한 독점보다는 개발 비용에 대한 보상을 받고, 혁신은 즉시 공공 영역으로 들어간다. 예를 들어 딥워터 호라이즌 석유 굴착기

재난의 여파로, XPrize Foundation은 기름 유출을 정화하기 위해 현재의 기술을 크게 개선할 수 있는 팀에게 100만 달러를 주기로 했다. 그리고 1년 이내에 한 팀이 업계 표준 회복률을 4배로 높이는 방법을 고안했다.

경쟁을 촉진하는 또 다른 예는 방치된 질병을 치료하는 약물을 성공적으로 개발하기 위한 상을 제정하는 것이다. 이 약들은 질병으로 고통받는 사람들의 수입이 낮아서 민영 시장이 제한되기 때문에 제약 분야의 혁신이 거의 나타나지 않는 세계 일부 지역에서 흔한 질병을 치료한다(Kremer and Glennerster, 2004).

4. 지적재산권의 경제적 효과

(1) 거시경제적 관점

특허 제도는 경제 전반에 영향을 미친다. 연구가 공개적으로 알려지면 새로운 결과의 이점은 관련 분야 모두에게 제공되므로, 해당 분야의 모든 당사자에게 이점을 가져다준다. 그러나 연구 및 혁신을 수행하는 당사자의 경제적 인센티브는 감소한다. 특정 시장에 대한 특허의 영향은 시장의 유형과 다른 진입장벽이 있는지 여부에 따라 크게 달라질 수 있다(예: 규제 의약품 대비 사업 방법). 사회주의 독과점 경제에서조차 국제 특허법의 준수는 엄격하거나 엄격해졌는데, 그 효과가 공공 경제에 호혜적이기 때문이다.

다만 특허는 본질적으로 소유주에게 제한된 시간 동안 시장을 독점할 수 있는 권리를 부여함으로써 혁신을 조장하기 때문에, 국민들은 엄청난 경쟁비용을 지불함으로써 혁신적이지 못한 특허에 시달리게 될 것이다. 특허 제도의 실효성과 관련해 또 다른 딜레마는 발급 시 유효성과 범위가 불분명했다면 다른 경쟁사가 법원에 소송을 제기할 경우 논의를 통해 범위를 재평가하거나 공익을 위해 특허를 무효화할 수 있기 때문에 항상 정정된다는 점이다. 그러나 미국특허청(USPTO) 데이터에 대한 연구는 극소수의 특허만이 재판에 회부된다는 것을 보여주었다.

파렐과 메르그스(Farrell and Merges, 2004)는 두 가지 이유로 인해 특허 침해로 기소된 개별 기업들이 특허 보유자들에게 이의를 제기하지 못했다고 지적

한다. 하나는 공공재 문제인데, 특허가 무효화되면 피청구 기업의 경쟁자들은 그 결과로부터 이익을 얻을 것이다. 또 다른 이유는 많은 경우에 특허권자들은 더 높은 가격의 형태로 통일된 로열티 비용을 통과시킬 수 있기 때문이다.

(2) 미시경제적 관점

단일 특허 또는 특허군을 둘러싼 경제학은 특허 유지비용과 특허 보유로 인한 소득 사이의 균형을 중심으로 전개된다. 특허의 허가는 일시적으로 발명자에게 독점적인 법적 권리를 제공함으로써 연구비를 상환할 수단을 제공한다(그 발명에 대해 더 높은 가격을 청구하거나 그것을 실천하고자 하는 다른 사람들로부터 라이선스 비용을 청구함).

특허는 배타적 권리이므로, 그 효과에 따라 해당 시장에서 특허 소유자의 수입이 증가할 수 있다. 주요한 경제적 효과는 특허권의 배타성 기간으로, 초과이윤이 연구 개발에 자금을 지원한 기업에 대해 보답하는 시기이다. 특허만 가지고 마케팅 성공이 보장되지는 않는다. 그러나 복제본을 가지고 시장에 진입하는 경쟁자를 배제하는 권리는 특허 기간(일반적으로 출원 후 20년) 동안 해당 시장에서 완전한 배타성을 의미할 수 있기 때문에 잠재적으로 매우 가치가 있다. 예를 들어 특허받은 의약품의 전 세계 판매는 하루에 수백만 달러가 될 수 있는 반면, 일반 의약품은 나중에 절반 이하의 가격에 판매될 것이다.

특허로 얻게 되는 소득 향상은 측정하기 어렵다. 누군가는 '개선된' 제품과 '개선되지 않은' 제품 간의 가격 차이를 측정하거나, 특허가 없는 시장에서 제품의 가격을 비교하려고 시도할 수 있다. 보다 직접적으로 측정할 수 있는 소득은 특허권의 라이선스나 판매 또는 특허권을 침해받은 경우 소송을 성공적으로 했을 때 얻는 소득이다.

(3) 기술혁신

전통적인 특허 원칙에 따르면 특허법은 적어도 두 가지 방법으로 기술혁신을 촉진한다. ① 발명자는 독점권을 확보할 수 있으며, 따라서 혁신에 대한 작업은 발명자가 시장에서 더 높은 재정적 보상을 받을 확률을 제공한다. ② 발명을 비밀로 유지하는 대신 발명을 공표하는 행위는 다른 사람들이 기술을 기반으로 활용할 수 있도록 한다. 이 두 가지 모두 경제 분석을 기반으로 한 과제를 안고 있다. '보상' 이론은 '보상'의 위험한 미래의 성격과 비용 엔지니어링과 마케팅의 사후 특허 비용을 무시한다는 비판을 받아왔다. 혁신을 촉진하는 특허의 출원은 다른 사람들이 특허 기술을 기반으로 하기보다 기존 기술을 중심으로 설계하도록 유도한다는 비판을 받아왔다.

볼드린과 레빈(Boldrin and Levine, 2013)은 특허는 발명 동기를 개선하는 부분적 균형 효과를 가질 수 있지만, 혁신에 대한 일반적인 균형 효과는 부정적일 수 있다고 결론 내렸다. 다른 특허 모델링 연구는 특허가 혁신을 장려하기보다는 개발을 방해하고 연구 개발 투자를 감소시키고 총경제생산량을 하락시킬 수 있음을 시사한다.

(4) 확률적 특허의 경제학

경제학자 렘리와 셔피로(Lemley and Shapiro, 2005)는 시스템에 불확실성이 있기 때문에 특허 허가 과정을 재고해야 한다고 주장했다. 특허의 불확실성은 특허 발명의 상업적 의의에 대한 불확실성과 부여된 법적 권리의 유효성과 범위에 대한 불확실성의 두 가지 기본 차원에서 찾을 수 있다.

특허를 확률적 권리로 모델링하면 시스템의 사회적 비용을 낮추는 동시에 혁신과 기술 보급을 계속 장려하는 데 도움이 된다.

Boldrin, M. and D. K. Levine, 2013, "The Case Against Patents", *Journal of Economic Perspectives*, 27(1), 3-22.

Farrell, J. and R. P. Merges, 2004, "Incentives to Challenge and Defend Patents: Why Litigation Won't Reliably Fix Patent Office Errors and Why Administrative Patent Review Might Help", *Berkeley Technology Law Journal*, 19(1), 943-970.

Janeway, W. H., 2012, *Doing Capitalism in the Innovation Economy: Markets, Speculation and the State*, Cambridge: Cambridge University Press.

Kremer, M. and R. Glennerster, 2004, *Strong Medicine: Creating Incentives for Pharmaceutical Research on Neglected Diseases*, Princeton, NJ: Princeton University Press.

Machlup, F. and E. Penrose, 1950, "The Patent Controversy in the Nineteenth Century", *Journal of Economic History*, 10(May), 1 − 29.

Lemley, M. A. and C. Shapiro, 2005, "Probabilistic Patents", *Journal of Economic Perspectives*, 19(2), 75-98.

Mazzucato, M., 2013, 'Government − investor, risk−taker, innovator'(http;//tiny co.re/2203568).

Moser, P., 2013, "Patents and Innovation: Evicence from Economic History", *Journal of Economic Perspective*, 27(1), 23 − 44.

The CORE team, 2017, *The Economy: Economics for A Changing World*, Oxford University Press.

경제의 서비스화

서비스는 세계 국내총생산(GDP)의 2/3 이상을 창출하고, 선진국에 대한 외국인 직접투자의 3/4 이상을 유치하며, 가장 많은 노동자를 고용하고, 전 세계적으로 새로운 일자리를 창출하는 등 세계 경제의 주요 부분이다. 통신에서 운송, 금융, 교육, 관광 및 환경 서비스에 이르기까지 서비스 부문은 세계 경제의 중추이자 국제무역의 가장 역동적인 요소가 되었다. 최근 디지털 기술 발전으로 국경을 초월한 서비스 공급이 쉬워져 국가 경제와 개인에게 새로운 기회가 열렸다. 서비스들은 점점 더 많이 거래되는 한편, 상품 생산에 중요한 투입물로서도 역할을 한다.

여기서는 최근 디지털 전환에 따른 서비스 경제로의 구조적 변화와 제품의 서비스화로 인한 경제의 서비스화에 대하여 분석하고, 세계 경제 내에서 점증하고 있는 서비스 무역의 이점과 미래 예측을 살펴본 후, 서비스 연계 비용의 변화와 생산 공정의 분화 및 노동 분업의 관계 분석을 통하여 생산에 있어서의 서비스의 역할에 대하여 고찰한다.

1. 경제의 서비스화

(1) 성장 동력으로서의 서비스

서비스는 디지털 무역과 여성의 노동력 참여 증가와 함께 최근 파악된 새로운 성장 동력원 목록의 맨 위에 있다. 서비스가 경제 전반에 퍼짐에 따라 보다 효율적인 서비스를 달성하면 제3부문이 아니라 제조업과 농업을 포함한 모든 분야에서 경제적 잠재력을 개발할 수 있을 것이다. 서비스는 혁신의 핵심 기여자이며 많은 선진국에서 생산성 증가의 주요 부분을 차지한다는 사실이 입증되었다.

서비스는 주로 거래되지 않고 방치된 부문으로 간주되던 것에서 혁신적인 힘으로 변모했다. 이제 국가 차원에서도 그리고 세계 시장에서도 경제 성과를 위한 열쇠가 되었다. 정보통신기술의 진보 덕분에 현재 모든 서비스의 약 50%가 교역되고 있는 것으로 간주된다. 서비스 산업은 제조업, 건설업, 농업, 광업을 포함한 경제의 다른 부분을 지탱하고 성장시키는 데 중요한 역할을 한다. 서비스는 특히 다운스트림 산업에서 우세하며 통합 생산 네트워크에서 필수적인 연결 고리 역할을 하므로 생산의 구성 요소가 전 세계로 분산되어 비용 효율적이고 적시에 최종 제품으로 결합될 수 있다. 이러한 수많은 투입과 연결 때문에, 서비스는 이제 부가가치 기준으로 측정했을 때 세계 무역의 절반을 차지한다(Uppenberg and Strauss, 2010).

보다 효율적인 서비스는 다른 모든 경제활동에 투입되는 광범위한 역할로 인해 전체 경제의 경쟁력을 강화한다. 보다 효율적인 서비스를 달성하면 각각 GDP에서 서비스 점유율로 측정되고, GDP에서 서비스 수출 점유율로 측정되는 내부 및 외부 경쟁력이 향상된다. 서비스는 대내외 경쟁력 향상이 동시에 이뤄지는 유일한 경제 부문이다.

(2) 서비스 경제로의 구조적 변화

현대 경제에서 대부분의 선진국들은 경제가 디지털 전환함에 따라 서비스 경제로의 구조적 변화를 경험했다. 디지털 기술은 우리가 살고, 일하고, 상품과 서비스를 생산하고 소비하는 방식을 변화시키고 있다. 예를 들어 클라우드 컴퓨팅, 사물인터넷, 첨단 로봇 공학, 고급 분석(빅데이터, 인공지능 및 머신 러닝 포함), 생명공학, 사회적 미디어, 3D 프린팅, 증강 및 가상현실, 광대역 인터넷 및 무선 이동성 등을 포함한다.

첫째, 특히 지식과 정보를 기반으로 한 디지털 방식의 서비스 혁신은 경제 성장에 따라 확장되었다. 최근에 이러한 서비스를 더 낮은 비용으로 또는 더 높은 품질로 제공할 수 있는 제조회사로부터 새로 만들어진 회사나 분사에 의해 중간 서비스가 점점 더 많이 제공되고 있다(OECD, 2005). 둘째, 숙련된 노동력이 제조업에서 서비스업으로 재배치되었다.[1] 셋째, 서비스 부문 역시 확대되고 있는 반면 제조업은 위축되고 있다.

<표 Ⅰ>에 제시된 데이터는 선진 경제에서 때로는 '후기 산업경제'라고도 하는 서비스화가 가장 발달되어 있음을 나타낸다. 1995년부터 2015년까지 OECD 국가에서는 서비스업 비중이 6%p 가까이 증가했다. 이에 따라 2015년 대부분의 OECD 국가에서 서비스가 전체 경제활동의 약 75%를 차지했다. 이러한 증가 추세는 디지털경제의 진화에 비추어 지속되거나 심지어 가속화될 것으로 예상할 수 있다.

〈표 1〉 부문별 GDP 구성 변화(1995년에서 2015년 사이)

구분	1995			2015			변화		
	A	I	S	A	I	S	A	I	S
	%			%			%p		
선진 경제	2.0	28.6	69.4	1.3	23.0	75.7	−0.7	−5.6	6.3
OECD	2.1	29.1	68.8	1.5	23.8	74.7	−0.6	−5.3	5.9
NAFTA	1.5	25.3	73.2	1.1	21.4	77.5	−0.4	−3.9	4.3
EU	2.6	29.4	68.0	1.5	24.6	73.9	−1.1	−4.8	5.9
신흥시장	10.0	36.3	53.7	7.9	36.3	55.8	−2.1	0	2.1
개발경제	10.7	38.0	50.7	7.6	39.6	53.9	−3.1	1.6	3.2
한국	5.9	39.6	54.6	2.3	38.3	59.4	−3.6	−1.3	4.8

주: 경제활동의 종류에 따른 GDP의 분류는 농업(A), 산업(I), 서비스(S)의 세 가지 범주로 분류된다.
  1) 농업은 농업, 수렵, 임업, 어업으로 구성된다(ISIC 3차 개정판, 중분류 01−05).
  2) 산업은 광업과 채석업, 제조업, 전기, 가스 및 물 공급, 건설로 구성된다(ISIC 3차 개정판, 중분류 10−45).
  3) 서비스에는 기타 모든 경제활동(ISIC 3차 개정판, 중분류 50−99)이 포함된다.
자료: Yoon, 2018.

지난 수십 년 동안 디지털 통신과 컴퓨터 인프라가 발전함에 따라 서비스 부문의 규모와 범위도 발전하여 이제는 서비스의 요소 부분과 이 요소들의 특화와 재결합을 통한 후속적 이익들로 서비스의 분화를 가능케 하는 정보통신기술(ICT)이 주도하는 생산성 혁명의 중심에 서게 되었다. 이는 기존 서비스를 발전시키고 새로운 서비스를 창출하며, 경제활동의 성장을 유도하는 데 도움이 된다.

---

1 예를 들어 OECD(2000)는 다음과 같이 주장했다. "서비스 또한 덜 숙련된 일자리의 중요한 원천이기는 하지만, 서비스는 OECD 지역의 증가하는 고용원이고, 고도의 숙련된 화이트칼라 노동자들에 대한 수요가 증가하고 있다."

선진국에서 이러한 서비스의 증대되는 관련성은 서비스 경제를 향한 구조적 이동의 원인과 디지털경제에서 서비스 부문의 생산성의 문제 모두에 대한 관심을 증가시켰다. (비교역) 서비스와 관련된 대부분의 초기 연구에서는, 서비스가 비숙련 노동집약적이고 기술 변화에 저항하기 때문에, 서비스의 생산성 증가율이 제조업보다 낮다는 가설이 제기되어왔다. 이 경우에 서비스 부문의 중요성이 증가함에 따라 경제성장은 감소할 수 있다(Baumol, 1967; Baumol et al., 1985; Sasaki, 2007).

이러한 초기 연구의 주장과는 달리, 대부분의 선진국들에서 경제성장은 제조업보다 디지털화로 강화된 (교역 가능한) 서비스의 생산성 증가에 점증적으로 의존하고 있다. 조겐슨과 팀머(Jorgenson과 Timmer, 2011)는 "현재 GDP의 약 3/4을 서비스가 차지하고 있으며 시장 서비스의 생산성 증가가 유럽은 아니지만 일본과 미국의 상품 생산 생산성 증가보다 우세하다"라고 밝혔다. 그리츠카(Gryczka, 2016)는 조사 결과 "경제 혁신의 일반 수준과 서비스화 정도 간의 관계를 분석한 결과, 많은 국가에서 혁신 수준이 높을수록 경제에서 서비스 부문의 역할이 더 강해지는 경우가 많다"라고 밝혔다.

최근 서비스 부문의 전반적인 생산성 증가와 기술 프리미엄이 있는 서비스 경제의 부상은 정보기술이 구동하는 서비스가 혁신된 결과 중간 서비스의 다양성이 증가한 것에서 기인한다. 디지털경제의 출현과 함께 긍정적인 연결고리가 서비스의 생산성과 선진국의 경제성장 사이에 존재한다는 것이 주목된다(Yoon, 2018). 첫째, 서로 다른 경제권의 혁신자들 간의 신속한 의사소통과 긴밀한 접촉은 혁신의 과정과 새로운 지식의 확산을 촉진한다. 지식 재고가 더 많이 향상될수록, 각 경제에서 더 많은 생산성을 높여주는 새로운 중간 서비스를 개발할 수 있다. 둘째로, 서비스는 주로 선진 디지털 시장을 기반으로 경쟁에 더욱 두드러지게 노출되고 또한 서비스의 품질을 개선하기 위해 혁신을 강요받으면서 결과적으로 더 교역 가능성이 높아졌다. 인터넷과 전자상거래는 특히 서비스 산업 분야에서 경제성장에 상당한 기여를 할 수 있는 것으로 보인다. 셋째, 새로운 유형의 중간 서비스(예: R&D, 컨설팅, 금융, 마케팅, 회계 등)가 현재의 기술 변화의 물결에서 중심적이기 때문에 제조의 '서비스' 기능은 훨씬 더 전문화될 수 있으며 따라서 아웃소싱이 훨씬 더 쉬워질 수 있다. 제조 기업들에 의한 서비스의 이러한 광범위한 '외주화'가 서비스 부문의 역할 증대의 원인 중 하나가 되고 있다.

그 밖에도 수요 측면에서는 서비스로의 전환이 부분적으로 소비자의 취향에 의해 추진된다. 실질 소득이 증가함에 따라, 사람들은 내구성이 있는 소비자 상품에 소득의 보다 낮은 비율을 지출하고 의료, 여행, 식당 식사와 같은 서비스에 대한 지출 비율을 증가시킨다. 공급 측면에서도 디지털 혁명은 많은 서비스 활동을 더욱 효율적으로 만들도록 촉진, 장려하고 있으며, 제조업의 고용감소는 부분적으로는 적은 투입(특히 노동력)으로 더 많이 생산한 것이 성공의 척도이다.

(3) 제품의 서비스화

오늘날 제품에는 이전 수십 년보다 더 높은 서비스 구성 요소가 포함되어 있다. 이를 제품의 서비스화 또는 제품-서비스 시스템(product-service system, pSS)이라고 한다.[2]

1) 서비스화(servicizing)

'서비스화'는 제품 자체보다는 제품의 기능을 판매하거나 제품을 제공하는 과정에서 서비스 구성 요소를 늘림으로써 고객이 필요로 하는 제품과 서비스의 조합을 통해 가치를 제공하는 거래이다. 이 개념은 고객이 제품으로부터 원하는 것이 반드시 소유권이 아니라 제품이 제공하는 기능 또는 제품이 제공할 수 있는 서비스라는 개념을 기반으로 한다. 이는 '서비스 솔루션' 공급업체가 (더 전통적인) 단위 판매 제품이 아닌, 제공된 단위 서비스(또는 제품 기능)를 통해 비용을 지불할 수 있음을 의미한다.

오늘날 거의 모든 제품에 서비스 구성 요소가 포함되어 있다. 예를 들어 IBM은 자사의 비즈니스를 서비스 비즈니스로 취급한다. 아직 컴퓨터를 생산하지만, 물리적 재화를 '비즈니스 솔루션' 산업의 작은 부분으로 보고 있다. IBM은 '비즈니스 솔루션'에 대한 수요의 가격 탄력성이 하드웨어에 비해 훨씬 떨어진다는 사실을 알게 되었다. 그 결과 구독 가격 모델에 상응하는 변화가 있었

---

2 제품-서비스 시스템(product-service system, PSS)은 기존의 제품 중심과 달리 기업이 제품과 서비스를 혼합하여 제공하는 시스템이다.

다. 제조 장비 한 대에 대해 단일 비용을 지불하는 대신, 많은 제조업체들이 현재 진행 중인 계약에 대해 꾸준한 수익 흐름을 얻고 있다.

2) 종류들(types)

특정 고객의 요구를 충족하기 위해 유형(제품)과 무형(서비스)으로 구성된 시스템으로서의 PSS에 초점을 맞춘 연구 결과에 따르면, 제조업체는 특정 가공물(artefacts)로만 제품을 생산하는 것이 아니라 '결과'를 생산하는 데 더 순응하며, 소비자들은 그러한 결과를 소비하는 데 더 순응하는 것으로 나타났다. 동 연구에서는 세 가지 PSS 유형이 확인되었다(Cook, 2004).

① 제품 지향적 PSS: 유형 제품의 소유권이 소비자에게 이전되는 PSS로서, 유지보수 계약 등 부가서비스를 제공한다.
② 이용 지향적 PSS: 유형 상품에 대한 소유권을 서비스 제공자가 공유, 풀링, 리스 등 수정된 유통 및 결제 시스템을 통해 보유하는 제품-서비스 시스템이다.
③ 결과 지향 PSS: 제품은 예를 들어 자동응답기를 대체하는 음성 메일과 같은 서비스로 대체되는 제품-서비스 시스템이다.

서비스 솔루션의 한 유형은 '제품'이 아니라 고객에게 판매된 '제품-서비스 패키지'(PSS의 일부)에 대해 지불이 이루어지는 거래를 기반으로 한다. 이러한 서비스화된 구매는 구매 거래를 일회성 판매(제품 구입)에서 장기 서비스(예: 유지보수가 필요 없는 서비스 계약)로 확장한다. 서비스화의 또 다른 유형은 제품을 즉시 구매할 수 없는 사람들을 위한 서비스 액세스를 제공하는 전략일 수 있다. 예를 들어 자동차 소유가 경제적으로 실현 불가능한 경우, 창조적 서비스화는 적어도 세 가지 가능한 해결책을 제시한다. 하나는 운송을 동시에 달성할 수 있는 방법(카풀링)이고, 다른 하나는(카셰어링에서와 같이) 순차적으로 운송을 달성할 수 있는 방법이며, 다른 하나는 운송이 실현될 수 있는 방법이다(임대차 대 소유).

2. 서비스 무역

(1) 세계 경제와 서비스 무역

서비스는 세계 경제의 중추이자 국제무역의 가장 역동적인 구성 요소가 되었다. 서비스 무역(trade in services)은 2011년 이후 상품 무역보다 빠른 속도로 확대되고 있다. 1950년에는 40%였지만 현재 선진국에서 서비스는 GDP의 약 3/4을 차지하고 있으며, 많은 개발도상국들은 점차 서비스 기반으로 변하고 있다. 어떤 경우에는 이러한 현상이 선진국보다 훨씬 더 빠르게 일어나고 있다.

서비스는 현재 전 세계 생산과 고용의 2/3 이상을 차지하고 있지만, 서비스 무역은 지급 잔액 기준으로 측정했을 때 전체 교역의 25%를 넘지 않는다. 그러나 겉보기에는 평범해 보이는 이 비율을 과소평가해서는 안 된다. 실제로 지급 잔액 통계는 GATS가 정의한 서비스 공급 방식 중 하나를 포착하지 못하는데, 이는 다른 국가의 상업적 존재(모드 3)를 통한 공급이다. 더욱이 서비스들이 점점 더 그 자체로 거래되고 있음에도 불구하고, 그것들은 또한 상품의 생산에 중요한 투입 변수로 작용하며, 결과적으로 부가가치로 평가할 때 서비스가 세계 무역의 약 50%를 차지한다.

디지털 기술 발전으로 서비스 거래가 더욱 쉬워지고 있다. 최근까지 많은 서비스 거래는 생산자와 소비자가 물리적으로 가까이 있어야 했다. 그러나 현재 서비스 경제에서는 디지털 전환으로 서비스 거래가 훨씬 쉬워지고 있다. 국가 간 서비스 무역이 증가함에 따라 국가 경제와 개인에게 새로운 기회가 열리고 있다.

서비스의 국제화가 제공하는 잠재력을 실현하려면 국제무역 협력을 발전시킬 수 있는 새로운 경로를 찾아야 한다. 기술은 서비스 무역을 확장하는 데 중요한 역할을 하지만 충분하지 않다. 여러 장애물이 서비스 무역을 계속 방해하고 있다. 정부가 서비스의 국제화가 제공하는 잠재력을 최대한 실현하려면 이러한 장애물을 극복할 새로운 방법을 찾아야 할 것이다.

(2) 서비스 무역의 유형과 규모

서비스 분야의 국제무역은 세계 경제와 일상생활에서 점점 더 큰 역할을 한다. 그러나 이 거래의 전체 범위를 시장 참여자들이 항상 이해하는 것은 아니다. 소비자가 다른 나라에서 제조된 스마트폰이나 자동차를 구입할 때 이 제품들에 국제무역이 개입되어 있다는 것에는 의심의 여지가 없다. 그러나 소비자들이 해외여행 중에 식당에서 식사를 하거나 자국에서 외국 자동차 공유 서비스를 이용할 때 국제무역에 참여하고 있다는 것을 깨닫는 경우는 흔하지 않다. 소비자들은 소비재의 제조 및 유통에 투입되는 서비스의 수를 훨씬 적게 인식할 수 있다. 서비스의 국제무역의 중요성에 대한 일부 오해는 무형성과 비저장성의 고유한 특성 때문에 나타난다. 그러나 새로운 기술은 서비스 거래성을 높이는 데 기여하고 있다.

세계무역기구(WTO)의 서비스 무역에 관한 일반 협정(GATS)은 서비스 시장에 글로벌 규칙에 기반한 시스템의 확실성을 가져왔다.3 이에 따르면 서비스는 거주자와 비거주자 사이의 거래로 정의된다. 거래 당시 공급자와 소비자의 영토적 존재에 따라, 이 계약은 서비스 거래를 '공급 모드'로 알려진, 그들이 배달되는 방식에 따라 분류한다. 서비스 산업은 단 하나가 아니라 서로 다른 비즈니스 모델, 경쟁 도전 및 규제 프레임워크를 가진 많은 서비스가 있다. 기술이 가져온 이점을 극대화하기 위해서는 목표한 정책 개혁을 위해 주요 병목 현상을 파악하고 모범 사례 규제를 벤치마킹할 필요가 있다.

GATS는 네 가지 모드로 서비스 공급 방식을 구별한다.

모드 1(Mode Ⅰ): 국경을 초월한 무역(cross-border trade)

국경 간 공급은 한 회원의 영역에서 다른 회원의 영역으로 서비스 흐름을 포함하는 것으로 정의된다(예: 통신 또는 우편을 통해 전송되는 은행 또는 아키텍처 서비스).

모드 2(Mode Ⅱ): 해외 소비(consumption abroad)

해외 소비란 서비스 소비자(관광객 또는 환자 등)가 서비스를 받기 위해 다른 회원의 지역으로 이동하는 상황을 말한다.

---

3 GATS의 창설은 우루과이 라운드의 획기적인 성과 중 하나였으며, 그 결과는 1995년 1월에 발효되었다. GATS는 상품 무역의 상대와 본질적으로 동일한 목표인 관세 및 무역에 관한 일반 협정(GATT: 신뢰할 수 있고 신뢰할 수 있는 국제무역 규칙 시스템 구축, 모든 참가자에 대한 공정하고 공정한 대우 보장, 비차별 원칙)을 통해 경제활동을 촉진하는 것에서 영감을 받았다.

모드 3(Mode Ⅲ): 상업적 존재(commercial presence)

상업적 존재는 한 회원의 서비스 공급자가 서비스를 제공하기 위해 다른 회원의 영역(예: 외국 보험 회사 또는 호텔 체인의 국내 자회사)에 소유 또는 전세의 임대를 포함하여 영토적 존재감을 설정한다는 것을 의미한다.

모드 4(Mode Ⅳ): 자연인의 존재(presence of natural persons)

자연인의 존재는 한 회원이 서비스를 제공하기 위해 다른 회원(예: 회계사, 의사 또는 교사)의 영역에 진입하는 사람으로 구성된다.

서비스 분야의 세계 무역이 더욱 빠르게 증가하고 있다. 서비스 무역에 관한 기존 통계는 서비스 무역에 관한 일반 협정(GATS)에 정의된 서비스 공급의 네 가지 모드 모두를 포괄하지는 않는다. 그러나 새로운 WTO 실험 데이터 세트에는 GATS 모드 3(다른 국가에 상업적으로 진출)이 처음으로 포함되어 서비스 무역의 총가치를 포착한다. 이러한 새로운 추정치를 사용한 결과 2017년 서비스 무역 규모는 13조 3,000억 달러에 달했다. 서비스업은 2005년부터 2017년까지 연평균 5.4%씩 성장해 상품 교역보다 빠른 성장세를 보였다.

유통 및 금융 서비스는 각각 서비스 거래의 거의 1/5을 차지하고 있으며, 컴퓨터 서비스 및 연구 개발 분야의 교역은 2005년부터 2017년까지 가장 빠른 연평균 성장률(10% 이상)을 기록했다. 교육, 보건 또는 환경 서비스와 같은 일부 서비스는 현재 무역에서 차지하는 비중이 미미하지만 빠르게 증가하고 있다. GATS 모드 3은 전 세계 거래 서비스의 지배적인 모드이다. 2017년에는 해외 계열사를 통한 서비스 공급(GATS 모드 3)이 58.9%를 차지했으며, 이어서 국가 간 서비스 거래(모드 1)가 30%에 육박했다. 상업적인 존재는 금융과 유통 부문에서 훨씬 더 중요한 무역 비중을 나타낸다. 그러나 디지털화의 증가로 비즈니스 모델이 재편되고 있으며, 이러한 부문에서도 국경 간 공급 가능성이 커지고 있다.

서비스는 총거래에서 부가가치의 중요한 원천이다. 국제무역에서 서비스의 역할을 측정하는 것은 글로벌가치사슬과 기술 변화로 인해 서비스와 상품 활동의 구분이 모호해짐에 따라 더욱 복잡해졌다. 부가가치 무역을 기반으로 한 통계는 경제의 모든 부문에 대한 투입물로서 서비스의 중요성을 포착하고 있으며, 이는 서비스가 총통계가 제시하는 것보다 국제무역에서 더 큰 역할을 하고 있음을 보여준다.

현대 제조업은 서비스 투입의 많은 사용자이며, 그 경쟁력은 최고의 가격으로 최첨단 공급업체에 접근하는 데 달려 있다. OECD 부가가치 무역 데이터베이스(TiVA)에 따르면 서비스는 총수출에서 부가가치의 50% 이상을 차지하고, 제조업 상품 수출에서 부가가치의 30% 이상을 차지한다. 오늘날 전 세계에서 거래되고 있는 공산품에는 서비스가 깊이 내재되어 있다.

(3) 서비스 무역의 이점

서비스 무역은 경제가 더 빠른 성장을 달성하고, 국내 기업의 경쟁력을 강화하며, 기술, 성별, 경제활동의 위치 측면에서 포괄성을 증진하는 데 도움을 줄 수 있다. 상품 거래와 마찬가지로, 서비스 무역은 사회의 복지 이득을 창출한다. 서비스 무역은 보다 효율적인 자원 배분과 규모의 경제를 촉진한다. 이를 통해 소비자와 생산자가 사용할 수 있는 서비스의 다양성이 증가할 수 있으며, 보다 생산적인 서비스 회사가 확장하고 성장할 수 있는 모션 프로세스를 설정할 수 있다.

이러한 일반적인 수익원 외에도 일부 서비스 부문은 서비스 거래에서 경제가 얻을 수 있는 이점을 확대할 수 있는 특수 또는 고유한 기능을 가지고 있다. 예를 들어 일반적으로 인프라 서비스 또는 생산자 서비스로 알려진 운송, 통신, 금융, 수도 및 전기 분배는 전체 경제의 기능에서 중요한 역할을 한다. 다른 서비스 부문은 노동과 같은 생산 요소에 막대한 영향을 미친다. 예를 들어한 경제 노동력의 생산성은 얼마나 교육적이고, 숙련되고, 건강한지에 따라 달라지는데, 이는 해당 경제 교육 및 보건 시스템의 질에 결정적으로 좌우된다.

외국 서비스에 대한 접근성 확대는 잠재적으로 큰 경제적 보상과 함께 효율성을 개선할 수 있는 한 가지 방법이다. 경험적 증거는 금융 서비스, 통신, 전기 배전, 운송 및 의료와 같은 여러 경제 부문과 부문에서 개방성이 증가하면 다양한 긍정적인 결과, 즉 더 낮은 비용으로 더 나은 품질의 서비스를 제공하고 효율성을 높이며 GDP 성장을 가속화한다는 것을 보여준다.

서비스 무역의 증가는 일반 소비자들의 복지에 영향을 미칠 수 있다. 서비스 무역은 모든 경제의 경제적 복지에 의미 있게 기여한다. 계산 가능한 일반균형(CGE) 모델 분석에 따르면 서비스 개방으로 인한 복지 이득은 2~7% 범위이다. 2000년부터 2014년까지 서비스 무역이 148개 국가에서 1인당 GDP를 평균 6.3% 증가시켰으며, 개발도상국과 저개발국에서 가장 큰 폭으로 상승하였다(WTO, 2019).

서비스 무역이 경제에 이득이 되는 한 가지 중요한 방법은 기업의 경쟁력 향상이다. 기업의 경쟁력 향상은 세 가지 면에서 두드러진다. 첫째, 서비스 무역으로 인한 경쟁은 서비스 기업의 생산성을 높인다. 두 번째 및 간접적인 방법은 서비스를 생산 투입으로 사용하는 제조회사 및 기타 서비스 회사의 생산성을 높인다. 마지막으로, 제품 차별화는 예를 들어 서비스 제공을 제조 제품과 묶음으로 제공하여 경쟁력을 높이는 데에도 도움이 된다.

수입국 기관의 품질은 상품 무역보다 서비스 무역에 더 중요하다. 수입국에서 기관의 역할이 확대되는 주된 이유는 서비스 제공자가 서비스 제공 지역에 자주 있어야 하기 때문이다. 이러한 고려 사항은 상품 거래에서 덜 중요하다. 결과적으로, 지역 기관의 품질은 특정 경제에서 운영될지 여부에 대한 서비스 수출업체의 결정에 영향을 미치며, 이러한 결정이 내려질 경우 무역을 통한 이득에 영향을 미친다(Beverelli et al., 2017).

서비스의 중요성이 증가하는 것은 무역 통계뿐만 아니라 노동 시장 통계에서도 나타난다. 서비스 무역이 여러 나라의 수출 혼합의 주요 부분이 되면서, 많은 일자리를 서비스 수출이 뒷받침하고 있다. 예를 들어 인도의 정보통신기술 부문은 약 350만 명의 근로자를 고용하고 있다.

그러나 대부분의 증거는 비록 일부 연구가 긍정적인 영향을 보고하지만, 총고용과 평균 임금은 서비스 무역의 영향을 크게 받지 않았다고 시사한다. 반면 서비스 무역은 노동력 구성에 영향을 미쳤으며, 여러 연구에 따르면 선진국과 개발도상국 모두에서 높은 기술을 갖춘 근로자들이 주요 수혜자가 되는 경향이 있다. 그럼에도 불구하고 이러한 효과는 정량적으로 작은 규모였다.

서비스 무역은 경제적 불평등을 줄이는 데 도움을 줄 수 있다. 서비스 부문이 제조업이나 광업보다 성별 면에서 더 균형적이기 때문에 서비스 무역은 노동 시장에서 여성에게도 도움이 될 수 있다. 또한 서비스는 고정 생산비용이 더 적기 때문에 중소기업의 경쟁 우위 확보에도 도움이 될 수 있다. 예를 들어 서비스에 대한 비즈니스를 운영하는 데 필요한 물리적 투자가 상대적으로 적다는 것은 금융에 대한 접근의 감소가 제조업 부문의 중소기업보다 서비스 부문의 중소기업에 덜 불리하다는 것을 의미한다. 이처럼 서비스 무역은 불평등을 줄이는 데 기여할 수 있다.

(4) 서비스 무역의 미래

향후 서비스 무역이 어떻게 발전할지를 예측하는 것은 쉬운 일이 아니다. 다양한 요인들이 무역 패턴의 변화에 영향을 미친다. 기술, 생산 요인 및 소비자 선호도가 무역의 핵심 동인이다. 또한 기업과 개인 모두 해외에 상업적으로 진출하거나(GATS 모드 3) 일시적으로 해외로 이동(GATS 모드 4)하여 서비스를 거래하는 경우 주재국의 비교우위를 활용할 수 있다.

서비스업 거래비용은 상품의 2배에 육박하지만 2000~2017년 9% 감소했다. 서비스 무역은 전통적으로 서비스 무역의 '근접 부담'으로 인해(즉 서비스 공급업체와 소비자가 긴밀한 물리적 접촉을 해야 하는 필요성) 그리고 상품 무역에 적용되는 것보다 더 복잡한 정책 제도 때문에 상품 무역에 비해 높은 비용에 직면했다. 무역 비용 감소는 개발도상국과 중소기업에 특히 도움이 될 수 있는 추세인 GATS 모드 1을 통해 더 많은 서비스를 거래할 수 있게 한다.

서비스 무역 비용 하락에는 몇 가지 요인이 작용했다. 기술은 이 문제를 야기한 요인 중 하나이다(Goldfarb and Tucker, 2017). 서비스 분야의 무역 비용 감소는 2005~2018년 정보통신기술(ICT)의 세계 수출액이 2배 이상 증가한 것의 핵심 효과다. 두 번째 요인은 정책 개혁으로서, 일부 부문, 특히 디지털화가 가능한 서비스 분야에서 새로운 무역 규제가 등장하기는 했지만 평균적으로 장벽을 줄였다. 세 번째 요인은 물리적 및 디지털 인프라 투자와 외국인 참여를 포함한 경쟁 강화 정책이다. 이는 운송비용을 절감하고 연결성을 높이는 데 도움이 되었다.

디지털 기술은 앞으로 훨씬 더 많은 서비스 거래에 영향을 미칠 것이다. 첫째, 전통적으로 대면 상호작용이 필요했던 서비스에 대해 국경을 넘나드는 거래를 활성화함으로써 디지털 기술은 서비스 거래 비용을 절감할 수 있다. 둘째, 디지털 기술은 상품과 서비스 활동의 구분을 흐리게 할 것이다. 셋째, 기업은 전 세계에서 디지털 방식으로 연결된 더 많은 고객에게 서비스를 제공하고 활동의 아웃소싱을 촉진할 수 있다. 이러한 추세는 데이터 흐름, 지적재산 및 디지털 인프라에 대한 투자의 중요성을 높일 것이다.

인구통계학적 변화는 미래의 서비스 수요와 전문화 패턴의 구성에 중요한 역할을 할 것이다. 인구의 연령 구조는 서비스 수요와 전문화 패턴의 구성을 결정하는 핵심 요소이다(Addessi, 2018). 선진국의 고령화 인구는 더 많은 보건 서비스를 요구하고 개발도상국의 증가하는 젊은 인구는 교육과 디지털 서비스를 요구할 것이다. 서비스 무역은 이러한 요구를 충족시키는 열쇠가 될 것이다. 디지털 기술은 잠재적으로 긍정적인 개발 효과와 함께 개발도상국의 교육 서비스 수입을 촉진할 수 있다.

인구통계학적 변화는 온라인 서비스에 대한 수요를 증가시킬 것이다. 밀레니얼 세대(1980~1996년생)와 Z세대(1997~2012년생)는 세계 인구에서 차지하는 비중이 커지고 있다. 이 두 그룹은 현재 소셜 미디어 플랫폼의 주요 사용자 중 50% 이상을 차지하고 있으며, 베이비붐 세대(1945~1964년생)의 경우 하루 평균 2시간 반 이상을 소셜 미디어에서 보내고 있다. 이러한 수요는 특히 개발도상국의 창조 산업과 같은 특정 유형의 서비스 제공업체에 새로운 기회를 제공하고 있다.

세계 무역에서 서비스 비중은 2040년까지 50% 증가할 것으로 예상된다. WTO CGE 모델을 사용하여 ① 일반적으로 디지털 기술 혁신으로 인한 서비스 거래 비용 절감, ② 서비스 거래에서 대면 상호작용의 필요성 감소, ③ 서비스 무역에 대한 정책 장벽의 감소 등 세 가지 추세의 복합적 영향을 분석하였다. 동 시뮬레이션에서는 이러한 시나리오에 따라 2040년까지 전 세계 무역에서 서비스 부문 점유율이 50% 증가할 것으로 예측하고 있다. 개발도상국들이 디지털 기술을 채택하게 되면, 세계 서비스 무역에서 그들의 몫은 약 15% 증가할 것이다(WTO, 2019).

3. 생산에 있어서의 서비스의 역할

서비스 분야의 국제무역은 현재 학자들 사이에서 집중적인 검토의 대상이다. 대부분 서비스 및 국제무역에 관한 규제를 자유화하는 것이 중요하다는 확신을 공유한다. 어느 나라가 결국 수출이나 서비스를 제공하게 될지 확인하는 대신 서비스 분야의 발전이 상품에서 일반적인 수준의 국제무역을 장려하고 촉진하는 방식에 집중한다.

서비스가 무엇을 하느냐고 물을 때, 우리는 소비자가 국가의 생산량 흡수를 촉진하는 소매 활동의 중요성을 인정한다. 의료 및 법률 전문가가 제공한 것과 같은 다른 활동들은 보다 직접적인 패션 생산자와 서비스 소비자와 연결된다. 여기에서는 이러한 소비 활동에서 서비스가 생산에 참여하는 방식에 초점을 맞추어 분석한다.[4]

생산 블록(production blocks)과 서비스 연계(service links)의 두 가지 핵심 개념이 도입되었다. 기업의 산출 수준이 성장함에 따라, 기업 내 수익체증과 요소 특화의 우위는 생산 공정을 서비스 연계에 연결된 분화된 생산 블록으로 전환하도록 촉진한다. 조정, 행정, 운송, 금융 서비스 등으로 구성된 활동 묶음들인 이들 서비스 연계는 생산 공정의 분화에 있어서 상이한 장소에 위치한 생산 블록이 융합적으로 사용될 때 점증적으로 요구된다. 그러한 생산 공정의 분화는 세계 시장에 넘쳐나고 있다. 비교우위에 대한 리카도의 독트린에 따라, 국가 간의 생산성 및 요소가격의 보다 큰 불균형은 주어진 생산 공정을 포함하는 생산 블록에 대한 여러 국제적 입지의 활용을 촉진할 수 있다.

최근 세계 무역의 발전을 특징짓는 정형화된 사실 중 하나는 특히 운송 및 통신 부문에서 발전하고 있는 많은 서비스들의 상대가격의 하락이다. 이러한 상대가격의 변화는 생산 공정의 분화 과정을 더 독려하며, 그에 따라 필수적으로 연관된 서비스 연계가 더 집중적으로 사용되며 부분적인 생산 공정이 일어나는 상이한 영역들의 활용이 증가하게 된다. 더욱이 서비스 공급에서의 기술적 진보는 특별히 국제적 조정 및 소통의 상대 비용을 낮추게 된다. 서비스가 저렴해짐에 따라, 국제적 수준에서 서비스 연계는 생산 공정에 있어서 필수적인 요소로서 더욱 빈번하게 또 집중적으로 활용된다.

(1) 산출량의 증가와 생산 공정의 분화와 특화

이러한 분석 체계는 단일 장소에서 통합된 활동이 일어나는 초기 생산 공정을 고려하면 잘 나타난다. <그림 1-a>는 단일 생산 블록으로서 이와 같은 초기 방식을 나타내고 있다. 이러한 초기 단계에서 서비스 연계는 분배 및 마

---

4 Jones and Kierzkowski, 1988.

케팅 활동을 통해서 생산과 소비를 연결할 뿐만 아니라 생산 블록 내에서의 활동들을 조정한다.

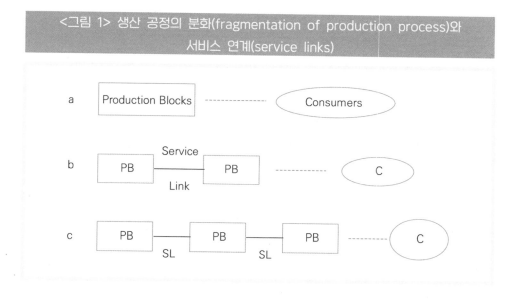

<그림 1> 생산 공정의 분화(fragmentation of production process)와
서비스 연계(service links)

먼저 생산 블록 내의 기술은 규모에 대한 수익체증의 요소들을 포함한다고 가정한다. 그러한 규모의 경제들은 많은 양태를 가지고 있지만, 생산 활동에는 고정 또는 설립 비용이 필요하며 기업의 한계비용은 일정하다고 가정한다.

<그림 2>의 선 1은 총비용이 산출 규모에 따라 확대되는 방식으로 묘사되고 있다. 선 1의 기울기는 생산에서의 한계비용을 보여주는 반면에 수직 절편 0a는 생산 블록과 관련된 설립 및 다른 고정비용을 나타내고 있다. 마찬가지로 선 2와 선 3은 각각 기울기는 한계비용을, 그리고 수직 절편 0b와 0c는 고정비용을 나타낸다.

생산이 확대됨에 따라 보다 큰 노동의 분업이 체화된 대안적 기술들이 보다 우월하게 등장하게 된다. 일찍이 애덤 스미스가 예상한 바와 같이, 생산 공정의 특화와 노동의 분업은 <그림 1-b>에 나타난 바와 같이 생산 블록의 분화를 초래할 수 있다.

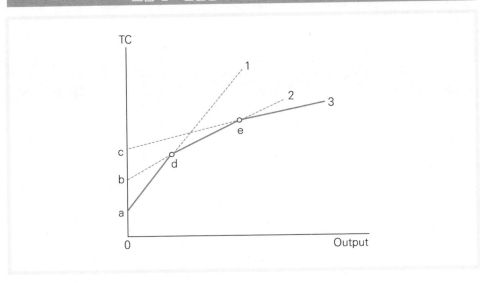

1928년 알린 영(Allyn Young)은 전통적인 미국 경제학회 회장 연설에서 노동의 분업에 관한 스미스의 견해의 중요성을 강조하고 다음과 같이 언급했다. "대부분의 산업 부분에서 특화된 일들의 점증적으로 복잡한 결합은 그 자체가 원자재의 생산자와 최종재의 소비자 사이에 위치해 있다."

이러한 생산 공정의 분화는 고정비용(FC)과 가변비용(VC(=MC)) 사이의 상충 관계의 변화를 가정하고 있다. 즉 생산 기술에 있어서 낮아진 MC는 생산 블록의 확대에 따른 보다 커진 FC의 대가로 얻어지고 있다. 이러한 분화된 기술에서 총비용과 총산출 사이의 관계에 대한 실례는 <그림 2>의 선 2와 선 3에 나타나 있다.

이 단계에서 서비스 활동의 새로운 역할이 열리게 된다. <그림 1-b>에 나타나 있는 두 개의 생산 블록은 서비스 자원의 활용으로 조정되고 연결될 필요가 있다. 두 생산 블록의 활동들은 비용 없이는 결합될 수 없다. 서비스 연계(service links)는 생산 블록들을 연결하는 데 필요하다. 만약 생산 블록의 분리된 물리적 입지가 타당하다면 서비스 연계에는 운송비용이 포함된다. 서비스 연계에서는 최소한 시간, 규모와 품질 등의 관점에서 생산의 두 흐름을 계획하고 동시에 가동할 필요가 있다.

(2) 생산 공정의 분화에 따른 평균비용과 산출량

역사적으로 산업의 발전 과정은 생산 공정의 분화가 증가되면서 서비스의 역할이 확대되는 특화와 분업의 확대 과정으로 볼 수 있다. 평균비용(AC)은 고정비용(FC)과 한계비용(MC)의 조합에 의해서 이루어지며, 산출량(output)의 증가에 따라 감소한다. 평균비용의 감소는 생산 공정이 보다 높은 단계의 분화로 넘어가는 점에서 가속화된다.

생산 공정의 분화 과정에서는 <그림 3>에서와 같이 평균비용이 지속적으로 하락한다.

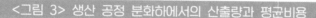

<그림 3> 생산 공정 분화하에서의 산출량과 평균비용

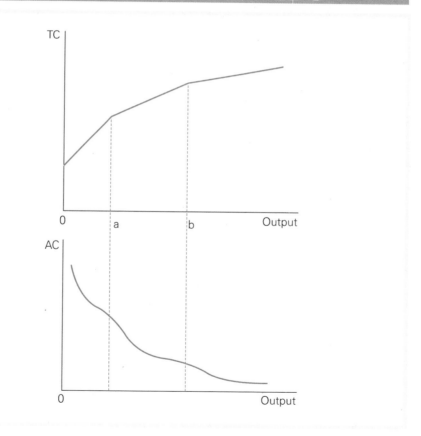

(3) 생산 공정의 분화하에서 한계비용과 산출량

생산의 증가가 더욱 분화된 기술로의 전환을 촉진하는 관계에서 산출물에 대한 한계비용의 의존성은 <그림 4>에서 예시하고 있는 바와 같다.

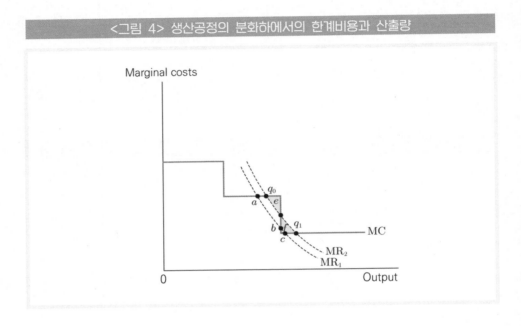

<그림 4> 생산공정의 분화하에서의 한계비용과 산출량

생산은 단일 기업으로 제한하고 시장 수요는 무한대로 탄력적이지 않다고 가정하면, 기업은 산출 수준을 한계수입(MR)과 한계비용(MC)이 일치하는 점에서 선택함으로써 이윤을 극대화할 것이다. 그러나 이 경우에 주어진 한계수입(MR) 곡선에서 다수의 교차점들이 존재하게 된다.

우선 <그림 4>에서와 같이 수요가 MR_1을 충분히 지지하고 있는 경우를 고려해보자. b점은 한계수입과 한계비용이 일치하고 있으나 지역 이윤 최소화 점이다. 따라서 산출량을 약간 축소하거나 확대한다면 이윤이 증가할 것이다. 이 경우에 경쟁자는 a점과 c점이 된다. 여기서 a점에서의 이윤은 c점에서의 이윤보다 우월하다. a에서 c로 움직이면 낮은 단계의 분화 기술의 구간(a에서 b 사이)에서는 한계비용이 한계수입을 초과함으로써 주로 한계손실이 수반되며, 기업이 더 높은 단계의 분화 기술을 채택하는 구간(b에서 c 사이)에서는 한계수입이 부족하게 된다.

만약 수요의 완만한 증가와 함께 연관된 한계수입의 증가를 예상한다면, MR_2곡선(여기서 면적 e와 면적 f는 같다)에서 q_0점에서의 이윤은 q_1점에서의 이윤과 동등하기 때문에 기업은 q_0 또는 q_1을 생산할 수 있게 된다. 약간 높은 수준의 수요에서는 산출량은 q_1을 약간 초과하게 된다. 여기서 q_0q_1 범위의 산출량은 결코 관찰되지 않는다. 즉 수요의 완만한 증가는 보다 분화된 기술로의 점진적인 전환으로 이어진다. 그러한 전환에 대응한 가격의 하락은 산출량의 급격한 확대로 이어진다. MR곡선이 보다 탄력적인 경우에는 그러한 급격한 변화가 보다 뚜렷하게 나타난다.

지금까지 기업의 역할과 기업의 수와 생산 블록의 수 및 서비스 연계 사이의 관계는 언급되지 않았다. 기업들은 그렇지 않으면 시장 거래에서 덜 효율적으로 또는 더 높은 비용으로 제공될 수 있는 기능들을 포함하기를 원할 수 있다는 아이디어가 로널드 코즈(Ronald Coase)와 그의 동료들에 의해 강조되었다. 그러나 생산 공정의 발달은 증가하는 복잡성과 함께 수직 특화와 새로운 기업들의 출현 가능성을 열게 된다. 제한적으로는 모든 생산 블록과 서비스 연계가 하나의 분리된 기업을 대표할지도 모른다. 생산 공정의 끝에 위치한 최종재 생산자는 필요한 중간 재화 및 서비스를 공급하는 시장에 완전히 의존할지도 모른다.

다수의 생산 블록과 서비스 연계가 한 부문 이상에서 또는 동일 부문에서 차별화된 제품을 생산하는 한 기업 이상에서 활성화된다면, 새로운 기업들의 분할 과정은 재강화될 수 있다. 고정비용이 많이 드는 원거리 통신 서비스는 비용이 많이 들기 때문에 다른 산업에서 단일 기업이 개발할 수 없는 활동의 좋은 예를 제공한다. 기업은 시장에 의존한다. 다른 한편으로는 떠오르는 새로운 생산 블록과 서비스 연계는 그 기업 내에 유지되는 것도 가능하다.

점증하는 생산 공정의 분화와 서비스 연계의 활용은 단일 기업의 보다 광범위한 활동을 포함하는 발전 유형과 일치하거나 새롭게 부상하는 독립된 기업들의 활동들을 조정하는 시장에 대한 과도한 의존과도 일치한다.

생산 공정의 분화에는 별도의 비용이 수반된다. 최근 기업들은 재고를 유지하는 것이 얼마나 비싼지를 더욱 인식하게 되었다. 적시생산기술이 생산비용을 낮추는 데 효과적인 것으로 나타났다. 컴퓨터 기술과 원거리 통신 기술의 향상은 분배의 보다 큰 신뢰도와 적시재고전략에 의해 필요로 하는 산출 흐름의 동시화를 가능하게 하였다.

자국 생산에 선정된 다수의 상품들은 이미 비교우위의 위상이 반영되었고, 더 많은 집중 편향은 규모에 대한 수익체증에 의해 장려되었다. 완전한 경제적 자립과 비교할 때, 최종재의 자유무역이 야기한 특화의 정도는 후생 이득을 촉진한다. 자국 내 여러 상이한 생산 공정의 감축은 각기 보다 높은 분화의 정도를 허용한다.

현재 국제무역의 새로운 가능성은 국경을 넘어 생산 블록을 연결하는 서비스의 역할을 포함한다. 만약 어떤 특별한 상품에서 가정된 비교우위의 전반적인 위상이 각 생산 공정과 서비스 연계에 대한 더 낮은 국가적 비용을 함축하지 않는다면, 효율적인 생산 공정은 국내와 해외 활동의 조합을 수반할지도 모른다. 세계 자동차산업에서 최근의 발전은 광범위한 부품 무역을 촉진하였다. 예를 들면 1986년 일본은 미국과의 자동차 부품 무역에서 56억 달러 흑자를 얻었다. 독일의 보쉬(Bosch)는 잠금 방지 제동장치에서 세계 시장의 75%를 장악했다. 1983년 미국과 EC의 수출입의 60% 정도가 중간재로 구성되었고, 소비재와 자본재는 각각 20%와 10%로 추산되었다.

(4) 해외 서비스 연계의 효과: 총비용과 산출량

기업의 생산 공정이 두 개의 생산 블록과 이를 연결하는 하나의 서비스 연계로 이루어져 있다고 가정하자. 각 생산 블록을 분리하여 비교하면, 외국은 두 번째 생산 블록에서 보다 낮은 한계비용을 가지고 있고, 본국은 첫 번째 생산 블록에서 보다 낮은 한계비용을 가지고 있다고 가정한다.

<그림 5>에서 H선은 두 생산 블록 모두 국내에서 운용할 경우의 고정비용과 한계비용을 나타내며, H'선은 여기에 필요한 서비스 연계 비용을 더한 것이다. M선은 첫 번째 생산 블록은 본국에서, 두 번째 생산 블록은 해외에서 운용할 경우의 고정비용과 한계비용을 보여준다. M'선은 여기에 필요한 서비스 연계 비용을 더한 것이다. 여기에서 H와 M 모두는 동일한 고정비용을 가정하고 있다. 그러나 본국과 외국의 생산 블록을 연계하는 데 필요한 서비스 비용은 두 생산 블록을 모두 국내에서 연계하는 데 드는 서비스 비용보다 크다고 가정한다. 즉 <그림 5>에서 M의 서비스 연계 비용을 나타내는 ca의 거리

는 H의 서비스 연계 비용을 나타내는 ba의 거리보다 크게 나타나 있다.

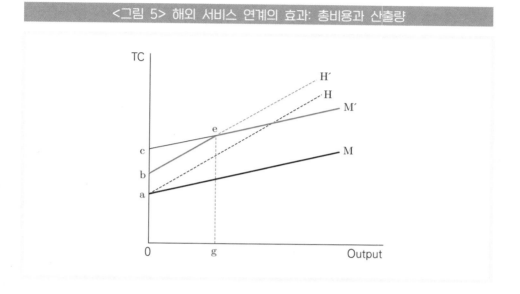

여기에서 두 생산 블록을 모두 국내에서 운용하는 방법으로부터 두 번째 생산 블록을 해외에서 운용하는 방법으로 전환할 경우에는 최상의 비용－산출선은 beH'에서부터 beM'로 낮아지게 된다.

리카디언의 분석 틀(Ricardian framework)에서 본국은 두 생산 블록이 각각 a_{Li}의 한계노동투입계수를 가지며, 외국은 두 생산 블록이 각각 a_{Li}^{*}의 한계노동투입계수를 갖는다고 하자. 먼저 두 생산 블록에서 각 산출 단위는 한 단위의 최종 산출을 생산하는데 일대일로 결합되어야 한다고 가정한다. 그리고 생산 블록 내의 고정비용은 국가 간에 동일하다고 가정한다. 만약 생산 부품의 무역이 허용되지 않는다면, 본국이 동 상품 생산에 전반적인 비교우위를 갖는다고 가정한다. 그러면 w와 w^{*}가 각각 본국과 외국의 임금을 나타낸다고 할 때, 비교우위에 따르면 다음의 불균형식을 갖는다.

$$\frac{a_{L1}^{*} + a_{L2}^{*}}{a_{L1} + a_{L2}} > \frac{w}{w^{*}}$$

두 번째 블록에서의 외국의 우월성을 가정하고, 본국의 첫 번째 블록과 결합하면 다음의 리카디언 불균형식을 얻게 된다.

$$\frac{a_{L1}^*}{a_{L1}} > \frac{w}{w^*} > \frac{a_{L2}^*}{a_{L2}}$$

외국이 두 번째 블록의 생산을 담당하면 한계비용이 낮아져서 이득을 얻게 된다. 그러한 생산의 합리화가 이루어지려면, 국제적 서비스 연계의 추가적 비용을 상쇄할 만큼 가변비용이 낮아지도록 생산 규모가 충분히 확대되어야 할 것이다.

(5) 가격 변화와 서비스 무역의 역할

최근 수십 년간 서비스 부문에서 기술혁명이 일어났다. 노동 분업으로부터의 이익의 개념을 도입한 애덤 스미스는 서비스는 어떠한 가치를 생산하지 않는다고 보았다. 그러나 생산 공정에서 서비스 연계를 위해서 필요한 투입의 형태는 이와는 다른 특징을 가지고 있다. 이들 투입 요소 중 대표적인 것은 원거리통신과 금융 서비스 등이다. 급속한 기술 변화는 서로 다른 생산 블록 간의 연결을 용이하게 하였고 그 비용을 감소시켰다. 더욱이 선진 각국 정부의 국내적 규제 완화는 이러한 비용 감축 속도를 가속화하였다.

서비스 연계 비용에서의 규모의 경제는 분화의 과정을 촉진시킨다. 총생산비용은 어떤 주어진 산출량 수준에서 하락한다. 더욱 다양화된 생산 공정으로의 전환은 더 낮은 산출량 수준에서 얻어질 수 있다. 이는 <그림 6>에 예시되어 있다. 보다 낮은 서비스 연계 비용은 M^+ 선을 M^{++} 선으로 낮추고, 전환점은 e 점에서 f 점으로 H' 선을 따라 하락하고 있다. 그 결과로 gh 구간의 산출 수준에 있는 기업들이 추가로 두 번째 생산 블록을 외국에서 수행함으로써 총비용(TC)를 낮추게 된다. 즉 생산 공정의 분화를 통하여 생산의 세계화를 보다 촉진하게 되는 것이다.

원거리통신, 운송과 금융 서비스와 같은 부문들에서의 기술혁신이 국제적 서비스 연계의 상대비용을 감소시키는 효과가 현저했다고 할 수 있다. 의류산업은 서비스 연계의 상대비용, 신뢰도와 신속성 등이 어떻게 생산 공정의 국제화에 영향을 주었는가에 대한 흥미로운 사례를 제공한다. 오늘날 국경은 대량의 데이터 이동을 거의 방해하지 않는다. 인터넷을 사용하여 파리의 패션 디자이너는 방글라데시에 있는 생산 공장에 생생하게 표현된 그래픽과 지시 사항 등을 즉시 전달할 수 있다.

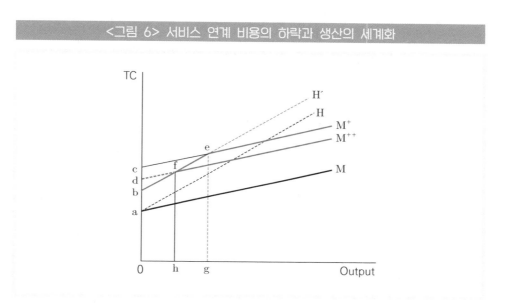

<그림 6> 서비스 연계 비용의 하락과 생산의 세계화

서비스 연계는 국제적 수준에서 학습효과로부터 이득을 얻었다. 지난 수십 년간 국제무역의 빠른 성장과 직접투자의 확대로 외국과 그들의 시장 및 정치적 시스템 등에 대한 풍부한 지식을 축적하게 되었다. 기업들은 재산권과 비국가 간 이용 가능한 계약의 집행 등에 특히 관심이 높다. 국제 거래가 이루어지는 법적 풍조가 현재 덜 적대적이고 보다 예측 가능한 것으로 보인다. 이러한 발전의 결과로 생산 수준에서 국제적 시장 참여와 침투가 크게 확대되었다.

일반적으로 서비스 비용의 감소는 생산에서 분화의 확대와 노동의 분업을 촉진시켰다. 즉 국제적 활동을 연결하는 보다 큰 서비스의 상대적 비용의 하락은 생산 공정의 모든 단계에서 국제적 시장의 이용을 촉진하는 데 심대한 효과를 갖게 되었다. 이는 서비스와 국제무역 사이의 주된 연결이다. 국제적인 상거래의 정형화된 사실 중 하나는 생산재 및 중간재 무역의 비중이 점증적으로 확대되고 있다는 점이다.

해외 생산 활동에 관련된 불확실성의 축소와 국제적인 서비스 연계가 제공하는 더 큰 신뢰성은 생산 공정 내에서의 무역을 촉진하는 데 특별히 중요하다. 예를 들면 배달 일정의 정확성은 외국 부품에 관한 반복적 신뢰 가능성을 따지는 생산자들에게 최종 소비재의 단순 구매자보다 훨씬 더 큰 관심사이다. 국내 영역에서와 같이, 점증하는 분화 과정과 국제시장의 활용이 기업들의 다양한 조직 구조를 배제하는 것은 아니다. 비록 다국적 입지를 선호하여 원거리 국제 거래를 회피하는 것이 기업의 관심사일 수 있지만, 우리의 분석 틀은 역시 다수의 기업들이 관여하는 상호 연결된 생산 공정을 포괄한다. 확실히 많은 서비스 연계는 몇몇 다국적 기업들인 외부의 공급자들이 제공할 수도 있다.

4. 결론: 정책적 함의

서비스는 현재 우리 경제를 지배하고 있으며, 미래에는 훨씬 더 중요해질 것으로 예상된다. 이는 서비스 부문의 성과가 전반적인 성장과 포괄성에 점점 더 중요해지고 있음을 시사한다. 서비스 무역과 서비스 투자의 증가는 성장과 경쟁을 위한 중요한 수단이다. 이 분야의 잠재력은 크다. 디지털 전환으로 서비스의 거래성이 증가하고 있고, 시장의 자유화는 국제 경쟁에 더 도움이 되는 환경을 제공하고 있기 때문이다.

WTO의 서비스 무역에 관한 일반 협정(GATS)은 정부가 서비스 무역을 강화하고 자유화하기 위해 사용할 수 있는 프레임워크를 제공하지만, GATT를 통해 상품 무역을 위해 달성된 수준에 도달하기 위해서는 많은 일들이 남아 있다. 그러나 국내 개혁은 이 방정식의 중요한 부분이다. 규제 개혁의 강력한 효과에 대한 증거가 풍부하다. 예를 들어 많은 서비스 분야에서 경쟁을 억압해온 규제들은 대부분의 OECD 국가들에서 엄격한 검토를 거치고 있다. 이러한 개혁이 시행된 곳에서, 개혁은 종종 성장을 촉진하고 몇 년 전에는 상상도 할 수 없었던 방식으로 혁신을 자극해왔다.

디지털 전환의 역동성은 시장이 얼마나 크게 변화할 수 있는지에 대한 통찰력을 제공한다. 이 방면에서 많은 진전이 있었지만, 더 많은 노력이 필요하다. 예를 들어 국가 및 국제 수준에서 표준과 규범의 개발, 구현 및 유지에 있어 정부가 할 수 있거나 해야 할 역할에 주목해야 한다.

　지속적인 기술 발전이 올바른 정책과 결합될 경우 생산 성과가 제조에 필적하는 성장하는 '지식 집약적' 서비스 부문에서, 그리고 고용에서 큰 부분을 차지하는 덜 지식 집약적인 분야에서 생산성을 높일 수 있는 엄청난 잠재력을 제공한다. 예를 들어 인공지능과 첨단 로봇 공학은 서비스 활동의 일반적인 일상적인 인지 작업을 자동화할 수 있는 능력을 점점 더 높이고 있다. 디지털 플랫폼과 등급 시스템은 특정 활동에서 정보 비대칭성과 진입 장벽을 줄임으로써 서비스 제공업체 간의 경쟁을 강화할 수 있는 새로운 가능성을 제공한다. 통신 기술은 점점 더 다양한 기존 및 디지털 서비스를 원거리에서 제공할 수 있도록 함으로써 서비스 거래성을 높인다.

　서비스 성장을 지원하기 위해 정부가 할 수 있고 해야 할 역할은 지금까지 상당한 주목을 받았다. 대부분의 학자들은 지원 조치보다 유리한 프레임워크 조건의 이점을 강조한다. 그러한 조건에는 제조업의 요구에 부응하지 못하는 진정한 중립적 세금 정책, 벤처 캐피털에 유리한 환경, 정부 서비스에 대한 손쉬운 접근, 기업 통제를 위한 개방적이고 경쟁할 수 있는 시장을 지원하는 기업 지배 구조 시스템, 중소기업 지원을 위한 기술 및 일반 지원이 포함된다. 동시에, 지식 기반 활동으로 전환하려면 새로운 작업에 적응할 수 있는 근로자의 능력과 신규 및 업데이트된 기술을 습득할 수 있는 역량 모두에서 더 많은 유연성이 요구되기 때문에 인력 개발, 교육 및 재교육을 지원해야 한다. 이와 관련하여 효과적인 평생 학습 프로그램은 유익한 것으로 간주된다.

참고문헌

Addessi, W., 2018, "Population age structure and consumption expenditure composition: Evidence from European countries", *Elsevier Economic Letters*, 168, 18－19.

Baumol, W. J., 1967, "Macroeconomics of Unbalanced Growth: The Anatomy of Urban Crisis", *American Economic Review*, 57(3), 415－426.

Baumol, W. J., A. B. Blackman and E. N. Wolff, 1985, "Unbalanced Growth Revisited: Asymptotic Stagnancy and New Evidence", *American Economic Review*, 75(4), 806－817.

Beverelli, C., M. Fiorini and B. Hoekman, 2017, "Services Trade Policy and Manufacturing Productivity: The Role of Institutions", *Journal of International Economics*, 104(C), 166－82.

Coase, Ronald, 1937, "The Nature of the Firm," *Economica*, 4, 386－405.

Cook, M., 2004, "Understanding the potential opportunities provided by serv－ice－orientated concepts to improve resource productivity", In T. Bhamra and B. Hon eds., *Design and Manufacture for Sustainable*, John Wiley and Sons.

Goldfarb, A. and C. Tucker, 2017, *Digital Economics*, NBER Working Paper No. 23684, Cambridge(MA): National Bureau of Economic Research(NBER).

Gryczka, M., 2016, "The Changing Role of The Service Sector in An Innovation－oriented Economy", *Folia Oeconomica Stetinensia*, 16(2), 175－190.

Jones, R, W. and H. Kierzkowski, 1988, "The Role of Services in Production and International Trade: A Theoretical Framework", In R. Jones and A. Kruger eds., *The Political Economy of International Trade*, Oxford, UK: Blackewell.

Jorgenson, D. W. and M. P. Timmer, 2011, "Structural Change in Advanced Nations: A New Set of Stylized Facts", *The Scandinavian Journal of Economics*, 113(1), 1－29.

OECD, 2000, *The Service Economy*, Paris: OECD.

OECD, 2005, *The Service Economy in OECD Countries*, STI working paper, Paris: OECD.

Sasaki, H., 2007, "The Rise of Service Employment and Its Impact on Aggregate

Productivity Growth", *Structural Change and Economic Dynamics*, 18(4), 438−459.

Uppenberg, K. and H. Strauss, 2010, *Innovation and Productivity Growth in the EU Services Sector*, Luxemburg: European Investment Bank.

WTO, 2019, *World Trade Report 2019: The Future of Services Trade*, World Trade Organization.

Yoon, S.−C., 2018, "Servicization with Skill Premium in the Digital Economy", *Journal of Korea Trade*, 22(1), 17−35.

Young, A., 1928, "Increasing Returns and Economic Progress," *Eco, Journal*, 38, 527−542.

CHAPTER 13 디지털 무역

최근 디지털 전환이 진전됨에 따라 정보의 처리, 저장, 연결 능력의 획기적 혁신에 힘입어 언제 어디서나 물질의 흐름과 정보의 흐름을 통합할 수 있는 새로운 사회가 창출되고 있다. 현실에 있는 거의 모든 물질적인 존재가 온라인 상에 존재하는 가상적인 존재로 변할 수 있고, 관리되고 활용된다. 이에 따라 현재 인간 생활의 모든 면에서 디지털화가 진행되면서 경제의 조직과 구성뿐만 아니라 정치, 사회, 문화 등 인간 활동의 모든 면에서도 큰 변화를 가져오고 있다.

오늘날과 같은 빠른 속도로 상호 연결되는 세계에서, 정부는 디지털 중단으로 인해 발생하는 문제를 관리하는 일뿐만 아니라 디지털 무역으로 인한 기회와 편익을 포괄적으로 실현하고 공유할 수 있도록 하는 새로운 규제를 마련하는 과제에 직면해 있다.

여기에서는 디지털 무역을 만들어가는 변화들에 대해서 분석하고, 디지털화가 어떻게 국제무역과 그것을 통제하는 규범들을 변화시키는지, 그리고 어떤 조치들이 시장 개방과 디지털 무역에 영향을 주는지를 고찰한다.

1. 디지털화가 무역에 미치는 영향

디지털 전환은 국제무역에 관여하는 비용을 줄이고, 글로벌가치사슬(GVC)의 협력을 촉진하며, 아이디어와 기술의 확산을 돕고, 더 많은 기업과 소비자를 세계적으로 연결시켰다. 그러나 국제무역에 관여하는 것이 결코 쉬운 일이 아니었음에도 불구하고, 새로운 사업 모델의 채택은 더 복잡한 국제무역 거래와 정책 문제를 야기했다.

① 디지털화는 무역의 규모, 범위 및 속도를 높인다. 이를 통해 기업은 디지털로 연결된 전 세계 수많은 고객들에게 새로운 제품과 서비스를 제공할 수 있다. 또한 특히 소규모 기업은 새롭고 혁신적인 디지털 도구를 사용하여 성장의 장벽을 극복하고, 지불을 촉진하고, 협업을 가능하게 하며, 클라우드 기반 서비스 사용을 통한 고정 자산에 대한 투자를 피하고, 크라우드 펀딩과 같은 대체 자금 조달 메커니즘을 사용할 수 있다.

② 디지털화는 또한 우리가 상품을 거래하는 방법을 변화시키고 있다. 예를 들어 온라인 플랫폼이 증가함에 따라 국경을 넘어 판매되는 소형 패키지 수가 증가하고 있다. 이는 정책 입안자들에게 소포 거래의 물리적 관리에서부터(위조품이나 생물 보안 표준과 같은) 위험 관리, 세금과 관세 징수에 대한 수익 함의에 이르는 다양한 문제들을 야기하고 있다.

③ 동시에 새로운 기술과 비즈니스 모델은 서비스의 생산과 공급 방식을 변화시키고 있으며, 이미 상품과 서비스, 그리고 배송 방식의 구분을 희미하게 하고 새로운 상품과 서비스 조합을 도입하고 있다. 스마트 냉장고의 경우 상품뿐만 아니라 체화된 서비스도 시장 접근을 필요로 한다. 예를 들어 3D 인쇄를 통해 생산된 제품은 디자인 서비스로서 국경을 넘을 수 있지만, 소비의 순간에는 좋은 제품이 된다. 이와 함께, 이러한 이슈들은 국제무역과 투자 정책이 만들어지는 방식에 새로운 도전을 제기한다.

④ 급속한 기술 발전은 또한 국제 국경 무역에서 서비스의 증가를 촉진한다. 정보통신기술 서비스는 필요한 네트워크 인프라를 제공하고 다른 유형의 서비스의 디지털화를 뒷받침하는 디지털 무역의 근간을 형성한다. 또한 새로운 기술은 클라우드 컴퓨팅과 같은 데이터 기반 혁신 솔루션을 기반으로 하는 다양한 새로운 서비스를 통해 지원되는 디지털 지원 서비스의 출현을 촉진했다.

⑤ 디지털화의 세계에서, 오래된 무역 문제는 소포 거래에 대한 번거로운 국경 절차의 영향이나 새로 거래 가능한 서비스에 대한 제한과 같은

새로운 결과를 가져올 수 있다. 데이터 흐름과 관련하여 국가 간 다른 규제와 같은 무역 정책에 대한 새로운 문제가 대두되고 있다. 정책 입안자들이 혁신을 육성하고 상품과 서비스의 디지털 무역을 촉진하는 환경을 조성할 수 있도록 이러한 변화의 성격과 범위에 대한 추가적인 이해가 필요하다.

2. 디지털 전환과 새로운 무역 패러다임

여기서는 경제의 디지털 전환에 따른 경제의 효율화, 글로벌화, 서비스화의 진전에 대해서 분석하고자 한다.

(1) 경제의 디지털화와 효율성

경제는 점증적으로 디지털화되어가고 있다. 인터넷과 데이터의 영향은 더 이상 정보통신기술 부문에 한정되고 있지 않다. 모든 산업에서 소비자들과의 연결, 중간재 구매, 시장 정보의 발견, 그리고 클라우드로부터 소프트웨어와 애플리케이션을 다운로드하기 위해서 인터넷을 사용하는 현상이 전반적으로 나타난다(<그림 1> 참조).

세계 디지털 전환 시장 규모는 2020년 4,698억 달러에서 2025년까지 1조 98억 달러로 예측 기간 중 복합연간성장률(CAGR) 16.5%로 성장할 것으로 전망된다. 디지털 혁신 산업은 사물인터넷의 보급과 클라우드 서비스 채택을 증가시키고 있다. 그러나 모바일 장치와 앱의 보급이 증가함에 따라 디지털 혁신 시장의 성장에 더욱 기여하고 있다.

기술을 기반으로 한 디지털 혁신 시장은 클라우드 컴퓨팅, AI, 빅데이터 및 분석, 모빌리티/소셜 미디어, 사이버 보안, 사물인터넷 등으로 나뉜다. AI 부문은 예측 기간 동안 빠른 속도로 성장할 것으로 예상된다. AI는 디지털 전환 시장에서 고객 만족도를 크게 높였다. AI 기술은 더 많은 고객 회수와 후속 판매 증가로 인해 조직에 혜택을 주고 있다. 생산성 향상과 고객 만족도 향상이 AI 기술을 주도하는 핵심 요인이다(ResearchAndMarkets.com, 2020).

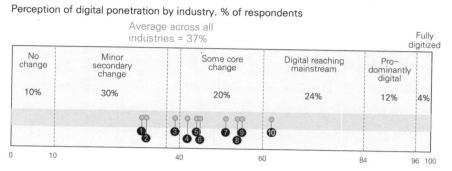

Perception of digital ponetration by industry. % of respondents

Selected industries

❶ Consumer packaged goods (31%)   ❻ Travel, transport, and logistics (44%)
❷ Automotive and assembly (32%)   ❼ Healthcare systems and services (51%)
❸ Financial services (39%)   ❽ High tech (54%)
❹ Professional services (42%)   ❾ Retail (55%)
❺ Telecom (44%)   ❿ Media and entertainment (62%)

자료: Bughin et al., 2017.

　세계은행(World Bank) 연구는 고속 데이터 통신망(광대역) 사용의 10% 증가는 개발도상국 성장의 1.37% 증가와 선진국 성장의 1.21%를 초래한다는 것을 발견했다. 무역에 대한 인터넷의 영향의 관점에서 한 연구에 의하면 인터넷 접근이 10% 증가하면 0.2%의 수출이 증가했다(Qiang and Rossotto, 2009).

　미국국제무역위원회(USITC)의 보고서(2014)에 의하면 인터넷은 디지털화가 강화된 산업의 생산성을 7.8~10.9% 개선한 것으로 평가되고 있고, 또 다른 연구(2012)에 의하면 고속 데이터 통신망(광대역) 접근이 기업 생산성을 7~10% 증가시키는 것으로 나타났다.

(2) 경제의 글로벌화와 무역의 이익

　디지털 전환은 글로벌하게 통합된 거래의 기회와 이점을 실현하며 공유하게 하여 국제무역 환경을 근본적으로 변화시키고 있다. 디지털 무역은 단지 디지털로 전달되는 무역에 관한 것뿐만 아니라, 더 많은 물리적, 전통적 또는

GVC, 디지털 연결성 증가로 이전에는 상상조차 할 수 없었던 방식으로 기업의 해외시장 접근을 확대시키고 있다.

생산의 분화와 이에 따른 글로벌가치사슬(GVC)의 심화는 국경 간 데이터 흐름에 의존한다. 일례로 글로벌하게 분산된 생산은 HR 데이터, 생산 스케줄과 글로벌하게 움직이는 소비자 데이터를 필요로 한다.

상호 연결성이 증가하고 적시 제공에 대한 수요가 증가함에 따라 무역은 그 어느 때보다 빠르고 안정적이어야 한다. 서비스의 경우, 이는 소비자가 필요할 때 필요한 서비스에 즉시 접근할 수 있도록 보다 신속하게 '온 디맨드'를 연중무휴로 제공할 수 있다는 것을 의미한다. 상품의 경우, 이는 무역 촉진에 디지털 솔루션을 사용하여 상품이 국경을 넘어 더 빨리 이동할 수 있도록 돕는 것을 의미한다.

글로벌가치사슬에 따라서 생산의 분화를 가능하게 하는 운송 및 조정비용의 감소와 정보 하락은 디지털 무역을 강화하고 있다. OECD(2012)에 따르면 상품 무역의 50% 이상과 서비스 무역의 70% 이상이 중간재이다.

(3) 경제의 서비스화와 디지털 무역

새로운 기술은 종전에 시간과 공간의 제한하에 있었던 서비스를 이러한 제한을 넘어서 생산하는 방식으로 변화시키고 있다. 현재 서비스는 협력적 과정과 전례가 없는 디지털 플랫폼을 통한 전달을 통하여 국경을 넘어 분화되고 있다.

〈표 1〉 세계화의 각기 다른 파장에 따른 특성, 동인 및 무역정책 이슈

유형	특성	동인	무역정책 이슈
전통 무역	• 국경을 넘어 생산과 소비를 분리 • 최종재 무역	• 거래비용의 감소	• 시장 접근
GVC 무역	• 국경을 넘어 공장을 분리 • 중간재화와 서비스 무역 • 아웃소싱된 업무로서 서비스의 역할 변화	• 운송 및 조정비용의 감소	• 무역-투자-서비스-지식 연계 • 무역 촉진, 국내, 국경을 넘는 NTMs
디지털 무역	• 생산, 물류와 소비의 분리 • 전통 및 GVC 무역의 증가: 초연결시대 • 소량의 물자 거래 및 디지털 서비스 • 변화하는 서비스의 교역 가능성 • 상품과 서비스의 묶음	• 운송, 조정 및 주로 정보 공유 비용의 감소 • 디지털화	• 데이터 흐름 • 디지털 연결성 • 상호 운용성

동시에 증가하는 디지털 접속으로부터 야기되는 붕괴는 더 많은 물리적 또는 전통적 무역을 발생하게 하며, 전에는 상상할 수 없는 방식으로 기업(특히 중소기업)들의 외국 시장 접근이 증가하고 있다(<표 1> 참조).

이는 이미 서비스의 전달 방식 차이에 존재하는 회색을 더욱 희미하게 하며 국제무역과 투자 정책이 수립되는 방식에 대한 새로운 도전을 제기한다. 특히 블록체인 또는 3D 프린팅 등은 장래에 우리가 거래하는 방식을 더 바꿀 가능성이 있다.

통상 규정은 전통적으로 제품이 상품인지 서비스인지 구분하고 제품의 경계를 식별하는 데 기초한다. 그러나 디지털 시대에는 이러한 차이가 항상 명확한 것은 아닐 수 있다. 기업들은 이제 점점 더 다양한 위치에서 유연하게 운영될 수 있고 상품과 서비스를 묶을 수 있게 되어 특정 거래에 적용되는 특정 거래 규칙을 식별하기가 어려워지고 있다.

3. 디지털 무역의 유형과 관련 규범

(1) 디지털 무역

디지털 무역에 대한 단일의 뚜렷한 정의는 없지만, 디지털 또는 물리적으로 전달될 수 있고 소비자, 기업 및 정부가 참여하는 상품과 서비스의 무역에 대한 디지털 사용 거래를 포괄한다는 공감대가 커지고 있다. 그러므로 디지털 무역은 단지 보다 더 또는 새롭게 디지털로 전달되는 서비스뿐만 아니라, 성장하는 디지털 연계성을 통하여 가능하게 되고 증가된 전통적 또는 공급사슬 상품 무역이기도 하다.

디지털화의 결과로 더 소량의 무역, 종종 낮은 가치의 물리적 포장(온라인으로 주문된 소포)과 인터넷 뱅킹과 같은 디지털로 전달된 서비스가 성장하고 있고, 새로운 유형의 상품과 서비스 묶음 또는 상품에 내재된 서비스가 부상하고 있다.

디지털 무역 거래는 상품 또는 서비스와 관련되어 있고, 종종 비디지털 거래와 같거나 비슷한 쟁점들을 제기한다. 이는 디지털 무역이 디지털로 전달되는 서비스에 대한 것뿐만이 아니고, 성장하는 디지털 연계성을 통해 가능해진 더욱 전통적인(공급 사슬을 포함하는) 무역에 관한 것이기도 하기 때문이다.

　　디지털 무역에서 새로운 것은 이전의 세계화에 전혀 영향받지 않은 다수를 포함하여, 거래의 규모와 생산 과정과 산업들을 바꾸는 새로운 파괴적인 참가자들의 출현이다.

　　모든 디지털 무역이 디지털로 가능하지만 모든 디지털 무역이 디지털로 전달되는 것은 아니다. 디지털 무역 역시 디지털로 가능하나 물리적으로 전달되는 상품들과 서비스들을 포함한다. 예를 들면 온라인 시장에서의 상품 구입이나 매칭 서비스를 통한 호텔의 예약 등과 같은 사례 등이다.

　　디지털 무역을 뒷받침하는 것은 데이터의 이동이다. 데이터는 생산 수단일 뿐만 아니라 그 자체가 거래될 수 있는 자산이며, 글로벌가치사슬이 조직되고 서비스가 제공되는 수단이다. 또한 무역 촉진의 이행을 가능하게 함으로써 직접 물리적인 무역도 뒷받침한다. 데이터는 또한 클라우드 컴퓨팅, 사물인터넷, 적층 제조와 같은 새롭고 빠르게 성장하는 서비스 공급 모델의 핵심이다.

(2) 디지털 무역의 유형

　　신기술들은 서비스가 생산되고 전달되는 방식을 변화시키며, 온라인 플랫폼들은 더 작은 패키지들을 국경을 넘어 거래하게 한다. 디지털 무역의 토대는 데이터의 이동이다. 데이터는 생산 수단이고, 자체적으로 거래될 수 있는 자산이며, 이를 통해 일부 서비스가 거래되는 수단이자, 생산의 분화와 글로벌가치사슬이 조직되는 방식이 되고 있다.

　　원거리 컴퓨팅 서비스, 온라인 건축 설계 등 디지털 서비스의 구매, 또는 온라인 시장에서의 상품 구입 또는 매칭 서비스를 통한 호텔 예약과 같이 디지털로 구매하고 물리적으로 전달되는 상품와 서비스 등 디지털 무역은 물리적으로 전달되거나 디지털로 전달되는 무역 모두를 포함한다. 글로벌가치사슬이 도래하기 전에 전통적인 무역은 주로 B2C 거래에 관련됐다. 글로벌가치사슬 무역은 성장하는 B2B 거래를 도입했고, 디지털 무역은 가속된 글로벌가치사슬 무역을 도왔으며 기업, 소비자와 정부가 상호작용하게 하는 새로운 방안을 가능케 하였다(<그림 2>와 <표 2> 참조).

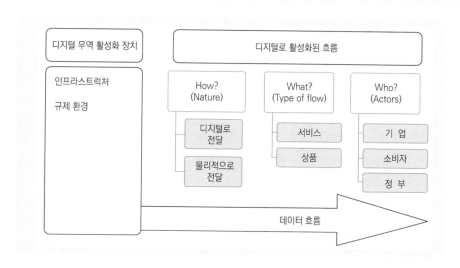

<그림 2> 디지털 무역의 잠정적 유형

자료: Lopez-Gonzalez and Jouanjean, 2017.

매킨지글로벌연구소(2016)는 이미 전 세계 상품 무역의 12%가 국제적 전자
상거래를 통해서 수행된다고 평가하고 있다. 인터넷과 글로벌 데이터의 흐름에

〈표 2〉 디지털 무역의 유형

사례 (examples)	방법 (how?)	객체 (what?)	주체 (who?)	무역 이슈 (trade issue)	수평 이슈 (horizontal issues)
디지털 소매업자 또는 시장(도서 매수)	물리적으로 전달	상품	B2C C2C	아이템 관련 GATT, 중개기관 관련 GATS, 무역 촉진	데이터 전송, 하 부구조, 전자지 불 플랫폼, 서비 스의 통계적 분 류, 판매 부문 또는 실제 활동 성격 상호 운용성, 개 인정보 보호 규 정
라이드 공유 서비스	디지털 또는 물리적으로 전달	서비스	B2C	국내 규율, 중단, GATS 약속	
3D 프린팅	디지털 또는 물리적으로 전달	서비스 또는 상품	B2C B2B	GATS/GATT 약속 상호 운용성, 지적재산권, 경쟁 정책	
소셜 네트워크	디지털로 전달	비통화 서비스	B2C	제로 비용은 다른(잠재적인) 국경 서비스를 가능케 함	

따라 국제무역에서 중소기업의 참여를 지원하는 여러 방법들이 존재한다. 중소기업들은 유튜브나 페이스북 같은 SNS 같은 인터넷 서비스를 사용하고 있다.

(3) 디지털 무역의 사례

디지털 무역의 유형에 대한 구체적인 사례를 살펴보면 다음과 같다.

1) 승차 공유 서비스 거래

첫째, 운송 서비스의 구입에 관한 라이드 공유 서비스는 타국의 승차 공유 디지털 플랫폼에서 디지털로 거래하고, 라이드 서비스는 물리적으로 전달된다.

가장 기본적으로, 승차 공유 서비스는 운송 서비스의 구매를 수반하지만, 서비스의 제공 방식은 애초에 거래의 유무와 이 거래를 측정하는 방법을 결정한다. 아래의 예는 그러한 거래가 이루어질 수 있는 한 가지 방법일 뿐이며 설명을 위해 제시된다.

'물리적 세계'에서 택시는 택시비를 현금으로 내거나 카드로 내는 손님 앞을 지나가곤 했다. 승차 공유 매칭 플랫폼에는 자동차 운전자와 고객을 일치시키고 결제 관리를 통해 거래가 가능한 새로운 디지털 서비스가 추가되었다 (<그림 3> 참조).

운전자와 승차자(소비자) 간의 거래는 특정 국가에서 이루어지지만, 지원 거래, 일치하는 서비스, 지급 및 보험 보장 등은 잠재적으로 다른 국가에서 제공된다(이 예에서와 같이, 승차 공유 플랫폼이 모드 3 현지 사전 서비스를 통해 운영되지 않는다고 가정할 때).

이를 분석하면 플랫폼의 중개 역할을 반영하는 결제와 궁극적으로는 운송 서비스를 제공하는 운전자에게 지불하는 두 가지 다른 구성 요소가 표시된다. 이전의 서비스는 '디지털 제공'으로 간주될 수 있고, 후자는 '물리적 제공'으로 간주될 수 있다.

이것은 무역정책에 대한 몇 가지 중요한 이슈들을 제기한다. 예를 들어 승차 공유 디지털 플랫폼은 자동차를 소유하지 않기 때문에 이러한 활동을 운송 서비스 또는 비즈니스 서비스로 분류해야 하는가? 이것은 GATS 모드 1과 3 형식의 목적에 중요할 수 있다.

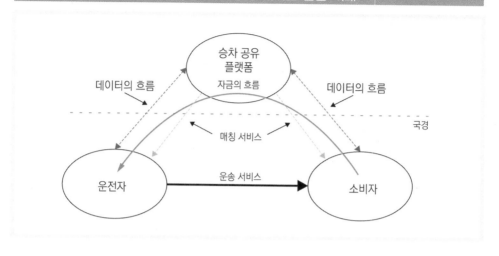

2) 3D 프린팅: 상품 또는 서비스 거래?

3D 프린팅 또는 적층 제조는 재료층을 겹쳐서 3D 프린터를 사용하여 CAD (컴퓨터 보조 설계) 파일로 구조를 만드는 공정이다. 새로운 것은 아니지만, 3D 프린팅 비용이 상당히 하락하여 기업과 소비자가 더 많이 사용하게 되었다. 3D 프린팅은 제조를 소비에 가깝게 하여 디자인에서 제품까지의 시간을 단축하고 새로운 시장에 더 빨리 진입할 수 있도록 도와준다. 복잡한 맞춤형 구조물을 구축하는 비용을 절감할 수 있으며, 지금까지는 소량 전문 제품의 거래를 수반했지만, 국제 생산의 지리적 위치를 근본적으로 변경할 수 있는 가능성이 있다. 이러한 초기 단계에서는 이 신기술의 의미를 정확히 파악하기 어렵지만 채택이 증가함에 따라 무역정책 및 측정 문제가 크게 대두하고 있다.

가장 기본적인 3D 인쇄물 디지털 거래는 디지털 방식으로 제공되는 거래와 유사하다. 즉 CAD 파일을 생산하여 다른 국가의 프린터로 보내는 비즈니스가 수반된다(<그림 4> 참조). 국경을 넘나드는 거래는 배송 국가에서 제품에 제공된 디지털 방식으로 제공되는 설계 서비스로 구성된다. 이 제품에 적용되는 국제 무역 규칙은 불분명하다. 한편으로는 소비자에게 직접 제공되는 3D 프린팅 거래에서는 GATS 규칙이 적용되어야 함을 암시하는 디자인 서비스이다. 다른 한편, 궁극적으로 소비 시점에 이 서비스는 거래를 잘 생산한다. 또한

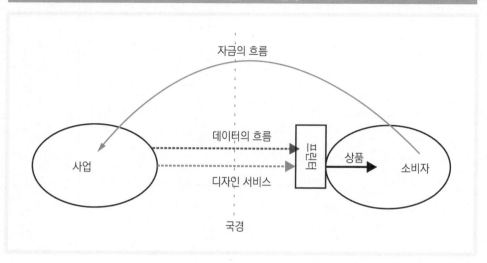

디지털 방식으로 제공되는 상품으로 간주될 수 있으므로 GATT 규칙의 적용을 받는다. GATT와 GATS에 따라 적용되는 서로 다른 규칙은 이러한 결정을 복잡하게 한다. 선택은 서로 다른 취득한 권리의 존재에 의해 영향을 받는다.

그러나 3D 프린팅 거래의 형태도 다를 수 있다. 예를 들어 3D 프린팅은 중간 플랫폼을 통해 이루어질 수 있다. 즉 기업이 플랫폼에 설계를 배치하고, 소비자가 제품을 구매하고, 그 후에 상품을 인쇄함으로써 3D 인쇄 상품과 관련된 거래의 수를 늘리고, 일치하는 서비스의 국경을 넘나드는 흐름을 추가할 수 있다. 또는 3D 프린팅은 소비자가 아웃소싱된 인쇄소를 통해 인쇄물에 접근하는 과정을 수반할 수 있다. 이 경우 국경 간 거래에는 B2C 직거래가 아닌 B2B 서비스 링크가 수반된다(제품 최종 납품에 추가 서비스 추가). 궁극적으로, 다른 디지털 거래 거래의 경우와 마찬가지로 제공의 형태가 무역정책 맥락과 측정 의미를 모두 결정한다.

3) 소셜 네트워크

소셜 네트워크는 또한 몇 가지 중요한 문제들을 제기한다. 소셜 네트워킹 서비스의 제공은 기존의 디지털 방식으로 제공되는 서비스와 유사하지만, 서비스 생산자와 소비자 또는 사용자 간의 거래는 직접 수익이 창출되지 않는다.

소셜 네트워킹 서비스를 제공하려면 데이터를 소비자에게 전송하거나 소비자로부터 전송해야 한다. 소셜 네트워크는 이 데이터를 사용하여 표적 광고 공간을 판매함으로써 수익을 창출하며, 따라서 소셜 네트워킹 사이트 활동의 수익화를 가능하게 하는 플랫폼을 통한 소셜 네트워킹 서비스 제공이다(<그림 5> 참조).

<그림 5> 소셜 네트워킹

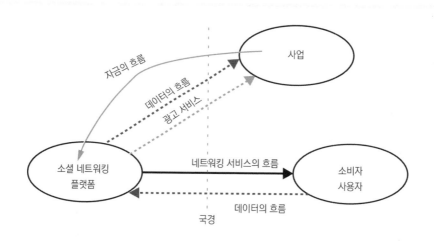

이 경우 가능한 많은 방법 중 하나인 B2C 네트워킹 서비스 제공은 B2B 디지털 제공 광고 서비스와 관련된 트랜잭션에 의해 지원된다. 분류 문제는 소셜 네트워크 서비스(SNS)가 주요 활동에서 직접 수익을 창출하고 있지 않다는 사실에서 발생한다.

회사는 소셜 네트워킹 서비스를 제공하는 것으로 분류될 수 있지만, 실제로는 주로 광고 서비스를 제공하여 수익을 얻고 있다. 이러한 결제 디커플링은 서비스가 제공되지만 반드시 직접 수익이 창출되지는 않는 디지털 무역의 일반적인 특성이 되고 있다(트위터가 그 예이다).

현재 존재하는 수많은 소셜 미디어 및 디지털 플랫폼에 걸쳐 있는 광범위한 금융 모드를 고려할 때 추가적인 문제가 발생한다. 예를 들어 광고는 반드시 유일한 수익원이 아니며 소비자의 행동에 대한 데이터가 제삼자에게 직접 판매될 수 있다.

(4) 디지털 무역을 관리하는 규범들

현행 WTO 규범과 협정들이 디지털 무역을 커버하지만, 지역무역협정들 (Regional Trade Agreements, RTAs)은 광범위한 쟁점들을 다루고 있다. 현행 프레임워크가 얼마나 잘 채택되었나 하는 질문들은 디지털 시대의 무역의 특징이되는 상품과 서비스의 묶음들에 있다.

디지털 무역에 적용되는 상품과 서비스에 관한 WTO 규범들로 GATS와그 부속 협정 등은 디지털 세계와 디지털화 가능한 서비스들을 뒷받침하는 실행 가능한 서비스들에 대한 가장 중요한 요소이다. 더욱이 많은 재화와 용역의가치는 그 안에 내재된 지적재산(IP)에 의해 점점 더 많이 결정되고 있다. 디지털 거래는 종종 지적재산권(IPR), 특히 저작권 및 상표를 수반하므로, 지적재산권의 무역 관련 측면에 관한 협정(TRIPS 계약)은 이러한 권리의 보호 및 효과적인 시행을 위한 중요한 최소 기준을 제공한다. TRIPS는 특별히 컴퓨터 프로그램을 다루며 문학 작품에 적용되는 것과 동일한 지적재산권 보호를 제공한다.디지털화 가능한 상품 무역과 관련하여 GATT와 TFA(Trade Facilitation Agreement)가 중요한 조치들을 제공하고, ITA(Information Technology Agreement)는 ICT 제품들의 관세 장벽 제거에 중요한 열쇠가 된다.

디지털 무역 쟁점들에 대한 규율이 지역무역협정들에서 점증적으로 다루어지고 있다. 이들은 전자적 전달체에 관한 관세의 금지, 국내적 규제의 관점에서 비차별적 대우, 전자적 인증, 데이터 보호와 종이 없는 무역 등 광범위한쟁점들을 다룬다. 그럼에도 불구하고, 이 쟁점 등의 깊이와 넓이의 관점에서협정들에 대하여 광범위한 분산이 나타나고, 많은 규정들에는 분쟁 해결의 조건이 결여되어 있다.

<그림 6>은 WTO 협정 중 일부가 세 개의 서로 다른 계층, 즉 네트워크인프라 계층, 기술 계층(네트워크를 운영하는 코드) 및 콘텐츠 계층에서 디지털무역에 어떤 영향을 미치는지를 개략적으로 보여준다.

그림은 보다 직접적으로 관련이 있지만 모든 것을 포함하지는 않는 합의들을 매핑한다. 예를 들어 디지털 거래를 뒷받침하는 네트워크에 접근하려면 유무선을 불문하고 통신 서비스, ICT 상품, 기술 규정 및 표준과 관련된 거래 규

칙을 적용할 수 있는 적절한 인프라가 필요하다. 기술 계층에서 네트워크 간 기술 표준은 원활한 통신을 보장하는 데 도움이 될 수 있으며 IPR은 컴퓨터 소프트웨어 및 도메인 이름과 관련이 있다. 콘텐츠 계층에서는 거래되는 콘텐츠에 따라 보다 광범위한 규칙을 적용할 수 있다. 예를 들어 TRIPS를 통한 IPR 보호 및 집행은 온라인으로 제공되는 미디어 콘텐츠와 관련이 있으며, TFA는 디지털 네트워크에 의해 활성화된 국경 간 상품 거래와 관련이 있다.

<그림 6> WTO 규범과 디지털 무역

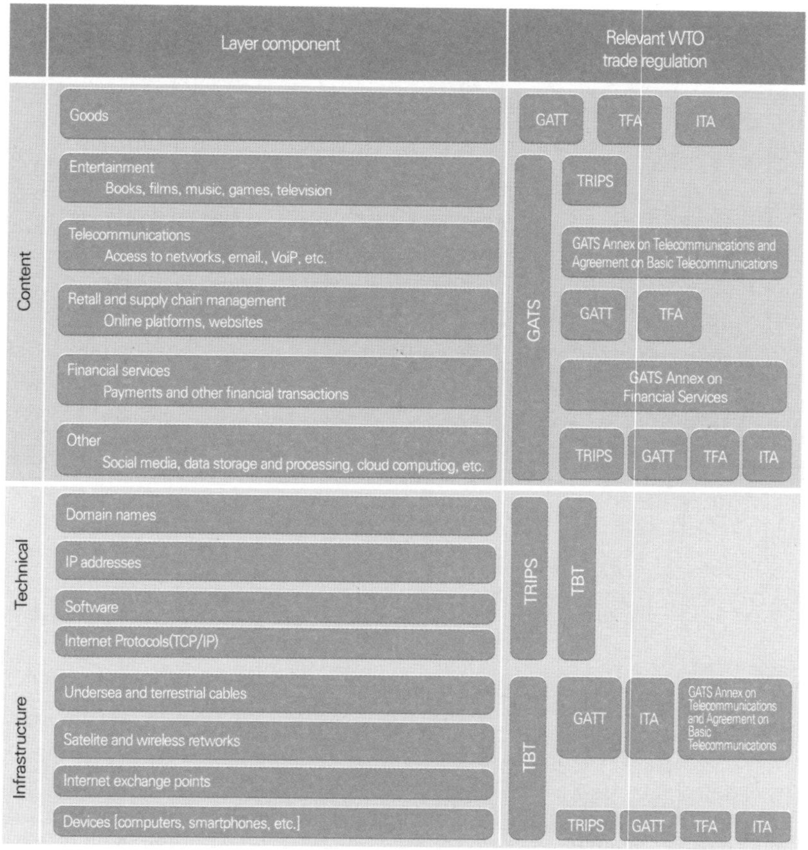

자료: Lopez-Gonzalez and Ferencz, 2018.

4. 디지털 무역의 특성과 영향 요인

디지털 무역을 측정하는 것이 어렵기 때문에 미리 정책적 도전의 규모를 이해하기 어렵다. 적절한 정책 대응 노력들이 진행되고 있지만 강력한 조치가 가능해지기 전에 시간이 걸릴 것이다. 이의 중간 단계로 이용 가능한 데이터는 디지털 시대에서 무역의 어떤 측면들을 조명할 수 있다.

(1) 디지털 무역의 특성

디지털 무역은 단지 ICT 상품과 서비스에 대한 것만이 아니다. 디지털화는 편만하며 경제의 모든 부분들을 내포한다.

<그림 7> 무역 개방과 인터넷 사용

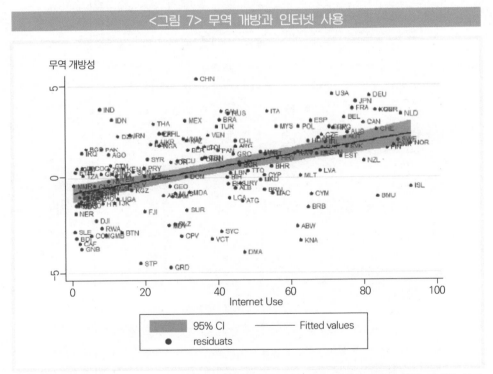

주: 그림은 인구 100명당 인터넷 사용과 개방 무역(GDP 대비 수입＋수출) 사이의 상관 관계를 보여준다. 잔여 무역 개방성은 1인당 GDP와 시장 규모에 관한 무역 개방성을 국가별 고정 효과와 시간 더미(time dummy)로 회귀시켜 1인당 소득을 통해 발생하는 무역 개방성과 인터넷 이용 사이의 상관 관계를 통제함으로써 얻어진다.
자료: Lopez－Gonzalez and Ferencz, 2018.

디지털화는 상품 무역에서 긍정적인 결과들과 연계되어 있다. 디지털화는 더욱 광범한 무역 개방과 연결된다(<그림 7> 참조). 더 많은 제품들을 더 많은 시장들에 판매하며, 덜 집중된 수출 시장에 판매한다(<그림 8> 참조).

인터넷 진입에 의해 추정된 디지털 연계성은 직간접적으로 상품 무역에 이득을 준다. 디지털 연계성의 확장은 보다 높은 양자 간 무역에 연결되어 무역협정들로부터 무역 이익들을 보다 추구하게 돕는다. 특히 더 복잡한 제조 제품들과 디지털 전달이 가능한 서비스 무역에 가장 중요하다. 아울러 상품과 서비스 사이에 새로운 보완성을 생성한다. 디지털 연계성과 ICT 상품 수입은 디지털 전달 가능한 서비스 수출에 중요하다.

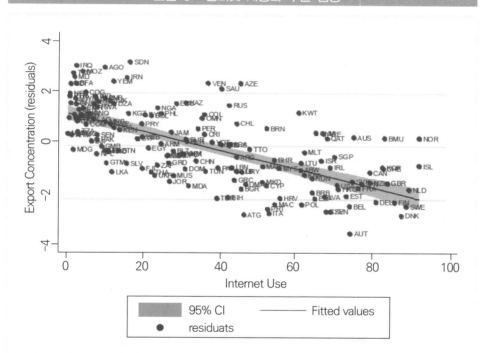

<그림 8> 인터넷 사용과 수출 집중

주: 그림은 거주자 100명당 인터넷 사용과 6자리로 계산한 허핀달 지수를 이용한 수출 농도 측정 사이의 상관관계를 보여준다. 다른 변수를 통해 발생하는 상관 관계를 피하기 위해, 1인당 GDP 및 국가별 고정 효과와 시간 더미가 있는 시장 규모와 관련된 무역 결과의 회귀로부터 잔차를 구한다.

자료: Lopez-Gonzalez and Ferencz, 2018.

디지털 무역에서 기업 개입 측면에서 몇몇 예시적인 통찰은 다음과 같다. ① 디지털화는 상품과 서비스를 생산하는 기업들에 중요하나, 국경 간 디지털 판매에 종사하는 성향은 서비스에서 보다 높게 나타난다. ② 디지털화는 가치 창출 과정의 모든 부문들에서 내포된다. 그러나 생산과 디자인 단계에 있는 기업들에서 가장 가치 있는 것으로 나타난다. ③ 상품을 판매하는 기업들 역시 전통적으로 서비스와 연결된 쟁점들과 관련되고, 서비스를 판매하는 기업들은 상품 쟁점들의 영향을 받는다. 즉 디지털 연계성은 상품과 서비스 사이에 새로운 보완성을 창출한다.

(2) 디지털 무역에 영향을 주는 다양한 조치들(규제적 및 정책적 도전)

디지털 무역에 영향을 주는 조치들에 대한 예비적인 현 위상은 다음과 같은 중요한 함의를 가진다. 디지털화는 적용 가능한 무역 규범에 불확실한 점들을 초래함으로써, 주로 상품과 서비스 사이의 모호한 구별로부터 연유하는 무역 규범들에 대한 다수의 규제적 도전들을 제시한다.

디지털 무역에 영향을 미칠 수 있는 조치들은 계층별로 세분화된 공통 프레임워크 아래서 설명할 수 있다. 아래에 제공된 프레임워크는 디지털 거래 거래의 기반이 되는 요소들을 식별하기 위한 시도이다(<그림 9> 참조).

상품, 서비스 또는 묶음 상품과 서비스를 포함하든 상관없이 모든 디지털 거래의 중심에는 디지털 네트워크를 뒷받침하는 물리적 인프라와 규정으로 구성된 '인프라 및 연결(infrastructure and connectivity)' 계층이 있다. 또한 '서비스 활성화 및 지원(enabling and supporting services)' 계층은 서로 다른 구성 요소를 가지고 있다. 중요한 것은 컴퓨터 서비스와 같은 주요 지원 서비스에 대한 접근에 영향을 미치는 조치와 관련이 있다. 클라우드 컴퓨팅에서 처리 능력에 이르기까지 디지털 입지를 구축하는 데 중요한 소프트 디지털 인프라 공급업체 간의 효과적인 경쟁은 ICT 비용의 경쟁력을 유지할 것이다.

'지원 서비스 및 상품(support services and goods)' 계층은 거래되는 제품 유형에 특정한 지원 서비스 집합을 식별한다. 상품 또는 묶음 상품을 거래할 때, 물류 및 유통 시스템의 효율성과 관련된 지원 서비스는 디지털 방식으로 주문된 상품의 비용에 영향을 미칠 것이다. 묶음 제품 또는 서비스를 거래할 때,

<그림 9> 디지털 무역의 구성 요소

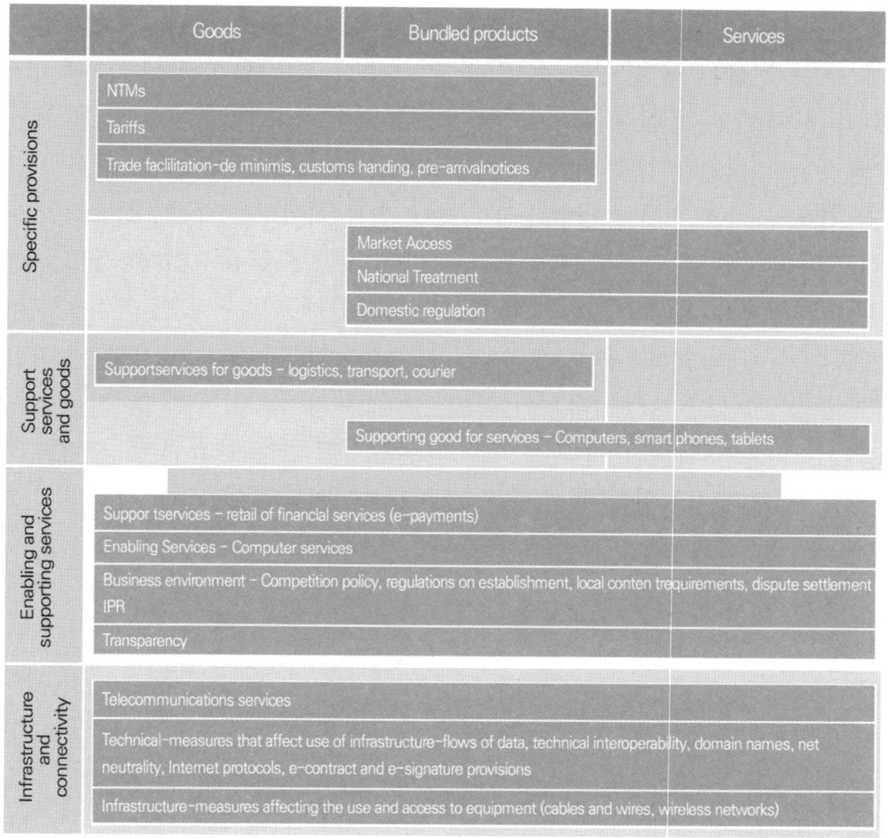

	Goods	Bundled products	Services
Specific provisions	NTMs		
	Tariffs		
	Trade facilitation-de minimis, customs handing, pre-arrivalnotices		
		Market Access	
		National Treatment	
		Domestic regulation	
Support services and goods	Supportservices for goods – logistics, transport, courier		
		Supporting good for services – Computers, smart phones, tablets	
Enabling and supporting services	Suppor tservices – retail of financil services (e-payments)		
	Enabling Services – Computer services		
	Business environment – Competition policy, regulations on establishment, local conten trequirements, dispute settlement IPR		
	Transparency		
Infrastructure and connectivity	Telecommunications services		
	Technical-measures that affect use of infrastructure-flows of data, technical interoperability, domain names, net neutrality, Internet protocols, e-contract and e-signature provisions		
	Infrastructure-measures affecting the use and access to equipment (cables and wires, wireless networks)		

자료: Lopez－Gonzalez and Ferencz, 2018.

ICT 상품에 대한 액세스는 온라인 스트리밍과 같은 디지털 제공 가능한 서비스 또는 다른 국가의 컴퓨터에 디지털 설계 파일을 보내는 경우처럼 실제로 건설 서비스의 소비에 문제가 될 수 있다.

마지막으로, 마지막 계층인 '특정 조항(specific provisions)'은 거래되는 상품과 서비스에 직접적인 영향을 미치는 가장 가시적인 조치와 관련된다. 상품의 경우 이것은 관세, 기술적 요건과 같은 비관세 조치 또는 무역 촉진과 같은 국경 통과와 관련된 문제 또는 도착 전 통지를 의미한다. 서비스의 경우 이는 시장 접근, 내국인 대우 또는 국내 규제와 같은 서비스 제공에 영향을 미치는 규제 조치를 의미한다.

이 분석에서는 다음과 같은 세 가지 중요한 의미가 제기된다. 첫 번째는 상품, 서비스 또는 묶음 상품에서 단순한 국경 간 디지털 방식으로 이루어지는 거래로 보이는 것이 실제로 모든 거래에 수평적이고 다양한 복잡한 조치에 의해 뒷받침된다는 것이다. 이는 디지털 무역을 최대한 활용한다는 것은 디지털 무역 거래의 최종 제공에 영향을 미치는 조치를 처리하는 것 이상의 것을 의미한다. 두 번째는 이 분석에서 상품의 디지털 거래가 물류 서비스 등의 서비스 문제에 직면하고 있음을 다시 한 번 강조하고 있다는 점이다. 결과적으로 서비스, 특히 디지털 방식으로 제공되는 서비스의 거래에 관여하는 것 역시 상품 내 시장 접근과 관련된 문제에 따라 달라질 것이다. 셋째, 묶음 상품 거래로 전환하는 기업들이 늘면서 재화 및 서비스와 관련된 문제를 점점 더 고려할 필요가 있으며 고려해야 할 문제의 수도 늘어나고 있다. 즉 디지털 무역이 실현할 잠재적 이익들에 대하여 광범위한 서비스와 상품들을 동시적으로 고려할 필요가 있다는 것을 의미한다.

5. 결론: 정책적 함의

현재 진행 중인 디지털 혁명으로 시간과 공간의 제약을 넘어 언제 어디서나 현실세계와 가상세계를 직접 통합 관리할 수 있게 되고 있다. 최근 선진 각국은 새로운 현실−가상 연계 융합 세계를 창출하고 활용함으로써 ① 산업의 융복합을 통한 다양한 혁신 상품과 서비스의 개발로 생산성과 효율성을 향상시키고, ② 더 광범위한 경제·사회적인 포용적 성장을 촉진하고, ③ 더 나아가 디지털 무역을 통한 로컬 시너지 효과를 유지하면서 글로벌 시너지 효과를 확보해가고 있다. 이러한 비트(bit) 세계의 네트(net) 사회로의 디지털 전환을 통한 효율성 경쟁으로 경제·사회적 구조의 재편 등 인간 활동의 모든 영역이 적응적으로 변화하고 있다. 이러한 디지털 전환 과정의 최적화를 위해서는 이에 대한 적확한 통찰과 전략적 대응이 필요하다.

디지털 전환 시대의 경쟁은 무엇보다도 글로벌 시너지 경쟁이다. 따라서 국내적 환경에 얽매이지 말고 글로벌 경쟁의 기회를 적극 활용해야 한다. 앞으로 불확실성이 높은 글로벌 무한 경쟁 환경에서 정부는 새로운 디지털 전환의 기회와 디지털 무역의 기회를 적극 창출해나가야 할 것이다.

종합적으로 무역에서 디지털 전환의 이점은 구성 요소들의 조합에 달려 있다. 이러한 요소들의 일부는 기술의 채택 또는 새로운 숙련 인력의 채용과 같이 기업의 내부에, 또 다른 일부는 시장 개방과 같은 기업의 외부에 존재한다. 이들은 상품과 서비스 사이의 전통적인 차이점들을 가로지르고, 디지털 연계성과 관련된 광범한 쟁점들을 포함한다.

인터넷과 같은 디지털 하부구조는 태생적으로 글로벌하다. 이들은 규모에 대한 새로운 기회들을 제공하지만, 국가들 간의 국경과 규제의 차이가 남아 있는 세계에서 국내적 및 국제적 정책에 대한 주요한 도전들을 야기한다. 각양각색의 규제를 포함하여 디지털 전환으로부터 많은 문제가 야기되고 어느 정도 관련된 위험들을 완화하기 위하여는 더 많은 국제적 협력이 필요하다.

그러한 협력이 어디에서 어떻게 이루어지고 누가 수행해야 하는지에 대한 의견의 차이들이 있지만, 다자 간, 복수 간 및 양자 간이든 무역 협정들은 서로 상이한 문화적 및 정치적 맥락들을 반영하는 상이한 기준들을 가진 국가들 간의 교류에 유용한 통찰을 제공한다. 무역 협정은 시장 개방 원칙들에 반영된 것과 같이, 무역의 이점을 국가들의 규제권과 결합하는 다음의 원칙들에 달려 있다. ① 기준은 투명해야 하며, ② 비차별적이어야 하고, ③ 목적 달성에 필요한 것보다 더 제한적이지 않아야 되며, ④ 경쟁을 촉진해야 하고, ⑤ 상호 공동 운영이 가능해야 할 것이다.

참고문헌

Bughin, J., L. LaBerge and A. Mellbye, 2017, "The Case for Digital Reinvention", *McKinsey Quarterly*, Feb, 2017.

Lopez－Gonzales, J. and J. Ferencz, 2018, "Digital Trade and Market Openness", TAD/TC/WP(2018)3, Paris: OECD Publishing.

Lopez－Gonzales, J. and M. Jouanjean, 2017, "Digital Trade: Developing a Framework for Analysis", *OECD Trade Policy Papers*, No. 205, Paris: OECD Publishing.

Miroudot, S. and C. Cadestin, 2017, "Services in Global Value Chains: From Inputs to Value－Creating Activities", *OECD Trade Policy Papers*, No. 197, Paris: OECD Publishing.

McKinsey Global Institute, 2016, "Digital Globalization: The New Era of Global Data Flows".

OECD, 2012, "Mapping Global Value Chains", TAD/TC/WP/RD(2012)9, Paris: OECD Publishing.

OECD, 2017, *Key Issues for Digital Transformation in the G20*, Report Prepared for A Joint G20 German Presidency OECD Conference, Berlin, Germany.

Qiang, C. Z. and C. M. Rossotto, 2009, "Economic Impacts of Broadband", In *Extending Reach and Increasing Impact*, IBRD and World Bank, Washington, DC.

ResearchAndMarkets.com, 2020, *Digital Transformation Market by Technology, Deployment Type, Vertical And Region － Global Forecast to 2025*, ResearchAndMarkets.com.

United States International Trade Commission(USITC), 2014, "Digital Trade in the US and Global Economies Part 2", Pub. 4485, Investigation No. 332－540.

찾아보기

ㅇ

▌기타

저자 소개

⠗ 윤 상 철
서강대학교 외교학과 졸업
서울대학교 행정대학원 행정학 석사
뉴욕주립대(SUNY-Buffalo) 경제학 박사
산업연구원(KIET) 책임연구원
단국대학교 미래산업연구소장
한국무역보험학회장
단국대학교 무역학과 교수
현 한국무역금융보험학회 명예회장

〈주요 논문〉

- "Servicization with Skill Premium in the Digital Economy", *Journal of Korea Trade*, 22(1), 2018, 17-35.
- "Technology Adoption and Skill Premium in the Knowledge Economy", *Korean Economic Review*, 27(2), 2011, 231-251.
- "Unbalanced Endogenous Growth and International Trade: A Dynamic Heckscher-Ohlin-Samuelson Approach", *Journal of Korea Trade*, 13(4), 2009, 65-88.
- "Economic Integration with Endogenous Technological Change in Knowledge-based Services: A New Economy", *Journal of Economic Integration*, 19(1), 2004, 53-78.
- "The Effects of Grants and Loans on Economic Growth in Sub-Saharan Africa", *Journal of International Trade & Economic Development*, 29(5), 2020, 604-618. (with J. Mah)

디지털경제론

초판발행	2021년 10월 8일
지은이	윤상철
펴낸이	안종만 · 안상준
편 집	강진홍
기획/마케팅	장규식
표지디자인	BEN STORY
제 작	고철민 · 조영환
펴낸곳	(주)박영사
	서울특별시 금천구 가산디지털2로 53, 210호(가산동, 한라시그마밸리)
	등록 1959. 3. 11. 제300-1959-1호(倫)
전 화	02)733-6771
f a x	02)736-4818
e-mail	pys@pybook.co.kr
homepage	www.pybook.co.kr
ISBN	979-11-303-1387-0 93320

정 가   18,000원